대한민국
위기와 기회의
시간

대한민국 위기와 기회의 시간

초판1쇄 발행	2022년 8월 1일
초판4쇄 발행	2022년 9월 1일

지은이	선대인
펴낸이	김보경

편집	김지혜
디자인	지노디자인 이승욱
그림	이기숙
마케팅	권순민

펴낸곳	지와인
출판신고	2018년 10월 11일 제2018-000280호
주소	04015 서울특별시 마포구 포은로 81-1, 에스빌딩 201호
전화	02-6408-9979
팩스	02-6488-9992
이메일	books@jiwain.co.kr

ⓒ   선대인, 2022

ISBN   979-11-91521-15-3 03320

항상 시대에 앞서 한국 경제를 진단하고 대안을 제시해왔던 선대인 소장. 그가 새롭게 밀려오는 경제의 위기를 진단한 책을 내놓았다. 한발 더 나아가 대한민국의 새로운 성장 산업과 그 속에서 보석처럼 빛나는 투자처를 전망하고 있다. 위기 속에 희망을 보고자 하는 사람들, 어려움 속에 새로운 기회를 원하는 분들이 꼭 읽어야 할 책이다.

김현철 | 서울대학교 국제대학원 교수. 전 대통령경제보좌관. 전 국제금융센터 이사장

참된 경제전문가로서 뛰어난 통찰력과 혜안으로 대한민국의 위기를 진단하고 기회를 제시하는 선대인 소장의 명저 『대한민국 위기와 기회의 시간』. 대한민국은 코로나 팬데믹, 인플레, 부동산폭등, 주가폭락 등 총체적 위기에 직면하고 있다. 지구상에서 우리와 가장 유사한 경제구조를 가진 일본이 겪고 있는, 잃어버린 30년이라고 불리우는 일본의 위기와 한국이 맞이한 위기가 어떻게 같고 다른지를 이해하고 이를 반면교사로 삼아 우리가 나아가야 할 길을 명쾌히 제시한 경제 해설서이다.

염종순 | 이코퍼레이션닷 제이피 대표. 일본 오사카부 IT 행정 특별고문

선대인 소장의 책은 항상 우리를 설레게 한다. 더 나은 세상, 공동체에 대한 애정이 가득해서다. 대한민국에는 짙은 안개가 드리워져 있다. 위기와 기회가 공존하는 살얼음판이다. 이럴 때 그의 냉철한 분석과 제언을 만날 수 있다는 것 자체가 행운이다. 이 책이 많은 이들에게 불빛이 될 수 있음을 의심치 않는다.

윤석천 | 경제평론가. 『화폐 대전환기가 온다』 저자

용기 있는 사람만이 남과 다른 이야기를 할 수 있다. 다른 이야기를 하려면 혜안을 가지고 있어야 한다. 책은 저자의 혜안과 용기를 보여줬다. 그리고 재미있었다. 투자 성공을 위해 꼭 권하고 싶다.

이종우 | 애널리스트. 전 리서치 센터장. 『기본에 충실한 주식투자의 원칙』 저자

대한민국
위기와 기회의
시간

선대인

지와인

선대인경제연구소 보고서 안내

가계에 실질적인 도움이 되는 경제 및 투자 관련 정보들을
상시적으로 접하고 싶다면 선대인경제연구소의 보고서를 만나보세요.

SDI리포트 | 기업분석보고서 | 슈퍼차이나리포트 등 발간.
매년 1월과 8월에 구독이벤트 진행.

문의 webmaster@sdinomics.com | 070-7584-2050

평생 수고로운 노동으로 가족들을 위해 헌신하신
나의 아버지 고故 선복영 님의 영전에 삼가 이 책을 바칩니다.

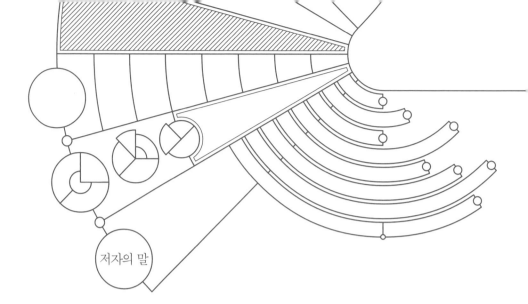

저자의 말

"경기 사이클은 심장 박동처럼 (경제라는) 유기체에서 떼어놓을 수 없는 본질과 같은 것이다."

20세기의 위대한 경제학자 가운데 한 명인 조지프 슘페터Joseph Alois Schumpeter가 그의 저서 『비즈니스 사이클Business Cycles』에서 쓴 표현이다. 그의 말대로 경기 사이클은 결코 자본주의 시장 경제에서 떼어놓을 수 없는 본질적 현상이다. 지난 10여 년 동안 세계 경제는 매우 박동이 긴 사이클을 지나왔다. 그런데 사이클의 박동이 너무 길어지다 보니 경제에 사이클이 있다는 사실을 많은 이들이 잊어버렸다. 물가와 금리는 계속 낮았고, 넘쳐나는 유동성 속에 자산 가격은 오르기만 했다. 실물경제는 크게 활발하지 않았지만 그렇다고 크게 위축되지도 않았다. 많은 이들이 엄청난 돈의 힘으로 지탱해온 이 사이클에 너무 익숙해져 중독 증상까지 보였다. 노동의 가치는 퇴색하고, 너나없이 빚을 내 투자에 나서 버블이 끼지 않은 투자 대상이 없을 정도였다. 사람들은 끝없이 공급되는 유동성의 힘으로 파티를 즐겼다.

그런데 이제 돈 잔치가 끝나고 새로운 사이클이 시작되고 있다. 새로운 사이클은 과잉 유동성과 자산 거품에 의존한 기존 사이클이 한계에 다다랐기 때문에 발생하고 있는 것이다. 세계 경제는 2000년대 초 닷컴 버블 붕괴에서 발생한 경제적 충격을 주택 가격을 띄워 막으려 했다가 2008년 금융위기를 맞았다. 2008년 금융위기를 극복한다는 명분으로 다시 양적 완화와 저금리를 지나치게 오래 지속했다. 그리고 코로나 사태를 극복한다는 명분으로 그 위에 다시 막대한 유동성 폭격을 퍼부었다. 하나의 버블이 꺼지면 새로운 버블을 만들어 위기를 덮어왔다.

이런 식의 접근이 한계에 이르렀다. 40여 년 만에 가장 높은 인플레이션이 발생하고, 금리가 오르고 있다. 이는 어쩌면 유기체인 경제 시스템의 자연스러운 자기 조절 과정이기도 하다. 사라진 것 같았던 자본주의의 사이클이 다시 세찬 박동을 울리고 있다.

변곡점의 시기에는 위기가 찾아온다. 이미 주식과 코인이 곤두박질치고 환율이 요동치고 있다. 그런데 한국에는 더 심각한 위기 요인이 남아 있다. 세계에서 가장 높은 수준으로 쌓아 올린 가계부채와 부동산 거품이다. 부동산 가격 조정은 아직 본격적으로 시작되지도 않았다. 부동산은 무거운 시장이기 때문에 천천히 움직인다. 하지만 한번 방향을 정하면 흐름이 오래 지속된다. 한국 가계부채의 대부분은 부동산과 연결되어 있다. 부동산이 무너지면 가계부채가 부실해지고 금융권의 충격으로 이어진다. 자칫 금융위기로 이어질 수도 있다. 금융위기가 오면 실물경제는 한층 위축되면서 경제 전체가 받는 충격이 커진다. 이런 일이 벌어지지 않으면 좋겠지만 가능성을 배제할 수 없기에 지금이라도 대비해야 한다. 이런 상황에서 또 다시 버블을 만들어 위기를 막으려고 하면 한국 경제는 더욱 큰 위험에 노출될 수 있다.

이 책『대한민국 위기와 기회의 시간』은 새로운 사이클이 시작되는 변곡점에서 세계 경제의 흐름 속에 놓인 한국 경제의 현실을 진단하고 미래를 조망해보았다. 이런 변화에 국가와 기업과 개인은 어떻게 대응해야 할지를 다뤘다.

1부에서는 지금의 인플레이션이 왜, 어떻게 발생하고 있는지, 국내외 경제에 어떤 파장을 미칠지를 설명했다. 이 구조를 잘 이해해야 뉴사이클의 흐름에서 오판하지 않고 생존 전략을 모색할 수 있다.

2부와 3부에서는 한국 경제의 핵심 위기 요인인 가계부채와 부동산 문제를 차례로 다루었다. 부동산 거품과 가계부채 문제는 워낙 유기적으로 연결돼 있지만, 설명의 편의상 2부와 3부로 나누었다. 나는 이 문제에 대해 어쩌면 너무 일찍부터 경고해온 셈인데, 그동안 수면 아래 잠겨 있던 문제가 본격적으로 수면 위로 올라오고 있어 더 큰 위기감을 느낀다. 향후 한국 경제의 명운을 가를 수 있는 중요한 문제이기에 깊은 관심을 갖고 읽어주기를 바란다. 부동산 문제가 단순히 집값이 오르내리는 문제나 재테크 차원의 문제가 아님을 알게 될 것이다.

상황을 너무 암울하게만 볼 필요는 없다. 한국은 위기 예방은 못하지만, 위기 극복은 잘하는 나라다. 당장은 리스크 관리에 더 신경 써야 하지만, 동시에 기회를 포착하기 위한 준비도 미리 해야 한다. 4부는 위기 이후에 한국 산업과 기업에 어떤 기회가 열릴 것인지, 그리고 개인들은 이 과정에서 결실을 나눌 투자 기회를 어떻게 포착할 수 있는지 설명했다.

이 책은 내가 그동안 썼던 14권 가운데 『위험한 경제학』과 『문제는 경제다』의 계보를 잇는다고 생각한다. 특히 2012년에 출간한 『문제는 경제다』 이후 거의 10년 만에 현실의 한국 경제 전반에 대해 깊이 있게 다뤘다. 새로운 경제 사이클의 시작은 내게도 새로운 긴장감을 불러일으켰다. 나부터 정신을 차리고 한국 경제의 실체를 제대로 알려야 한다는 책무감을 일깨워주었다. 그런 점에서 이 책은 저자로서 '선대인 2.0 시기'의 첫 책이라고 생각한다. 그만큼 심혈을 기울여 집필했다. 출간 이후 달라지는 상황에 대한 분석과 전망은 유튜브 채널 〈선대인TV〉에서 시의적절하게 업데이트할 예정이니 참고하기 바란다.

마지막으로 나에 대한 잘못된 사실이 널리 퍼져 있어 이 자리를 빌려 바로잡고 싶다. 나는 국내 부동산시장의 문제점에 대해 제대로 인식한 이후로는 부동산으로 돈을 벌 생각은 해본 적이 없다. 더 나아가 무주택 서민들이 '벼락 거지'라고 조롱받는 세태를 막지 못한 데에 대한 일말의 책임감으로 지금까지 일부러 주택을 소유하지 않았다. 시중에 이와 다른 허위 사실이 널리 퍼져 있는 것 같은데, 더 이상 이를 유포하거나 믿는 이들이 없기를 바란다.

2022년 여름

선대인

차례

4. 기회는 어디에 있는가

1. 인플레이션 시대가 오다

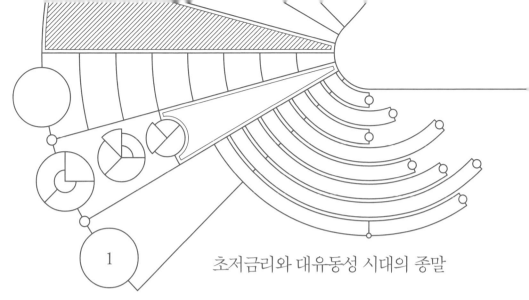

1 초저금리와 대유동성 시대의 종말

13년의 시기가 끝나다

- 미국 나스닥 지수 고점 대비 −30% 이상 추락, 코스피 지수 2,300 선까지 추락
- 주택 매매 거래량 2006년 집계 이래 최저 수준
- 비트코인 가격 3분의 1 수준으로 급락
- '김치 코인'의 대명사 루나, 휴지 조각으로 저락

2022년 들어 이와 같은 뉴스를 접하면서 심상치 않은 변화가 시작됐음을 느꼈을 것이다. 세계 경제는 중요한 변곡점에 이르렀다. 2008년 세계 금융위기 이후 13년 넘게 이어진 초저금리와 대유동성 시대가 막을 내리고

있다. 각국이 가파른 인플레이션을 잡기 위해 금리를 올리고 유동성을 축소해야 하는 시기에 진입했다. 유동성 대폭발의 시대에서 유동성 긴축의 시대로 빠르게 전환하며, 새로운 경제 사이클에 접어들고 있다.

이렇게 금리를 낮췄다가 올리는 시기에는 세계적으로 큰 경제적 충격이 발생한다. 이번에도 예외는 아닐 것이다. 과거의 금리 인상기를 뛰어넘는 큰 충격도 가능하다. 쉽게 상상하기 어려울 것이다.

초저금리 시대는 어떤 부작용을 낳았는가. 사람들은 초저금리에 너무나 익숙해져 빚을 내서 투자하거나 지출하는 것을 자연스럽게 생각하게 되었다. 각국 정부와 중앙은행은 2008년 금융위기 이전처럼 경기가 회복되지 않자 경기 부양을 핑계로 오랫동안 이 같은 행태를 부추겼다.

초저금리와 양적완화는 2008년 세계 금융위기의 충격을 줄이기 위해 도입된 통화 정책 기조다. 실제로는 비상 조치에 가까웠기에 충격이 어느 정도 해결되면 이를 점진적으로 거둬들여야 했다. 하지만 금융위기의 후유증이 컸던 탓에 각국은 양적완화 중단을 서두르지 않았다. 실제로 2011년 남유럽 재정위기, 2013년 양적완화 축소를 위한 사전 작업인 테이퍼링에 대한 금융 발작, 2014~2015년 무렵에 있었던 중국의 경제 충격 등 여진이 만만치 않았다. 또한 유동성을 막대하게 풀었음에도 불구하고 각국의 경제 성장은 과거에 비해 시원찮았다.

각국이 양적긴축을 서두르지 않았던 이유가 또 있다. 일반적으로 시중에 통화량이 늘어나면 인플레이션이 발생하는데, 2008년 금융위기 이후 각국 정부가 유동성 공급을 늘렸음에도 실물경제 영역에서 뚜렷한 인플레이션 현상은 발생하지 않았다. 각국 중앙은행이 양적긴축을 크게 서두를 이유가 없었던 것이다.

그러나 원자재나 생활물가 영역은 아니어도 주식과 부동산 등 자산시장에서는 인플레이션이 발생하고 있었다. 세계 대다수 국가의 주식과 부동산 가격이 저금리와 과잉 유동성을 에너지원으로 삼아 지속적으로 상승했지만, 대부분 이를 크게 문제시하지 않았다. 자산 가격 상승이 '부의 효과wealth effect(주식이나 부동산 등 자산 가격의 상승이 소비를 늘리는 현상)'를 통한 경기 활성화에 도움이 된다고 판단했고 이를 긍정적으로 여기는 경향이 강해졌다. 금융위기를 극복하는 과정에서 국가 부채가 급증한 나라의 경우에는 초저금리가 지속되는 것이 나쁘지 않았다. 국채를 찍어 조달한 자금의 이자율이 낮으면 그만큼 부채 상환에 써야 하는 재정 부담을 낮출 수 있기 때문이다. 이러한 이유로 금융위기에 대응하기 위해 도입됐던 양적완화는 훨씬 더 오랫동안 지속됐다. 미국, 유럽, 일본 등 주요국 중앙은행은 경기가 조금이라도 나빠지면 양적완화 조치를 꺼내 들었다. 한시적 비상 조치가 통상적인 통화 정책 수단이자, 오히려 더 중요한 정책 수단처럼 정착된 것이다. 자국의 화폐 가치가 급락할 우려 때문에 주요국처럼 양적완화를 할 수 없는 나라들도 매우 완화된 통화 기조를 이어갔다. 한국이 박근혜 정부 후반기 최경환 경제부총리 시절, '한국판 양적완화'를 말하며 인위적인 저금리와 대출 규제 완화를 내세운 '빚내서 집 사라' 정책을 실행한 것도 이와 같은 흐름 중 하나였다.

2018년 하반기로 접어들면서 미국 연방준비제도이사회(이하 연준)는 연방기금금리 인상과 양적긴축을 본격화하기 시작했다. 이 과정에서 주식시장이 급락하고 부동산시장이 한때 주춤했다. 그러나 2019년 들어 미중 무역분쟁이 격화되면서 경기 둔화가 우려되자 금리는 다시 인하됐고 양적긴축 기조도 중단됐다.

뒤이어 코로나 사태가 발생했다. 미 연준과 연방 정부는 대규모 재정을 동원하고 일시에 제로금리로 인하했다. 이렇게 해도 코로나 충격이 진정되지 않자 미 연준은 2008년 금융위기 당시보다 2배가 넘는 양적완화 조치를 동원했다. 심지어 국채와 MBS(모기지저당증권)뿐만 아니라, 일정한 수준의 회사채까지 직접 매입하는 질적완화 조치를 도입했다. 한국을 비롯한 세계 각국이 이 같은 흐름을 따랐다. 이로 인해 2008년 이후 어마어마하게 풀린 유동성을 축소해야 하는 상황에서, 훨씬 더 큰 규모로 유동성이 폭발해버렸다.

이런 조치들로 각국 금융시장은 급락을 멈췄고, 코로나로 인한 경제적 충격을 완화하는 데에도 큰 도움이 됐다. 그러나 단기간의 유동성 대폭발은 모든 자산의 가격이 급등하는 '에브리싱 버블everything bubble(모든 것이 거품)' 현상을 낳았다. 사람들은 주식, 부동산, 명품, 암호화폐, NFT, 그림, 금 등 거의 모든 투자 자산 및 투자 대상에 돈을 쏟아부었다. 2021년 중반에서 후반 무렵까지 세계 각국의 자산시장은 무섭게 들끓었다. 그러다 2022년이 되면서 자산시장의 버블은 꺼지고 실물경제의 물가는 뜀박질하는, 즉 인플레이션 급등 상황으로 바뀌었다.

이것이 바로 우리가 목격하고 있는 현실이다. 여기에서 현재 진행되는 인플레이션의 성격을 잘 이해할 필요가 있다. 흔히 인플레이션은 실물경제, 정확하게는 생산경제의 실물 영역에서 발생하는 물가 뜀박질 현상을 의미한다. 이런 의미의 인플레이션은 2008년 금융위기 이후 일시적 또는

대한민국 위기와 기회의 시간

국지적인 형태 외에는 거의 발생하지 않았다. 더 장기적인 관점에서 보면 1970년대 1, 2차 석유파동에 따른 인플레이션 이후로 그림 1-1에서 보는 것처럼 물가 상승률은 지속적으로 하향 안정화하는 흐름을 보였다. 2008년 금융위기 이후처럼 유동성이 대규모로 풀리면 실물경제에서도 당연히 인플레이션이 발생한다고 여겼지만 그렇지 않았던 것이다. 그러나 인플레이션 현상이 발생하지 않은 게 아니다. 자산시장에서는 어마어마한 인플레이션, 즉 자산 버블 현상이 지속적으로 발생하고 있었다.

이랬던 13년의 흐름은 극적으로 반전되고 있다. 앞으로 겪게 될 인플레이션은 경기 호황기에 시중의 화폐 유통 속도가 빨라지면서 발생하는 인플레이션과는 성격이 다르다. 이번 인플레이션은 상당히 복잡한 요인들이 서로 얽히면서 발생했다. 그 성격을 제대로 알아야 향후 몇 년간 사업과 투자, 생활경제에서 오판을 피하고 현명한 선택을 할 수 있다. '에브리싱 버블' 상태에서 거품이 빠지는 것이기 때문에 인플레이션 헷지 hedge(대비책)가 쉽지 않다.

또한 한동안 자산 가격이 빠지고 현금이 상대적으로 귀해지는 인플레이션이 될 가능성이 높다. 일반적으로 인플레이션이 오면 현금 가치가 떨어지니 이에 대처하기 위한 방법으로 부동산 등 자산에 대한 투자가 늘어나고, 자산 가격이 뛸 것이라 생각한다. 실제로 국내 부동산 재테크 관련 커뮤니티에서는 '인플레가 오면 일정한 조정을 거친 후 부동산 가격이 더 뛴다'는 주장도 있다.

그러나 이번 인플레이션으로 자산 가격은 향후 상당 기간 큰 폭으로 하락할 가능성이 높다. 그동안 자산 가격의 상승을 지탱했던 초저금리와 과

그림 1-1 : OECD 회원국 평균 물가 상승률 추이
(1960~2021년)

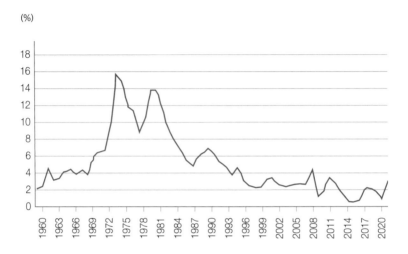

(%)

세계은행 자료를 바탕으로 선대인경제연구소 작성

대한민국 위기와 기회의 시간

잉 유동성을 반전시키는 금리 인상과 유동성 축소를 수반하는 인플레이션이기 때문이다. 때문에 이번 인플레이션은 실물경제의 재화와 서비스가치에 비해 현금의 가치가 약해지지만, 웬만한 자산 가격에 비해서는 현금 가치가 한동안 올라갈 가능성이 높다. 그렇다면 이런 종류의 인플레이션 시기에는 자산 투자를 어떻게 해야 할까. 자산 투자에 대한 난이도가 높아지긴 하지만 방법이 없지는 않다. 이에 대해서는 뒤에서 자세히 설명하고자 한다.

4가지 영역에서의 인플레이션 이해하기

앞으로 겪게 될 인플레이션의 성격을 명확히 이해하기 위해 경제 영역별로 인플레이션의 종류를 나타낸 표 1-1를 살펴보자. 경제 영역은 크게 생산경제와 자산경제로 나뉘고, 각각에 대해 실물경제와 금융경제 영역으로 나뉜다. 경제 영역은 표 1-1에서처럼 생산-실물경제, 자산-실물경제, 생산-금융경제, 자산-금융경제 등 크게 4가지로 나눌 수 있다.

생산-실물경제 영역에서는 기업이 투자, 고용, 생산, 판매를 한다. 가계는 일을 해서 소득을 올리고 기업이 생산한 재화와 서비스를 소비하는 활동을 한다. 일반적으로 말하는 실물경제가 바로 생산-실물경제 영역이다. 흔히 경제가 성장한다, 일자리가 늘어난다, 소득이 늘어난다, 소비가 위축된다 등의 표현은 이 생산-실물경제 영역의 상황을 설명하는 것이다. 이 영역에서는 경기가 좋아져 수요가 늘면서 물가가 상승하는 '수

표 1-1 : 경제 영역별로 살펴본 인플레이션 4분면

	생산경제	자산경제
실물경제	• 투자, 고용, 생산, 판매, 소비 활동이 일어나는 경제 영역. • 수요견인형 인플레이션이 주로 발생. 현재 상황 코로나 시기에 제조업을 중심으로 기업 투자 및 고용, 생산, 판매, 소비가 증가했다가 둔화되는 단계. 2022년 하반기부터 본격적인 위축 단계에 접어들어 향후 1~2년 동안 지속될 것으로 전망.	• 부동산, 원유, 농산물, 원자재 등이 거래되는 시장. • 비용 압박형 인플레이션이나 과잉 유동성에 기반한 투기적 가수요 중심의 인플레이션이 발생할 수 있음. 현재 상황 부동산 가격이 폭등했다가 본격적인 하락세로 접어들기 전 부동산 스태그플레이션 양상을 보이는 단계. 원유와 원자재 등은 러시아-우크라이나 전쟁 등의 영향으로 인플레이션이 생겼다가 점차 둔화되는 단계.
금융경제	• 기업 대출과 회사채 발행 시장, 금융권의 가계대출이 일어나는 영역. • 부채가 폭증하는 형태의 인플레이션이 발생. 현재 상황 코로나 시기를 거치며 중소기업과 영세자영업자, 가계의 부동산 대출이 큰 폭으로 증가한 상태. 금리 인상이 진행되면서 부채 증가가 둔화되고 있으며 향후 부동산 가격 하락과 함께 부채 규모가 지속적으로 감소할 수 있음.	• 주식 시장, 채권 시장, 파생상품 시장, 외환 시장, 암호화폐 시장. • 실물경제 영역의 호황을 반영하는 인플레이션이 일어날 수 있으나, 투기적 가수요에 의한 인플레이션도 빈번하게 발생. 현재 상황 2021년 중반 이후 주가가 하락하기 시작해 인플레이션이 이미 상당 수준 해소된 상태이지만, 향후 경기 침체를 반영해 추가 하락의 여지가 있음. 채권시장에서도 금리 인상에 따라 가격이 크게 조정되고 있음.

대한민국 위기와 기회의 시간

요견인형demand-pull' 인플레이션이 주로 발생한다. 당연히 경기가 나빠져 수요가 줄면 반대로 스태그네이션stagnation(장기 경기 침체) 또는 일본이 오래 시달렸던 디플레이션deflation(상품과 서비스 가격이 하락하는 현상)이 발생한다. 전 세계가 코로나 사태 직후 이 영역에서 일시적이지만 디플레이션을 겪었고, 2021년 중반부터는 빠르게 인플레이션이 나타나고 있다. 최근 인플레이션이 빠르게 상승하는 배경에는 코로나 사태 동안 위축됐던 투자와 소비가 늘어나면서 수요견인형 인플레이션 압력이 커진 측면도 있다.

자산-실물경제 영역은 부동산 등의 자산 혹은 원유 및 철강석 같은 원자재 등이 거래되면서 가격이 오르는 경제 영역이다. 부동산이나 원자재 등의 가격이 올라가면 기업의 생산 비용이 증가하는데, 이 비용이 최종적으로 소비자에게 전가되어 물가가 올라간다. 기업의 생산 비용이 증가해 물가가 상승한다는 점에서 이를 '비용압박형cost-push' 인플레이션이라고 한다.

이런 인플레이션은 원유 감산, 이상 기온, 원자재 공급처의 사고 등으로 각종 원자재 가격이 오르면서 나타나기도 하지만, 생산업체의 독점이나 담합으로 발생하기도 한다. 1970년대 1, 2차 석유파동에 따른 인플레이션도 근원은 중동의 산유국들이 담합해 원유 생산량을 줄이고 가격을 급등시켰기 때문이었다. 이 영역에서 인플레이션이 발생하면 이를 빌미로 투기적 가수요가 가세해 가격이 추가로 상승하는 경향이 나타난다. 최근 실물경제 영역에서 발생하는 인플레이션은 코로나 사태, 미중 경제블록화 현상에 따른 공급망 교란, 러시아-우크라이나 전쟁에 따른 원유 등

에너지와 농산물의 공급 축소가 복합적 원인으로 작용하고 있다. 이런 점에서 현재의 인플레이션은 비용압박형 인플레이션의 성격도 있다.

자산-실물경제 영역에서 부동산시장은 어떨까. 이는 별도로 봐야 할 정도로 비중이 크고, 원자재 가격과는 다른 양상을 보인다. 부동산은 기업이나 가계가 생산 활동을 위해 사용하는 자원이기도 하지만, 투자 또는 투기의 대상이 되면서 과거에 비해 가격이 지속적으로 급등한 측면이 크다. 부동산은 어떤 자산보다도 규모가 큰 시장이며, 특히 국내에서는 가계부채 폭증을 기반으로 자산 버블이 생겼다는 점에서 리스크가 가장 큰 시장이기도 하다.

이전에는 수도권이든 지방이든 특정 지역의 부동산 가격이 올랐지만, 코로나 시기에는 2003년 이후 처음으로 부동산 가격이 전국적으로 폭등했다. 2021년 하반기 이후 거래량이 급감하면서 지방과 영끌족 투자가 몰렸던 수도권 지역들을 중심으로 빠르게 하락세로 전환하고 있지만, 부동산은 큰 사이클을 그리면서 무겁게 움직이기 때문에 본격적인 하락세로 접어들기 전까지는 높은 가격을 유지하는 경우가 많다. 현재 부동산시장이 바로 그런 상태인데, 이처럼 부동산 가격은 여전히 높게 유지되는 반면 거래는 침체되는 현상을 '부동산 스태그플레이션 stagflation (불황 속에서 물가가 상승하는 상황) 현상'이라고 부른다. 현재 국내 부동산시장은 서울 강남과 같은 주택시장의 핵심 지역까지 본격적인 하락세로 접어들기 전에 부동산 스태그플레이션 현상을 거치고 있는 것으로 판단된다.

생산-금융경제 영역은 기업이 생산 활동을 위해 주식이나 회사채를 발행해 필요한 자금을 조달하는 영역과 가계가 투자나 생활비를 위해 금융권에서 대출하는 영역으로 볼 수 있다. 이 영역에서는 2008년 금융위기 시기 동안 잠시 줄었지만, 세계적으로 가파르게 대출이 팽창하면서 지속적으로 과다 부채 인플레이션 현상이 일어났다. 특히 국내의 경우 가계가 부동산이나 주식에 투자하기 위해 막대한 부채를 쌓아 올렸는데, 흔히 가계부채가 폭증했다고 할 때는 생산-금융경제 영역에서 엄청난 인플레이션이 일어나고 있다는 뜻이기도 하다. 이 영역에서 가계부채가 폭증하면서 일어난 인플레이션은 자산-실물경제 영역의 부동산 가격 급등 현상과 동전의 양면처럼 짝을 이루며 발생했다. 가계가 빚을 내 부동산에 투자하면서 부동산 가격이 올라갔고, 부동산 가격이 올라가자 투자 차익을 올리기 위한 가수요가 더욱 몰리면서 더 많은 가계가 빚을 냈다. 이렇게 부동산 가격 상승→가계부채 증가라는 악순환을 그리면서 양쪽 시장에서 인플레이션이 일어났다.

자산-금융경제 영역은 주식과 채권이 거래되는 증권시장과 외환시장 등을 말한다. 최근 몇 년간 폭발적으로 증가한 암호화폐 거래 시장도 이 영역에 포함될 수 있다. 여기에서도 낮은 금리, 유동성 공급으로 인해 주가가 크게 오르는 등 투기적 인플레이션이 빈번하게 발생한다. 대규모 기관 투자자들이 참여하는 채권시장이나 외환시장에서는 버블 현상이 자주 나타나지는 않지만, 주식시장에서는 주가가 과도히게 오르는 인플레이션 현상이 빈번하게 나타난다. 최근 모든 투자 자산 가운데 가장 극심한 변동성을 보이는 암호화폐의 경우 대부분 개인이 투자자로 참여하면서 투기적 인플레이션이 강하게 나타났다. 지금은 어떠한가. 2021년 중반 이후 국내 주식시장은 고점을 찍고 하락하면서 그동안 과도했던 주가 상승분을 반납하고 있고, 암호화폐는 훨씬 더 가파르게 거품이 꺼지고 있다. 미래 상황을 가장 빨리 반영하는 이 영역에서 이미 디플레이션 또는 디플레이션에 준하는 상황이 전개되고 있다.

4가지 경제 영역으로 나눠 인플레이션 상황을 살펴보았다. 이 영역들은 독립적으로 움직이기도 하고 때로는 서로 영향을 주고받으며 변동하기도 한다. 예를 들어 생산-금융경제 영역에서 가계가 부채를 일으켜 부동산 가격을 끌어올리면 '부의 효과'에 따라 한동안 생산-실물경제 영역에서 가계의 소비를 증가시키기도 한다.

비정상에서 정상으로

우리는 언제 인플레이션을 겪어봤을까. 2008년 금융위기 이후부터, 그보다 좀 더 거슬러 2000년대 초반의 닷컴 버블 붕괴 이후부터 본격적으로 저금리와 유동성 과잉 시대가 시작되면서 거의 모든 자산경제 영역과 이를 뒷받침하는 대출시장에서는 큰 폭의 인플레이션이 지속되었다. 흔히 말하는 실물경제 영역에서만 인플레이션이 발생하지 않았을 뿐이다.

이제는 실물경제 영역에서 급격한 인플레이션이 발생하고, 이를 잡기 위해 미국 등 각국이 금리를 인상하면서 기존의 자산 인플레이션은 오히려 꺾이는 국면이 되었다. 세계 경제가 변곡점에 접어들었고, 새로운 경제 사이클이 시작되고 있는 것이다. 초저금리와 과잉 유동성이 '뉴 노멀'로 자리 잡으면서 지나치게 커져버린 자산 거품이 조정을 받는 시기라고도 할 수 있다.

　장기적인 세계 경제 흐름에서 생각해보면 너무 길게 지속된 초저금리와 과잉 유동성은 오히려 비정상적이었다고 할 수 있다. 이세는 비정상이 다시 정상으로 바뀌는 사이클이 도래하고 있다. 가계도 기업도 정부도 새롭게 시작되는 사이클에 대비해야 한다. 현재 진행되고 있는 인플레이션의 특성과 맥락을 이해하기에 따라 개별 경제 주체는 큰 위기를 맞을 수도, 새로운 기회를 얻을 수도 있다.

　한국 경제는 어떠한가. 한국은 위기와 기회를 동시에 맞고 있다. 우선 위기의 측면에서 보면 물가가 뜀박질하는 실물경제의 인플레이션을 잘 다스려야 하는 과제도 있지만, 무엇보다 가장 큰 위기 요인은 가계부채와 부동산 거품이다. 한국은 1998년 외환위기 이후 지속적으로 가계부채를 늘려왔고 가계부채를 기반으로 부동산 가격이 크게 오르내렸다. 2014년 이후 박근혜 정부의 '빚내서 집 사라' 정책 시기, 그리고 문재인 정부의 코로나 시기에 다른 어떤 나라보다 심각한 수준으로 가계부채가 폭증했다. 이제는 오히려 부채가 줄어들고, 부동산시장 역시 스태그플레이션 단계를 거쳐 최소 몇 년간 디플레이션 과정을 겪을 가능성이 높다.

　앞으로 우리는 실물경제의 인플레이션과 자산시장의 디플레이션이라는 파고를 넘어야 한다. 하지만 기회와 희망도 있다. 코로나 시기를 거치면서 국내 기업들은 수출 제조업을 중심으로 전례 없을 정도로 뛰어난 실적을 올렸고, 이때 확보한 자금력을 바탕으로 신사업으로 활발하게 진출하거나 전환하는 흐름을 보이고 있다. 당장은 경제 위기의 파고를 넘어야 하고 그 과정에서 파고를 넘지 못하는 기업들도 있겠지만, 이 시기를 현명하게 넘기면 국내 기업들에게 새로운 성장의 기회가 열릴 수 있다. 그와 같은 기업에 중장기적으로 투자하면 가계도 과실을 나누며 부를 쌓을 수 있다.

인플레이션의 과거 그리고 현재

현재의 인플레이션 상황을 이해하기 위해 과거의 사례를 참고할 필요가 있다. 미국에서는 소비자물가 지수CPI가 5% 이상 올라갔던 시기를 대체로 인플레이션 시기로 보는데, 제2차 세계대전 이후 지금까지 여섯 차례 있었다. 이 가운데 세 번은 전쟁과 관련이 있다. 제2차 세계대전 종전기인 1946년 7월~1948년 10월, 한국전쟁 시기인 1950년 12월~1951년 12월, 걸프전쟁이 벌어진 1989년 3월~1991년 5월이다. 나머지 세 번의 인플레이션은 1969년 3월~1971년 2월까지의 인플레이션과 1, 2차석유 파동으로 인한 1973년 4월~1982년 10월에 이르는 대인플레이션 Great Inflation, 경제 호황과 중국 등 신흥국의 경제 발전에 따른 에너지 가격 급등이 야기한 2008년 6~8월까지의 짧은 인플레이션이다.

여섯 번의 인플레이션 중 세 번이 전쟁과 관련 있는 것은 우연이 아니다. 전쟁 같은 매우 큰 사건으로 국가 차원의 막대한 물자 및 재정 동원이 수반되고, 이는 시장의 수요-공급은 물론 전체 경제에 큰 영향을 미치기 때문이다. 이 중 많은 이들이 원유 가격 급등이 야기한 1970년대의 인플레이션을 인플레이션의 대명사로 떠올린다. 일반적인 인플레이션으로 알고 있는 수요견인형 인플레이션은 대압착 시기 후반과 2008년의 에너지 수요 급증에 따른 단기간의 인플레이션 두 번에 그쳤다.

현재의 인플레이션도 전쟁과 무관하지 않다. 코로나 사태는 인류가 바이러스와 맞서 싸운 전쟁이라고 볼 수 있으며, 실제로 공급망 교란 등 경제적 파장이 웬만한 전쟁을 능가했다. 전쟁이나 대규모 재난 시기의 경제는 평상시와는 다르다. 전시에는 물자 공급을 위해 일반 소비시장에 가야 할 상품을 정부 차원에서 통제하면서 공급 부족이 발생할 수 있다. 소비자들은 불안감으로 물건을 사재기하고 수요가 급증하면서 공급 부족은 더욱 심화된다. 정부는 가격 및 공급망 통제로 사태를 안정시키려고 한다. 반면 전쟁이 종식 또는 소강 국면으로 접어들고 소비자들의 심리가 안정되면 억제됐던 수요가 폭발하면서 인플레이션으로 나타날 수 있다. 전쟁이 끝나면 전쟁 피해국에 복구를 위한 원조가 이어지며, 대규모 건설 사업으로 전후 특수가 발생하기도 한다.

지금 미국이 직면한 인플레이션은 과거 여섯 번의 인플레이션을 초래한 요인들이 복합적으로 얽혀 있다. 2차 세계대전 이후의 인플레이션 상황을 살펴보자. 당시 미국은 전시 체제로 제조업의 설비 역량이 군수 물자 생산에 집중됐고, 소비재와 산업재 생산에 제약을 받다 보니 할당 배급제를 실시했다. 공급 부족으로 인한 고물가를 억제하기 위해 소비재 가격도 통제했다. 전쟁이 끝나 가격 통제가 풀리자 그동안 제한된 소비 때문에 늘어난 저축으로 소비는 급증한 반면, 전시의 생산 시설을 군수 물자에서 소비재 생산으로 전환하는 데에는 시간이 필요했다. 결국 2년 동안 미국 경제는 고물가에 시달리고 나서야 공급망과 소비자 수요가 점차 안정되면서 물가도 잡혔다.

이는 지금의 인플레이션과 구체적인 원인은 다르지만 나타나는 현상은 여러 모로 닮았다. 코로나 사태로 생산에 큰 차질이 빚어지고 공급망 교란이 발생했다. 초기에는 봉쇄 조치와 실업률 급등으로 소비 심리도 얼어붙었지만 각국 중앙은행의 유동성 공급과 개인에게 현금을 지급하는 재정 정책으로 소비 심리는 빠르게 회복됐다. 하지만 공급망 교란 문제는 여전히 기대만큼 풀리지 않았고, 그 결과 2021년부터 본격적인 인플레이션이 발생하기 시작했다. 여기에 2008년 이후부터 진행된 세계화 쇠퇴 흐름과 미중 경제권의 블록화 현상이 이 같은 공급망 교란을 더욱 심화시켰다.

2022년이 되자 우크라이나와 러시아의 전쟁으로 에너지와 농산물 가격이 폭등하면서 엎친 데 덮친 격이 됐다. 2020년 코로나 초기에 일시적이었지만 사상 초유의 마이너스 유가가 나타났던 상황과는 180도 달라져, 유가가 고공 행진하고 있다. 과거 미국에 여섯 번의 고물가 사태를 일으켰던 동력들, 즉 고유가, 공급 부족, 확장적인 통화 및 재정 정책이 이처럼 한꺼번에 겹쳐서 나타난 경우는 처음이라 할 수 있다. 그만큼 미국의 이번 인플레이션은 언제 어떻게 풀릴지 예단하기 쉽지 않다.

그러면 왜 이렇게 인플레이션이 심각해졌는지 주요 요인별로 차근차근 풀어보자.

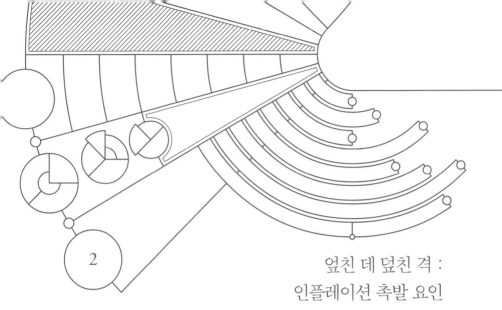

2

엎친 데 덮친 격 :
인플레이션 촉발 요인

엎친 데 덮친 격 1 : 코로나 유동성 폭격

이번 인플레이션이 발생한 가장 기본적인 배경은 저금리와 과잉 유동성
이다. 과잉 유동성이 시작된 것은 짧게는 2008년 금융위기 이후로 볼 수
있지만, 좀 더 멀리는 2000년대 초반으로 거슬러 올라간다. 미국의 장기
소비자물가 상승률을 나타낸 그림 1-2에서 보는 것처럼 미국의 물가는
석유 파동의 여파로 발생한 대인플레이션 이후 2021년 3월까지, 40년 가
까이 지속적으로 하락하는 흐름이었다. 과거 세계 경제를 괴롭힌 인플레
이션의 악몽은 대다수 나라에서 잊힌 과거가 되는 분위기였다.

이에 발맞춰 그림 1-2에서 보는 것처럼 1980년대 초까지 이어진 극악
한 인플레이션과 맞서 싸운 폴 볼커Paul Adolph Volcker 미 연준의장 이

그림 1-2 : 미국 소비자물가와 연방기금금리 변동율
(1945~2021년)

(%)

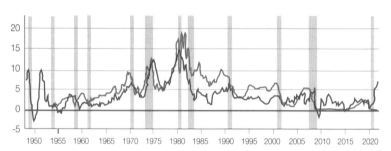

■■■■ 경기 침체 구간
■■■■ 소비자물가 지수
■■■■ 실효 연방기금금리

FRED 자료를 바탕으로 선대인경제연구소 작성

대한민국 위기와 기회의 시간

래로 미국의 연방기금금리도 대체로 우하향하는 흐름을 보였다.

지금과 같은 초저금리 기조의 시작은 2000년대 초반 앨런 그린스펀 Alan Greenspan 연준의장 시절부터 시작됐다. 2000년내 소반 닷컴 버블 이 붕괴하면서 미국 경기는 가파르게 하락했는데, 이 같은 경기 하락을 막기 위해 연준은 2000년 12월 6.5%였던 금리를 2001년 8월까지 3.0% 로 인하했다. 그 와중에 2001년 9·11테러가 발생하고 2001년 4분기 미 국 경제 성장률이 0.2%를 기록하자 같은 해 12월에 1.75%까지 금리를 인하했다. 이렇게까지 해도 미국 경제가 빠르게 회복하지 않자 연준은 2003년 6월 기준금리를 1.0%까지 인하한 뒤 2004년 6월까지 1년 동안 유지했다. 사상 유례가 없는 초저금리 기조를 유지하자 경기는 빠르게 반 등해 2003년 4분기에 4.4%의 경제 성장률을 기록했다.

경기가 회복됐으니 초저금리 기조에 변화가 필요했다. 2003년까지 미 국의 소비자물가는 1.8% 수준을 기록할 정도로 안정적이었지만, 연준 은 굳이 금리를 빠르게 올릴 생각이 없었다. 특히 2001년 세계무역기구 WTO에 중국이 가입하면서 '세계의 공장'인 중국에서 값싼 제품들이 쏟 아져 들어오자 저금리에도 불구하고 물가 안정세가 길어졌다. 2004년 물 가 상승률이 3%대에 이르자 연준이 드디어 움직이기 시작했으나, 금리 는 0.25%p씩 '베이비 스텝'으로 찔끔찔끔 올라갔다. 연준이 이때 너무 늦게, 너무 천천히 too late, too slow 금리를 올린 것이 2008년 금융위기 를 낳은 원인이었다.

오랫동안 초저금리가 유지되는 가운데 시중에 풀린 유동성은 미국을 비롯한 세계 각국의 부동산으로 쏠리기 시작했다. 1990년대 버블 붕괴 이후 제로금리를 지속해온 일본의 엔화 자금이 투자처를 찾아 세계를 떠돌았고, 1990년대 후반 위기에서 회복된 동아시아 각국의 자금도 미국을 포함한 전 세계 자산시장에 쏟아져 들어갔다. 또한 2001년 유로존이 출범하면서 엄청나게 풀린 유로화도 자산시장을 누비고 다녔다. 이처럼 중국의 WTO 가입과 유로존의 출범 등으로 세계화의 흐름이 가속화되는 가운데, 전 세계의 교역 규모가 큰 폭으로 성장했고, 세계적인 저금리에 따라 고삐 풀린 유동성이 자산시장을 헤집고 다녔다. 그 결과 각국의 부동산시장이 부풀어 올랐고, 그중 미국의 부동산 거품은 걷잡을 수 없이 커졌다. 미국의 부동산 거품이 커지는 데에는 신용도가 떨어지는 서브프라임 모기지론Subprime Mortgage Loan(비우량 주택담보대출)이 급증했던 이유가 컸다.

그러나 달도 차면 기우는 법인 것처럼 미국 부동산시장이 지나치게 과열되자 결국 미 연준이 2006년 연방기금금리를 5.25%까지 올렸다. 이후 부동산시장은 2년가량의 부동산 스태그플레이션 기간을 거쳐 가파르게 가라앉기 시작했다. 그에 따라 부실한 주택 모기지 대출이 급증하면서 모기지 대출을 기초 자산으로 하는 파생 상품을 취급하거나 매입한 미국과 유럽 등 전 세계 금융기관들이 무너지기 시작했다. 이것이 바로 2008년 글로벌 금융위기였다.

큰 흐름에서 보면 닷컴 버블이라는 위기를 수습하기 위해 그보다 훨씬 큰 버블인 부동산 버블을 초래했고, 이것이 미국뿐만 아니라 전 세계 경제를 더 큰 위기에 빠트린 셈이다. 특히 수십 년간 세계화가 확대되고, 금융자본주의가 가속화하면서 금융을 통한 전 세계 경제의 연동성이 극대화됐

다. 그 결과 미국발 금융위기는 전 세계 경제의 위기로 비화됐다. 1930년
대 대공황Great Depression에 준하는 이른바 '대침체Great Recession'의
서막이었다.

글로벌 금융위기가 발생하자 연준은 금리를 가파르게 인하하기 시작
해 2008년 12월 사상 처음으로 제로금리 시대를 열었다. 당시 연준의장
이었던 벤 버냉키Ben Bernanke는 제로금리로도 경기 하락이 멈출 기미
가 보이지 않자, 2009년 3월에 양적완화 카드를 꺼내 들었다. 연준이 미
국채와 MBS를 매입하는 방식으로 시중에 돈을 직접 푸는 통화 정책이었
다. 이렇게 시작된 양적완화를 통해 미 연준은 2014년 10월까지 세 차례
에 걸쳐 총 4조 달러, 원화 환산으로 약 4,800조 원에 이른 자금을 시장
에 풀었다. 이렇게 시중에 풀린 자금들은 실물경제보다는 자산시장으로
흘러갔다. 먼저 주가 지수를 끌어올렸고, 2013년부터는 부동산시장도 회
복세를 보이기 시작했다.

연준은 2014년부터 양적완화 규모를 줄이는 테이퍼링tapering(미 연준
이 자산 매입을 통해 시중에 공급하던 자금 규모를 점차 줄여나가는 조치)을
실시하는 한편, 2015년 12월에는 금리를 0.25%p 올려 제로금리를 벗어
났다. 하지만 중국 경제의 악화와 미국 경제의 더딘 회복 흐름에 따라 한동
안 금리를 추가로 인상하지 못했다. 이어 2016년 12월부터 연준은 다시
꾸준한 금리 인상에 나서 2018년 말에는 2.25~2.50% 수준까지 올렸
다. 2018년부터는 연준의 양적긴축도 본격화됐다. 이에 따라 2017년 말
에 4조 3,000억 달러 수준이었던 연준의 자산은 2018년 연말에 4조 달
러로 줄어들었다.

이 같은 흐름은 2019년에 들어서면서 다시 반전됐다. 2019년에는 미중 무역분쟁과 글로벌 경기 둔화에 대응할 목적으로 금리를 1.50~1.75%까지 세 차례 내리는 한편, 연준의 자산 축소도 그해 9월에 중단하기로 결정했다. 당시 연준의 자산 규모는 3조 8,000억 달러 수준까지 내려온 상태였지만, 2008년 금융위기 이후 세 차례 양적완화로 풀린 4조 3,000억 달러와 비교해 축소 규모는 얼마 되지 않았다. 그나마도 자산 축소 중단을 결정한 후에는 오히려 슬금슬금 자산이 늘어나 2019년 10월 말에는 다시 4조 달러를 넘어섰다. 2008년 금융위기 이후 풀렸던 유동성을 축소하는 흐름이 오히려 뒷걸음질하기 시작한 것이다.

세계 경제는 2008년 금융위기 이후 지나치게 풀렸던 과잉 유동성을 흡수해야 했지만, 낮은 인플레이션과 미지근한 경기 흐름에 기대어 계속 지연시키고 있었다. 이런 와중에 2020년 초부터 코로나 사태가 발발하면서 다시 한 번 큰 변화를 맞았다. 팬데믹이 시작되자 미 연준은 신속히 금리를 인하해 불과 몇 주 만에 다시 제로금리를 만들었고, 뒤이어 무제한 양적완화를 선언했다. 2009년에는 제로금리가 효과를 보지 못하자 양적완화 카드를 꺼내 들었지만, 이번에는 이 둘을 거의 동시에 내세웠다.

코로나 사태에 대응해 실시한 연준의 양적완화가 얼마나 신속하고 대규모였는지는 2008년 금융위기와 비교해보면 쉽게 알 수 있다. 2009년에 시작된 양적완화의 결과 연준 자산 규모는 5년 반이 지나서야 2조 4,000억 달러로 늘어났다. 그런데 코로나 사태 이후 양적완화를 시작하기 직전 4조 3,000억 달러였던 연준의 자산 규모는 단 3개월 만에 7조 2,000억 달러로 불어났다.

2022년 4월 13일 기준 연준의 자산은 9조 달러로, 2년 만에 4조 7,000억 달러가 늘어났다. 2008년 금융위기 때에 비해 훨씬 짧은 기간에 양적완화 규모를 2배로 키워버린 것이다. 코로나 사태로 인한 경기 충격은 매우 날카롭기는 했으나 2008년 금융위기에 비해 지속되는 충격은 아니었다. 그런데 세계적으로 유동성을 축소해야 하는 시기에 오히려 양적완화 규모를 더 키워버렸다. 이렇게 막대하게 풀린 유동성은 부동산과 주식, 암호화폐 등 전 세계 자산시장을 사상 유례가 없는 수준으로 부풀렸다.

코로나 사태가 진정되면서 어떤 일이 벌어졌을까. 정부의 지원과 상승한 자산 가격으로 주머니가 두둑해진 사람들은 억눌린 소비를 분출하기 시작했다. 2019년 이후 미국 소비자물가 상승률을 나타낸 그림 1-3에서 보는 것처럼, 코로나 사태의 충격이 어느 정도 완화된 2021년 4월부터는 물가 상승률이 4%대로 올라서면서 뜀박질하기 시작했다. 초기에는 이 같은 물가 상승 흐름이 제롬 파월Jerome Powell 연준의장의 표현처럼 '일시적transitory'이라고 판단할 수도 있었지만, 2021년 하반기부터는 금리 인상을 시작했어야 했다. 그러지 못했던 이유는 기업과 가계, 그리고 투자자들이 조금만 금리를 올리거나 유동성을 축소해도 상당한 충격을 받는 구조가 굳어졌기 때문이기도 하다. 초저금리 시대가 오래 지속되다 보니 대출을 받아 주택을 매수한 경우 금리가 조금만 올라가도 큰 충격을 받고, 초저금리 수준에서 겨우 연명해온 한계 기업들도 조금만 금리가 올라가면 바로 부도가 날 수 있다. 이런 상태에서 금리가 오르면 경제적 충격이 커질 수 있으니 연준으로서는 가급적 금리 인상을 미루고 사태가 좋아지기를, 즉 물가 인상 흐름이 일시적이기를 바랐을지도 모른다. 실제로

그림 1-3 : 미국 소비자물가 상승률

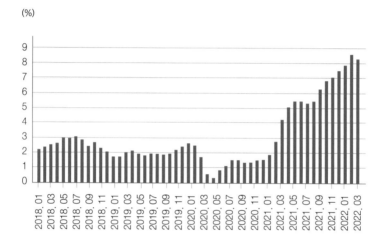

(%)

미국 BLS 자료를 바탕으로 선대인경제연구소 작성

　대한민국 위기와 기회의 시간

2013년 연준이 테이퍼링을 예고했을 때 전 세계적으로 긴축 발작taper tantrum이 일어났던 상황을 생생히 겪었기에 시장 충격을 최소화하고 싶었을 수도 있다. 하지만 파월 의장은 2000년대 초반 그린스펀 의장이 너무 늦게까지 초저금리 기조를 유지한 과오를 비슷하게 되풀이했다는 평가를 받게 됐다.

인플레이션의 효과를 알코올 의존증에 빗댄 통화학파의 대가 밀턴 프리드먼Milton Friedman의 말을 되새길 필요가 있다. "인플레이션은 알코올 의존증과도 같습니다. 술을 마시거나 돈을 너무 많이 찍어내면 좋은 효과가 먼저 나타납니다. 나쁜 효과는 나중에 가서야 나타나죠. 너무 많이 마시든 너무 많이 찍어내든, 과하게 하려는 유혹에 빠지는 이유는 그 때문입니다. 치유 문제가 됐을 때에는 거꾸로 됩니다. 음주를 멈추든 돈 찍기를 멈추든, 나쁜 효과가 먼저 나타나고 좋은 효과는 나중에 나타납니다."

채찍 효과와 돼지 사이클

코로나 사태에 대응하기 위해 쏟아부은 막대한 유동성이 인플레이션 문제를 초래할 것이라는 우려는 2021년 초부터 끊임없이 제기되었다. 클린턴 행정부에서 재무장관을 지냈던 래리 서머스 교수가 대표적이다. 그는 2021년 2월 《워싱턴 포스트》에 "바이든의 경기 부양책은 찬탄할 만큼 야심적이지만 커다란 리스크도 몰고 온다"라는 제목의 칼럼을 기고했다. 2021년 초 바이든 행정부는 미국인의 약 90%에게 1인당 1,400달러를 지급하고 주당 900달러의 실업급여도 제공하는 총 1조 9,000억 달러 규모의 경기 부양안을 제시했다. 코로나 사태가 본격화된 이후 여섯 번째 부양책이자 사상 최대 규모이기도 했다.

서머스는 이 칼럼에서 2008년 금융위기에 대응하기 위한 2009년 오바마 행정부의 부양책과 2021년의 부양책을 비교했다. 특히 주목한 것은 '아웃풋 갭output gap'이었다. 아웃풋 갭은 실제총생산GDP과 잠재총생산의 격차를 말한다. 잠재총생산이란 기업의 투자와 노동을 비롯, 한 국가가 모든 생산 요소를 사용해 정상적으로 달성할 수 있는 최종 생산물의 시장 가치를 말한다. 경제가 과열되지 않은 상태에서 한 국가가 달성할 수 있는 총생산 수준이라고 생각하면 된다. 실제총생산은 당연히 그해에 한 국가가 실제로 달성한 총생산 규모로, 총수요만큼 성장한 결과라고 볼 수 있다.

아웃풋 갭은 (실제총생산－잠재총생산)/잠재총생산×100이라는 수식으로 나타낸다. 보통 실제총생산은 잠재총생산보다 클 수 없기 때문에, 아웃풋 갭은 기본적으로 마이너스 값을 갖는다. 경기가 일시적으로 과열될 때에는 아웃풋 갭이 플러스가 될 수도 있다. 하지만 아웃풋 갭은 그 정의상 마이너스 값을 갖는 것이 일반적이다. 경기가 침체될수록 고용이 줄어들고 투자도 활발하게 이루어지지 않으므로 실제총생산이 더 크게 위축되면서 마이너스 값이 커지게 된다. 이러한 원리로 아웃풋 갭은 경기 과열과 인플레이션을 예측하는 지표로 활용된다.

서머스에 따르면 금융위기 다음 해인 2009년에는 아웃풋 갭이 마이너스 800억 달러였고 매월 더 커지고 있었다. 반면 오바마 행정부의 당시 경기 부양책 규모는 월 300억~400억 달러 규모로 당시 발생한 아웃풋 갭의 절반에도 못 미쳤다. 부족한 총수요를 채워서 미국 경제를 정상적인 수준까지 끌어올리기에는 역부족이었던 것이다. 이 때문에 서머스도 "오바마 행정부가 2009년 초에 훨씬 더 큰 규모의 부양책을 내놓았다면 상황이 나아졌을 것이라는 진보 경제학자들의 전반적인 의견에 동의한다"고 말했다.

반면 2021년은 달랐다. 미 의회 예산위원회는 추가적인 부양책 없이도 실제총생산과 잠재총생산의 격차가 연초 월간 500억 달러에서 연말에는 200억 달러 수준으로 줄어들 것으로 전망했다. 바이든 행정부의 부양책은 월 1,500억 달러 규모로, 연초 기준으로 아웃풋 갭의 3배, 연말 예상치 기준으로는 7.5배나 됐다. 즉 경기 부양책의 효과가 필요 이상으로 경기를 과열시키는 데다, 연말로 갈수록 그 과열 효과가 더욱 커지리라는 것이 서머스의 진단이었다. 미국 정부가 계획하는 경기 부양책의 규모가 부족한 것으로 추정되는 총수요 규모를 훨씬 능가할 정도로 과도해서 오히려 인플레이션을 촉발할 수 있다는 것이다.

진보 성향의 저명한 경제학자인 폴 크루그먼Paul Krugman은 2021년 3월 《뉴욕 타임스》에 "인플레이션에 겁먹지 않는 방법"라는 제목의 칼럼을 기고했다. 크루그먼 역시 2008년 미국 금융위기를 비교 대상으로 삼았지만 서머스와는 달리 2010~2011년을 근거로 들었다. 2011년 중반 보수적인 경제학자들은 미국 정부의 경기 부양책에 따른 인플레이션을 우려했다. 실제로 몇 달 동안 물가 상승률이 4%를 기록하고 원유나 대두 가격이 1년 사이에 40%에 육박할 정도로 뛰었다. 당시 미국 공화당 의원들은 벤 버냉키 당시 연준의장이 화폐 가치를 떨어뜨리고 있다며 목소리를 높였다. 하지만 버냉키는 꿈쩍도 하지 않고, 인플레이션은 단기적인 현상에 그칠 것이라고 주장했다. 실제로 시간이 지나자 인플레이션은 진정됐다.

크루그먼은 바이든 행정부의 부양책이 인플레이션, 더 나아가 스태그플레이션을 몰고 올 거라는 우려에 대해 원유나 대두 같은 상품의 가격은 수요와 공급에 따라 변동성이 강하며, 빠르게 올랐다가 빠르게 가라앉을 수도 있다는 점을 지적했다. 또한 물가 상승은 단기적인 현상에 그칠 것이라고 예상했다. 그것이 바로 2011∼2012년에 얻은 교훈이라면서 "겁먹지 말라"고 외쳤다. 벤 버냉키 전 의장 시절부터 연준위원으로 재임했던 파월 연준의장도 그때의 경험 때문인지, 크루그먼과 마찬가지로 인플레이션이 발생하더라도 일시적일 것으로 전망했다. 인플레이션이 13년 만에 최대치를 기록한 직후인 2021년 7월 13일, 미국 하원 청문회에 참석한 파월 연준의장은 인플레이션 대처가 너무 안이하다는 추궁에 다음과 같이 답했다.

"수요가 많지만 공급 쪽을 보면 상황이 어렵습니다. 집을 충분히 지을 수 없습니다. 목재가 충분하지 않기 때문입니다. 목재 가격이 크게 뜁니다. 하지만 가격은 다시 내리막길을 걸을 것이고, 지금까지 그래왔습니다. 이런 현상을 보이는 상품 중 적어도 일부는 이런 패턴일 것이라고 생각합니다. 가격이 아주아주 높이 뛰었다가 높아진 수요를 충당할 만큼 공급이 늘어나면 내려오는 겁니다."

그러나 시간이 갈수록 서머스 교수의 주장이 옳다는 사실이 뚜렷해졌다. 넉 달이 지난 같은 해 11월 30일, 상원 청문회에 참석한 파월은 다음과 같이 말했다. "우리는 높은 인플레이션이 영구적인 흔적을 남기지는 않을 것이라는 의미로 '일시적'이라는 용어를 사용하는 경향이 있습니다. 이제 우리가 뜻하는 바를 더욱 명확하게 설명해야 할 시기가 되지 않았나 생각합니다." 인플레이션이 일시적 현상이 아니라는 점을 인정하는 발언이었다.

폴 크루그먼이나 파월 의장과 비슷한 생각을 가진 전문가들도 많았다. 그렇게 생각한 근거 중 하나는 앞에서 설명했듯이 2008년 금융위기 때 연준이 막대한 유동성을 쏟아부었음에도 인플레이션이 장기간 발생하지 않았기 때문이다.

그렇다면 2008년에는 발생하지 않았던 인플레이션이 왜 지금은 세계 경제에 어두운 그림자를 드리우고 있는가? 이와 관련해 앞에서 설명한 과잉 유동성 가운데 이뤄진 급격한 수요 회복과 공급 측면의 문제를 짚어봐야 한다.

공급 측면의 문제를 이해하기 위한 기본 프레임으로 수요 변동의 단계적 증폭 현상을 의미하는 '채찍 효과bullwhip effect'가 있다. 손목을 조금만 흔들어도 채찍의 파동은 끝으로 갈수록 점점 커지면서 크게 움직인다. 채찍의 움직임처럼 소비자→소매상→도매상→제조사→원료 공급사로 이어지는 공급 사슬 역시 소비 수요의 작은 변화가 위로 거슬러 올라갈수록 점점 크게 증폭된다.

어떤 제품의 소비자 수요가 10% 정도 늘어났다고 가정해보자. 그다음 단계에 있는 유통망과 제조사 및 공급사의 생산도 똑같이 10%만 늘어날까? 소매상은 앞으로도 수요가 더 늘어날 것이라 예상해서 15%를 주문

할 수 있다. 도매상은 이를 보고 소매상의 주문 증가를 예상해 제조사에 20%를 주문하고, 이에 제조사는 수요 증가를 예상해 공급사에 원자재를 30% 주문한다. 결과적으로 소비자 수요는 10% 증가했지만, 공급사까지 오면 증가 폭이 3배로 늘어난다. 최종 소비자로부터 단계가 멀어질수록 채찍의 진동 폭이 더욱 커진 것이다.

채찍 효과는 수요와 공급의 미스 매치에 따른 경기 진폭을 키우기도 한다. 예를 들어 소매상이 도매상에 15% 증가한 물량을 주문했는데 도매상의 재고 부족으로 10%밖에 받지 못하면, 다음번에는 30%는 주문해야 15%라도 받을 수 있을 거라고 예상하게 된다. 이에 따라 재고를 충분히 확보하지 못한 소매상이 다음 주문 때 더 많은 물량을 주문하면, 도매상은 전방 수요가 크게 증가한 것으로 인식해 공급 업체에 필요 이상으로 많은 물량을 주문하게 된다. 잘못된 정보의 전달과 반응이 지속될 경우 상품 공급망의 상류upstream로 올라갈수록 실제 시장에서 필요한 수요 이상으로 물건이 생산된다. 이렇게 공급이 늘어나는 상황에서는 경기가 상승 사이클을 그리고 물건 가격도 올라간다.

그러나 일정한 시점이 지나면 반대 상황이 진행되기 시작한다. 최종 수요보다 많은 물량이 공급되면 당연히 시장 가격이 떨어질 수밖에 없다. 시장 수요보다 공급이 넘치니 소매상은 주문을 줄인다. 기존에 주문한 물량들이 쌓여 있기 때문에, 평소에 재고가 부족할 때 10만큼 주문하는 것을 5만큼만 주문하는 데에 그친다. 소매상이 주문을 대폭 줄이면 도매상은 시장이 예상보다 훨씬 빠르게 위축되는 것으로 인식해, 공급 업체에 큰 폭으로 줄어든 물량을 주문하게 된다. 이 같은 과정을 거쳐서 다시 공급은 필요 이상으로 줄어들고, 경기는 위축되는 사이클에 들어간다. 이런 흐름들이 반복되면서 경기가 좋아지기도 나빠지기도 하는 사이클을 만들고 경기의 진폭이 생기기도 한다. 채찍 효과는 하나의 상품 시장에서만 작동하는 것이 아니라 거시경제 전체에 영향을 미치면서 경기 사이클을 만든다.

채찍 효과가 만드는 경기 사이클을 설명해주는 개념으로 '돼지 사이클 pork cycle'이 있다. 어떤 이유로 돼지고기의 수요가 늘어났다고 가정해보자. 양돈 농가는 수요가 더 증가하리라 기대하면서 새끼 돼지를 많이 확보하려고 할 것이다. 암퇘지가 새끼 돼지를 낳으니 암퇘지를 도축장으로 보내는 농가가 줄어들고, 이는 돼지의 공급을 줄이는 효과로 이어져 돼지고기 가격은 더욱 올라간다. 새끼 돼지가 커서 시장으로 나오기까지는 시간이 걸리는데, 도축되는 암퇘지 수는 당장 줄어들기 때문이다. 돼지고기 가격이 더 올라가면 농가는 더 많은 새끼 돼지를 사들이고 암퇘지는 더더욱 귀해진다. 이제 시간이 흘러서 새끼 돼지들이 자라면 도축되는 돼지의 수가 늘어난다. 이 시점에 다다르면 농가는 수요보다 더 많은 돼지를 보유할 수도 있다.

수요 쪽에도 변화가 생긴다. 삼겹살이 '금겹살'이 되면 사람들은 대안을 찾는다. 돼지고기 대신 닭고기를 찾는 사람들이 증가할 수 있다. 이제 공급은 과잉으로 반전되고 돼지고기 가격은 폭락한다. 농가는 가격이 더 떨어지기 전에 돼지를 빨리 처분하려고 하지만 아직 다 크지 않은 돼지를 도축장으로 보낼 수 없어서 사료 값만 나간다. 돼지 사육 수가 증가하면서 사료 값도 올랐을 테니 채산성은 추락한다. 귀한 대접을 받던 암퇘지들도 도축장으로 끌려가고 돼지고기 가격은 바닥까지 떨어진다.

1920년대 미국의 돼지 시장에 이러한 사이클이 반복적으로 일어나는 것을 농업경제학자인 모데카이 이즈키엘Mordecai Ezekiel이 발견하고 '돼지 사이클'이라 명명했다. 돼지 사이클은 주로 농업경제학에서 많이 쓰이는 개념이다. 농축산물은 공산품과는 달리 수요가 늘어난다고 해서 바로 생산량을 늘릴 수 없다. 공급이 수요를 따라잡지 못하는 기간 동안 농축산물 가격이 치솟다가 공급량이 증가하면 하락 반전하는 패턴이 나타난다. 국내에서도 계절에 따라서, 혹은 기상재해나 가축 전염병 등의 영향으로 농축산물 가격이 폭등했다가 시간이 지나면 안정화되는 모습을 종종 볼 수 있다.

반도체를 비롯해 상당히 많은 산업 섹터에서도 양상은 다르지만 '채찍 효과'나 '돼지 사이클'과 비슷한 현상이 나타난다. 특히 코로나 사태처럼 기존의 공급망을 송두리째 뒤흔드는 교란이 발생하면 채찍 효과와 돼지 사이클이 만들어내는 진폭이나 지속 기간이 예측 불허인 경우가 많다. 앞에서 연준의장이 코로나로 인한 공급망 교란으로 인플레이션이 발생하고 있지만, 시간이 지나면 공급이 늘어서 빠르게 진정될 거라 예상한 것도 전혀 근거가 없지는 않다. 하지만 공급망 교란이 여러 이유로 반복적으로 일어나면 그 규모나 기간은 미 연준의 당초 예상과 달리 더 크고 길 수 있다. 이제부터 전 세계적인 공급망 교란이 왜 얽히고설키며 인플레이션을 더욱 증폭시켰는지 살펴보자.

엎친 데 덮친 격 2 : 공급망 교란과 재편

코로나 사태가 초래한 공급망 교란이 어떻게 공급 측면의 인플레이션을 불러오는지 살펴보자. 2020년 초부터 본격화된 코로나 대유행으로 전 세계적으로 주요 제품의 생산이 큰 차질을 빚었고, 물건이 생산됐다고 해도 배송과 운송에 많은 시간이 걸렸다. 세계적으로 공급망 체계가 긴밀하게 얽힌 상황에서 한 나라의 부품이나 원재료가 공급되지 못하면 연쇄적으로 완제품 생산이 불가능한 상황이 지속됐다.

코로나 사태 초기에 와이어링 하네스wiring harness 공급 부족으로 완성차 생산에 차질이 빚어진 게 대표적인 사례다. 와이어링 하네스는 자동차의 전기전자 부품에 전력 및 전기 신호를 전달하는 배선 뭉치를 뜻한다. 대부분 중국 공장에서 생산되는데 2020년 코로나 사태 초기에 중국의 강력한 봉쇄 조치로 생산이 어려워지자 자동차 산업이 직격탄을 맞았다. 이후 진정되다가 2022년 1분기 중국의 코로나 재확산으로 다시 차질이 발생하기도 했다. 이후 러시아 침공으로 우크라이나 공장의 가동이 중단되자, 우크라이나에서 와이어링 하네스를 공급받던 BWM와 폭스바겐 등 유럽 완성차 업체의 일부 차종 생산이 중단되거나 차량 인도 시기가 늦춰졌다.

와이어링 하네스 공급 부족은 비교적 빨리 해결될 수 있다. 더 심각한 문제는 차량용 반도체 공급 부족이다. 여기에는 쉽게 풀리지 않는 구조적 문제가 있기 때문이다. 코로나 사태로 자동차 판매량이 급감하자 완성차 업체들은 수요 하락을 예상하고 차량용 반도체 주문량을 크게 줄였다. 반면 줌 같은 온라인 미팅 솔루션, 넷플릭스 등의 스트리밍 서비스, 이커머스 수요는 급증했다. 이 같은 수요의 변화에 따라 반도체 업체들은 차량용 반도체 생산을 줄이는 대신 부가가치가 크고 수요가 빠르게 늘어나는 IT기기 및 서버용 반도체 생산을 늘리는 방향으로 움직였다. 각국 정부는 경기 부양책의 하나로 자동차 판매 촉진 정책을 펼쳤는데, 특히 전기차 전환을 위해 과감한 지원에 나섰다. 이에 따라 자동차 수요가 다시 늘어나기 시작했음에도 차량용 반도체 공급은 탄력적으로 늘지 않았다.

왜 그랬을까. 자동차의 자동화 비율이 높아지면서 차량 한 대에 들어가는 반도체가 점점 많아지는 데다, 전기차는 내연기관차보다 훨씬 많은 반도체를 필요로 한다. 반면 반도체 회사에 차량용 반도체는 계륵 같은 존재다. 구형legacy 공정으로 만들어지기 때문에 부가가치는 낮은데, 결함이 있으면 치명적인 사고가 발생하거나 대규모 리콜의 원인이 될 수도 있으므로 일반 반도체보다 훨씬 높은 품질 관리 수준을 요구한다. 차량용 반도체를 만드는 공장은 일반 반도체와 아예 분리된 별도 생산라인을 만들어야 할 정도다. 그러니 반도체 제조사들은 자동차 회사에서 아무리 읍소해도 IT용이나 서버용에 비해 이윤이 낮은 차량용 반도체 생산 확대에 소극적이다.

차량용 반도체 부족 사태가 지속되면서 가격이 올라가는 데다 생산 차질까지 빚어지다 보니, 완성차의 판매 가격도 상승할 수밖에 없다. 시장조사 기관 AFS에 따르면 2022년 차량용 반도체 공급 부족에 의한 생산 차질은 109만 대에 이를 것이며, 특히 유럽·북미·아시아 지역의 완성차 업체들이 큰 피해를 입을 것으로 전망된다. GM 등 일부 자동차 회사의 경우 필수적이지 않은 기능은 제외했다가 반도체 수급 상황이 좋아지면 장착해주는 것을 조건으로 차량을 출고하기도 한다. 완성차의 인도도 계속 지연되고 있다. 2022년 4월 초 기아자동차가 딜러들에게 배포한 납기표에 따르면, 스포티지 하이브리드HEV는 신차 출고 대기 기간이 무려 18개월로, 연초의 12개월보다 6개월 길어졌다.

반도체 공급 부족 사태는 돌고 돌아 반도체 산업 자체에 악영향을 미치고 있다. 네덜란드의 반도체 기업 ASML은 반도체 제조 공정 중 웨이퍼에 회로의 패턴을 만드는 포토 공정용 장비로는 세계 1위를 달린다. 특히 5나노미터 이하 초미세 공정에 필요한 극자외선EUV 장비는 ASML에서만 만들 수 있어서 반도체 장비 기업 중에서는 막강하다고 할 수 있다. 반도체 미세화 공정 경쟁을 치열하게 벌이고 있는 삼성전자와 대만의 TSMC는 ASML의 EUV 장비를 공급받지 못해 안달인데, 정작 ASML의 2022년 1분기 실적은 급감했다. 반도체 제조 장비를 만드는 공정에도 구형 반도체가 필요한데, 이들 반도체의 공급이 부족해서 벌어진 현상이었다. 구형 반도체가 첨단 반도체 장비의 뒷덜미를 잡는 '구닥다리의 역습'이 벌어진 것이다.

글로벌 공급난의 또 다른 주요 원인으로 세계적인 물류 대란이 있다. 코로나 사태로 각국이 빗장을 걸어 잠그면서 국제선 항공편이 마비 상태에 빠졌다. 2019년 기준으로 세계 항공화물 물동량 중 화물기가 차지하는 비중은 53%, 여객기의 화물칸을 이용하는 벨리 카고belly cargo의 비중은 47%로 거의 반반을 차지했다. 화물기는 상대적으로 감염 확산의 위험이 적으므로 국경 폐쇄의 영향을 덜 받지만, 여객 항공편이 마비 상태에 빠지면서 항공 물류의 절반가량이 날아가버렸다. 해상 물류 또한 코로나 사태로 큰 어려움을 겪었다. 하역 작업을 하던 노동자들이 집단 감염되면서 항구의 물류 처리가 마비되는 사태가 속출했기 때문이다.

코로나 사태 초기에는 실물경제가 얼어붙으면서 기업의 생산과 재고도 급감했고, 그만큼 물류 수요도 줄어들었기 때문에 물류 시스템의 교란이 미치는 효과가 상대적으로 적었다. 문제는 각국의 경기 부양책이 효과를 내면서부터다. 소비 수요가 큰 폭으로 반등하기 시작하면서 물류 수요 역시 빠르게 증가했는데, 과거에 비해 물류 수송 역량이 줄어들어 급격한 운임 상승으로 이어졌다. 상하이 컨테이너운임 지수SCFI(Shanghai Containerized Freight Index, 대표적인 글로벌 해운운임 지수로 상하이발 컨테이너선 15개 주요 노선에 대한 운임 정보를 지수화해 발표한다)는 2020년 초에 1,023이었지만 같은 해 연말에는 2,783으로 3배 가까이 폭등했다. 2021년에도 폭등세는 멈추지 않아서 2021년 말 SCFI는 5,047로 2020년 말보다도 81% 뛰었고, 2020년 초보다 5배나 올랐다. 2022년에 들어서면서 점진적으로 하향세를 보이는데, 그만큼 물류 마비 사태가 점차 풀리는 시그널로 볼 수 있다.

에너지 전환의 문제도 물류 대란의 주요 원인으로 꼽힌다. 국제해사기구IMO는 2020년 1월 1일부터 전 세계 모든 선박들의 연료유 황 함유량 기준을 3.5%에서 0.5%로 대폭 강화했다. 연료에 함유된 유황은 SO_2나 SO_3와 같은 황산화물을 만드는데, 그 자체로도 각종 호흡기 질환을 일으키지만 공기 중에서 다른 오염 물질과 결합하여 초미세먼지를 만들며, 질

소화합물과 결합하면 산성비의 원인으로도 작용한다. 특히 선박 연료유는 다른 운송 수단의 연료에 비해 황화합물 배출량이 높다. 수송용 석유 수요 중 선박 연료유의 비중은 약 7%에 불과하지만, 수송 부문 가운데 황 배출량의 90%가 해상 운송에서 나올 정도다.

IMO의 결정은 환경에는 큰 도움이 되지만 해운업계에는 부담으로 작용한다. 저유황유를 사용하면 연료비가 40% 상승할 뿐만 아니라 기존에 고유황유에 맞춰져 설계된 엔진에 문제를 일으킬 수도 있다. 탈황장치(스크러버)를 사용하는 방법도 있지만 이는 황산화물을 줄이는 게 아니라 따로 모으는 것에 불과하므로, 스크러버 사용 선박의 입항을 금지하는 국가가 늘고 있다. 가장 근본적인 해결책은 황화합물이 거의 없는 LNG선을 사용하는 것이다. 그러나 기존 선박에 비해 30%가량 비싸고, 기존 선박을 개조하는 데에도 시간과 비용이 많이 든다.

결국 해운업계가 현실적으로 당장 적용할 수 있는 방법은 저속 운항이다. 자동차와 마찬가지로 선박도 속도를 올리면 연비가 나빠지며, 같은 거리를 운항할 때 더 많은 연료를 태워서 더 많은 오염 물질을 배출한다. 선박 속도가 20% 줄면 연료 소비량이 50%까지 줄어든다는 연구 결과도 있다. 우리나라도 2019년 말부터 선박의 저속 운항 정책을 시행하고 있다. 이는 선박 한 대가 같은 기간에 처리할 수 있는 물동량이 줄어든다는 뜻이기도 하다. 예를 들어 같은 구간을 1년에 10번 왕복할 수 있는 선박이 저속 운항으로 1년에 8번밖에 왕복하지 못한다면 운송 가능한 물량은 20% 줄어든다. 이런 여파로 해상 운송도 지체 현상이 발생했고, 물류비는 더욱 올라갔다. 각국에 물자가 원활히 공급되지 못해 가격이 인상된

제품에 물류비가 포함돼 물가는 더욱 올라갔다.

한편 해상 운송을 포함한 물류 기업들은 오히려 코로나 특수 효과를 얻었다. 국내 해운사 HMM(옛 현대상선)은 2020년 영업이익 9,808억 원과 순이익 1,240억 원을 기록하며 10년 만에 흑자 전환에 성공한 데 이어 2021년에는 무려 7조 3,775억 원의 영업이익과 5조 3,372억 원의 순이익을 기록했다. 2018년 정부로부터 3조 원이 넘는 유동성을 지원받을 때 '밑 빠진 독에 물 붓기'라는 비판을 받았던 '미운 오리 새끼'가 코로나 사태를 거치며 백조로 거듭난 셈이다.

코로나 사태로 인해 전 세계는 생산과 물류 측면에서 매우 큰 공급 차질이 빚어졌다. 이는 코로나 사태 이후 수요 회복과 맞물리면서 인플레이션 상승을 촉발하는 주요 원인 가운데 하나가 되었다.

엎친 데 덮친 격 3 : 세계화의 쇠퇴와 거세지는 미중 경제블록화

세계화의 퇴조는 코로나 사태 이전부터 인플레이션 압력으로 작용하는 중요한 힘 중 하나였다. 다만 글로벌 금융위기 이후 디플레이션 압력이 워낙 컸고 세계 교역 규모 자체가 줄어들면서 경기 하강 압력이 커졌기 때문에, 세계화의 퇴조 흐름이 가져오는 인플레이션 압력을 잘 인식하지 못했을 뿐이다.

이를 이해하기 위해 세계화의 흐름을 역사적 관점에서 확인해볼 필요가 있다. 1840년대 이후 세계 경제는 크게 두 번의 세계화 확장 사이클을 겪었다. 1840~1914년 제1차 세계대전이 첫 번째 사이클이었다. 이후 두 차례의 세계대전을 치르며 세계화는 급속히 퇴조해, 제2차 세계대전이 종식되기 전인 1940년대 후반까지 그 흐름을 이어갔다. 하지만 전후 국가 간의 무역을 촉진하고 거래 안정성을 높이는 각종 글로벌 무역 기구와 통화 체제를 마련하면서 국가 간의 교역은 점차 회복하기 시작했다. 특히 소련과 동구 공산권 국가들이 자본주의 체제로 전환한 1990년대 이후와 중국이 WTO에 가입한 2001년 이후, 세계화는 엄청난 가속 페달을 밟았다.

세계화가 확대되는 과정에서 기존의 패권 국가를 위협하는 도전 국가가 부상하며 패권 경쟁으로 이어졌다. 첫 번째 세계화 확장 사이클은 당시 패권 국가인 영국에 독일 등 후발 산업국이 도전하면서 결국 두 차례의 세계대전으로 치달았다. 세계대전 이후 패권 국가인 미국의 지위를 위협하며 중국이 급속히 부상하자 이를 미국이 견제하면서 미중 간 무역전쟁으로 이어졌는데, 이것이 바로 두 번째 세계화 확장 사이클이다.

세계대전과 무역전쟁은 국가 간 교역 규모를 감소시킨다. 예를 들어 미중 간 관세전쟁으로 중국에서 싼값에 수입하던 물품에 관세가 붙으면 그만큼 미국인의 중국산 소비가 줄게 되는 한편, 미국인이 소비하는 물가가 올라가는 효과가 발생한다. 즉 인플레이션 압력이 작동하는 것이다.

특히 두 번째 세계화는 그림 1-4에서 보는 것처럼 1970년대 후반 이후 불평등 정도가 급속히 올라가는 기간과 맞물려 있다. 영국의 대처 정부와 미국 레이건 행정부가 주도한 자유화 흐름에 따른 것이다. 2000년대에 들어서는 전 세계적인 저금리와 과잉 유동성이 금융자본주의의 확산을 불러와 세계 곳곳에서 자산 거품 현상이 발생했다. 이런 흐름이 극단에 이르면서 결국 2008년 금융위기로 폭발했다.

두 번의 세계화 사이클 이후, 경기 침체와 자산 격차의 확대에 따른 국민들의 불만을 달래기 위해 보호 무역주의 성향이 강하게 나타났다. 이로 인해 세계화는 쇠퇴하는 흐름을 보였다. 미국 트럼프 행정부가 백인 저소득층의 불만에 영합하는 방향으로 '중국 때리기'에 나서 집권한 뒤 미중 무역전쟁이 격화된 것이 그런 흐름이다. 영국이 유럽연합에서 탈퇴하는 브렉시트를 결정한 것도 같은 흐름에 있다.

2008년 금융위기 이후 세계화 사이클은 정점을 찍고 점차 하락기에 접어들었다. 미국 트럼프 행정부가 중국에 대한 관세 장벽을 강화하고 중국의 5G 통신장비업체 화웨이와 ZTE를 미국의 거래 금지 리스트에 올리면서 세계화 쇠퇴 흐름은 더욱 강화됐다. 중국 역시 글로벌 금융위기 이후 '중국판 뉴노멀'이라고 불리는 신창타이新常態(중국 경제의 '새로운 상태'를 일컫는 말. 고도 성장기를 지나 중고속의 안정 성장 시대를 맞이한 중국 경제의 새로운 상태)를 추진하면서 수출 중심에서 서비스 산업과 내수 소비로 경제의 중심축을 옮겼다. 이에 따라 GDP 대비 중국의 교역 의존도가 가파르게 줄어들었다. 물론 여기에는 미중 간의 무역전쟁이 함께 작용했다.

2020년 1월 미국과 중국이 양자 간 관세 문제를 합의하면서 미중 무역 갈등이 일시적으로 봉합되는 듯했으나, 코로나 사태는 이를 다시 증폭시켰다. 전염병 확산 방지와 경기 부양을 위해 국제 공조를 강화해야 할 시점이

그림 1-4 : 세계화 가속화 기간에 따른 불평등 증가

(%)

탈세계화 시기에 불평등도 감소

세계화와 함께 불평등도 증가

■■■ 상위 1% 대 하위 50%의 총 재산 비율
■■■ 중위 소득 대비 상위 1% 비율

골드만삭스 보고서에서 인용

었지만, 2020년 11월 대선을 앞둔 트럼프 대통령은 지지층 결집을 위해 코로나 사태의 책임을 중국에 돌리며 대중 강경 노선으로 급선회했다.

이후 바이든 행정부가 들어선 뒤에도 미중 갈등은 누그러지지 않았다. 기본적으로 두 국가의 갈등이 패권 경쟁의 성격이 강하기 때문이다. 양국의 명운이 걸린 일대 결전에서 미국의 정권이 바뀌었다고 양상이 크게 달라지기는 어려웠다. 중국산 제품에 높은 관세를 부과하면 미국 기업들도 적지 않은 피해를 입고, 수입 물가가 상승하는 등 부작용이 나타난다. 하지만 중장기적으로 보면 중국에 대한 압박이 국익에 부합한다는 확신이 미국 사회에 깊게 깔려 있다. 다만 2022년 들어 미국의 인플레이션이 가파르게 상승하면서 이를 해소하기 위한 해법의 하나로 미국 정부가 대중 관세를 철폐하려는 움직임을 보이고 있다.

미국 정부는 관세 장벽에 더해 기술 패권 경쟁에 초점을 맞췄다. 특히 인공지능, 자율주행, 로봇 산업, 6G통신, 가상현실과 증강현실 등 미래 첨단전략 산업의 핵심이 고성능 반도체라는 점에서 대중 반도체 제재에 강한 드라이브를 걸고 있다. 미국은 코로나 이전에는 자국 기술이나 소프트웨어 비중이 25% 이하인 제품은 규제 대상에서 제외했고, 제3국에서 만든 제품도 규제하지 않았다. 그러나 2020년 5월, 미국 상무부는 제3국에서 제조한 반도체라고 하더라도 미국 기술을 활용한 제품은 화웨이에 판매를 금지하는 조치를 추가했다. 이에 따라 세계 최대 규모의 반도체 파운드리foundry(반도체 제조를 전담하는 생산 전문 기업)인 대만의 TSMC는 화웨이 신규 수주를 중단하기로 결정했다. 화웨이는 자회사인 하이실리콘을 통해 자체 개발한 AP인 기린칩을 스마트폰에 사용해왔다.

하지만 하이실리콘은 제조시설 없이 설계만 하는 팹리스fabless이기 때문에 칩 제조는 TSMC에 맡겼는데, 그조차도 불가능해진 것이다. 미국 정부는 퀄컴칩 수출은 허가했지만 LTE로 국한했기 때문에 화웨이는 5G 통신칩을 사용할 수 없게 돼 스마트폰 시장에서 급속히 몰락했다.

바이든 행정부 역시 중국의 반도체 굴기를 제압하기 위한 압박을 이어 갔다. 2021년 7월 ASML 장비에 미국 부품이 다수 사용된다는 이유로 중국 수출 금지를 요구했다. 현재 초미세공정에 필요한 극자외선 노광 장비는 ASML이 독점하고 있기 때문에, 이는 중국 반도체 업계의 기술 개발에 타격을 주려는 조치였다. 베이징 동계 올림픽이 한창이던 2022년 2월 미국 상무부가 중국의 33개 기관을 미검증 리스트에 등록했다. 미검증 리스트란 미국 당국이 통상적인 검사를 할 수 없어 최종 소비자가 누구인지 불분명하다고 판단할 경우, 더 엄격하게 수출을 통제하는 대상을 뜻한다.

미중 무역 갈등은 단지 두 나라만의 문제는 아니다. 중국은 중요한 원자재와 저렴한 완성품을 공급한다는 점에서 글로벌 공급망에서 매우 중요한 위치에 있었다. 그런데 미중 무역 갈등으로 공급망의 재편이 불가피해졌고, 경제블록화의 움직임은 더욱 가속화되고 있다. 이러한 경제블록화의 움직임이 가장 선명하게 드러나는 곳도 반도체다. 그동안 반도체 업계는 칩 제조는 대만과 한국 등 아시아 국가들이 맡고, 미국과 유럽은 설계에 주력하는 국제 분업 체계를 구축해왔다. 하지만 최근에는 중국의 반도체 기술과 장비 접근을 차단하고, 대규모 투자와 세제 혜택을 통한 리쇼어링 reshoring(제조업 생산 기지의 국내 복귀)을 추진하고 있다. 미국 하원은 자국 내 반도체 생산을 늘리기 위해 520억 달러(약 64조 원)를 투입하는 경쟁 법안을 통과시켰다. 유럽도 이에 질세라 2022년 2월 반도체칩법 EU Chips Act을 제정하고 반도체 인프라 구축에 430억 유로(약 59조 원)을 투자할 예정이다.

반도체, 자동차, 2차전지 분야를 주력으로 하는 한국 기업들 역시 미국에서 제품을 팔고 싶다면 미국 내에 생산 기지를 만들어야 한다. 삼성전자, 현대자동차, LG에너지솔루션 등 국내 배터리셀 3사가 미국에 단독 또는 합작법인 형태로 대규모 투자를 추진하는 것도 미국 시장을 선점하기 위해서라 볼 수 있다. 뿐만 아니라 미국 정부의 세제 혜택을 받거나 불이익을 피하기 위한 조치인 측면도 강하다.

글로벌 공급망이 단지 효율성 측면만이 아닌 기술 안보 차원에서 구축되고 경제블록화 현상이 가속화하면 그렇지 않을 때에 비해 상대적인 비용 상승이 불가피하다. 미중 경제블록화는 상당 기간 지속되며 인플레이션 압력으로 작용할 것이다.

엎친 데 덮친 격 4 : 러시아-우크라이나 전쟁과 에너지 지정학

2022년 2월에 시작된 러시아의 우크라이나 침공은 세계 공급망을 교란하는 한편 인플레이션 압력을 가중시키고 있다. 특히 에너지 가격 측면에서 상당히 큰 충격을 주고 있다.

러시아는 하루 1,050만 배럴을 생산하는 세계 3위 산유국이자 1위 천연가스 생산국, 2위 알루미늄 생산국이다. 러시아가 자원을 무기화해 수출을 중단하든 미국 등 서방 국가들이 러시아산 원자재 수입을 금지하든, 글로벌 원자재 수급에 큰 타격일 수밖에 없다. 실제로 2021년 말 70달러 안팎이었던 미국 서부 텍사스산 중질유WTI 가격은 러시아의 우크라이나 침공 이후인 2022년 3월 한때 120달러를 넘어섰다가 7월 이후에 100달러 아래로 떨어졌다.

이 같은 현상이 나타나는 가장 큰 이유는 국제 사회의 대對러시아 경제 제재로 원유 수급에 차질이 발생하고 있기 때문이다. 유가의 안전판 역할을 했던 미국의 셰일오일 업체들이 바이든 행정부의 환경 규제로 설비투자에 적극적이지 않은 데다, 사우디 등 OPEC 회원국이 추가 증산에 소극적인 점도 원인이다. 러시아가 2016년 OPEC과 생산 규제 협정을 맺은 것을 계기로 OPEC의 13개 회원국과 비 OPEC 산유국 10국가는 'OPEC＋'라는 동맹 관계를 형성하고 있다. 이 동맹 관계로 인해 유가가 오르면 러시아와 중동 산유국에는 이익이다.

2022년 6월 2일 OPEC＋ 회의에서 이들 국가들은 7～8월 두 달 동안 기존 하루 증산량(43만 2,000배럴)보다 50%가량 증가한 64만 8,000배럴을 증산하기로 합의했다. 하지만 이것으로는 100만 배럴 이상으로 추정되는 러시아의 원유 생산 감소분을 상쇄하기 어렵다. 특히 언론 보도만 보면 OPEC＋가 러시아-우크라이나 전쟁에 따라 이전보다 64만 8,000배럴을 증산하는 것으로 착각하기 쉽다. 하지만 실제 증산량은 그보다 훨씬 적다. OPEC＋ 국가들은 2021년 8월부터 매월 하루 40만 배럴씩 증산하고 있었다. 러시아-우크라이나 사태 직후인 2022년 3월 말

OPEC＋는 5월부터 매달 하루 43만 2,000배럴을 증산한다고 합의했지만, 실제로 매월 증산 물량에 비하면 겨우 3만 2,000배럴이 늘어난 것에 불과했다. 2022년 6월 2일 회의 결과 추가로 증산하기로 한 21만 6,000배럴과 합산해도 24만 8,000배럴에 지나지 않는다. 전쟁으로 러시아가 공급하지 못하는 물량의 4분의 1 정도에 불과하다. 당연히 세계적으로 석유 공급이 부족할 수밖에 없고, 이에 따라 유가가 계속 계속 오르게 된다.

국제 정치적인 측면에서도 유가가 안정되기 힘든 배경이 있다. 미국과 중동 국가들 간의 관계가 크게 악화돼 미국이 증산을 요구해도 잘 들어주지 않는다. 사우디와 아랍에미리트UAE는 대표적인 친미 국가였지만 바이든 행정부가 사우디 언론인 자말 카슈끄지Jamal Khashoggi 살해사건의 배후로 모하메드 빈 살만Mohammed bin Salman 사우디 왕세자를 지목하고 공개적으로 비난하면서 큰 균열이 생겼다. 바이든 행정부가 2021년 2월 예멘의 후티 반군을 테러조직 명단에서 제외한 것도 사우디 및 UAE와의 관계가 악화된 요인으로 꼽힌다. 예멘은 수니파 정부와 시아파 후티 반군 사이의 내전이 7년째 이어지고 있는데, 사우디 주도의 연합군이 수니파 정부를 지원하고 있기 때문에 사실상 사우디와 이란의 대리전 양상을 띠고 있다. UAE도 연합군에 가담하고 있어서 바이든 행정부의 후티 반군 테러조직 제외 조치로 두 나라와의 관계가 더욱 악화됐다.

미국은 이란과 베네수엘라가 원유 공급을 늘려주기를 기대하고 있지만, 이란과의 핵 합의 복원이 지연되는 것을 비롯해 걸림돌이 적지 않다. 미국이 이란과의 관계 개선에 본격적으로 나서면 사우디와 UAE를 더욱 자극할 수도 있다. 이와 같은 배경을 감안하면 전쟁이 끝나더라도 러시아에 대한 경제 제재가 계속되는 한 세계적인 고유가 상황을 풀기 어렵다. 다만 인플레이션 압력에 다급해진 미국이 사우디 및 UAE와 관계를 개선해 적극적으로 증산에 나서도록 촉구한다면 상황이 달라질 수도 있다.

유가 상승은 인플레이션을 부추기면서 동시에 기업 실적 악화와 소비 위축 등 경제 성장을 저해하는 요인으로 작용한다. 특히 러시아 에너지 의존도가 높은 유럽 경제에 미치는 부정적 영향이 클 것으로 예상된다. 러시아산 원유와 천연가스가 유럽 수입량에서 차지하는 비중은 48%, 72%로 매우 높다. 러시아산 에너지 공급이 줄어들 경우 유럽 물가가 크게 상승할 뿐 아니라 제조업 생산 및 소비 심리도 위축될 가능성이 높다.

광물시장도 크게 영향을 받았다. 대표적 사례가 니켈이다. 코로나 사태 이후 전기차 판매가 급증하면서 배터리 수요도 급증했다. 배터리의 에너지 밀도를 높이기 위해, 4대 소재 가운데 가장 큰 비중을 차지하는 양극재에 니켈을 많이 사용하는 추세다. 이에 따라 니켈 가격은 상승 흐름을 보이고 있었는데, 러시아-우크라이나 전쟁이 기름을 부었다. 러시아의 니켈 생산량은 전 세계 공급량의 11%인데, 특히 배터리에 사용되는 니켈 함량 99% 이상의 '클래스1 니켈' 공급량은 단연 세계 1위다. 니켈의 주요 생산국으로는 인도네시아와 필리핀이 있지만, 광석의 특성상 순도가 낮은 클래스2 니켈만 만들고 있다. 이에 따라 러시아-우크라이나 전쟁이 발발하자 런던금속거래소에서 거래되는 니켈 가격이 급등세를 연출했다.

그 밖에도 전 세계 구리 생산량 중 3.5%, 알루미늄은 5.4%, 팔라듐은 42.8%가 러시아산이며, 우크라이나는 전 세계 네온가스 수요의 70%, 크립톤의 40%를 공급하고 있다. 팔라듐, 네온, 크립톤은 반도체 제조에 꼭 필요하다. 그나마 2014년 러시아의 크림반도 합병 당시의 학습 효과로 회사들이 공급선을 다변화하고 물량을 비축했기 때문에 당장은 그 영향이 제한적이라 하더라도, 사태가 장기화되면 업계의 고민이 깊어질 수밖에 없다.

곡물시장 역시 큰 타격을 받고 있다. 우크라이나는 '유럽의 빵 바구니'라는 별명을 가지고 있다. 세계에서 가장 비옥한 땅으로 손꼽히는 흑토지대가 있는 드넓은 평야 지형으로, 국제곡물위원회 IGC는 우크라이나의 2021~2022년 밀 수출량을 세계 4위로 추정했다. 여기에 옥수수, 보리, 호밀 등 주요 곡물의 세계 최대 수출국이기도 하다. 러시아와 우크라이나를 합치면 전 세계 옥수수 수출의 50%, 밀 수출의 30%에 이른다. 옥수수의 경우 중국과 미국을 합치면 전 세계 생산량의 58%에 이르지만, 이들은 자국 인구가 워낙 많다 보니 수출 물량이 적다. 국제 곡물시장에서 중요한 역할을 하던 우크라이나가 전쟁터가 됐으니 유럽의 빵 바구니가 통째로 날아간 것이나 마찬가지다. 러시아는 국토가 전쟁터가 된 것은 아니지만 서방 세계의 러시아 경제 제재와 러시아의 보복 조치로 곡물 수급난 우려를 키웠다. 이에 따라 주요 곡물 가격이 급등세를 나타냈다. 엎친 데 덮친 격으로 주요 농산물 국가인 미국과 아르헨티나는 가뭄에 시달리고 있고, 중국은 코로나 재확산에 따른 봉쇄 조치가 이어지면서 파종 적기를 놓치는 곳이 속출했다. 주요 곳간들이 한꺼번에 재앙을 겪으면서 전 세계 밥상 물가에 먹구름이 드리워져 있다.

팜유(야자유) 가격이 급등하기도 했다. 식용유로 가장 많이 쓰이는 해바라기씨유 생산의 60%를 담당하는 두 나라가 전쟁을 벌이자, 해바라기

씨유 가격이 급등한 데 이어 대체품인 팜유 가격까지 급등한 것이다. 한국이 주로 수입하는 인도네시아산 팜유는 식용이 아니기 때문에 당장 팜유 파동으로 식품 가격이 오를 가능성은 낮지만, 다양한 산업 분야의 팜유 공급 차질은 불가피하다.

이렇듯 러시아-우크라이나 전쟁 초기에 각종 에너지와 광물, 농산물 가격이 급등했다. 이런 상황이 어느 정도 진정되고 있지만 그렇다고 전쟁 이전 수준으로 떨어진 것은 아니다.

단기전으로 끝날 거라 예상했던 전쟁이 장기화 양상을 보이면서 인플레이션 압력 역시 상당 기간 지속될 가능성이 높다. 최악의 상황은 지났다고 볼 수도 있지만, 전쟁이 장기화될수록 산업 전반으로 여파가 확산될 수 있다. 특히 유럽 국가들의 인플레이션을 높이는 한편 경기 침체를 초래하는 주요 원인이 될 수 있다.

글로벌 공급망 교란 압력, 얼마나 더 지속될까

코로나 사태 및 경제블록화 등에 따른 각종 공급망 교란 효과는 앞으로 어떻게 될까. 이를 종합적으로 잘 보여주는 것이 바로 미국 연준이 집계하는 '글로벌 공급망 압력 지수Global Supply Chain Pressure Index(이하 GSCPI)'다. GSCPI는 전 세계 해상·항공 운임과 주요 국가의 제조업 구매관리자 지수PMI 세부 지표 중 재고·배송·수주 잔고 등을 종합한 것으로, 글로벌 공급망 혼란의 정도와 추이를 측정하기 위해 2022년 1월에 만들어졌다.

또한 전 세계적인 공급 병목 및 물류 병목 현상을 종합 집계해 글로벌 공급망의 교란 수준이 어느 정도인지를 한눈에 알아보는 데에 매우 효과적이다. 이 지수는 관련 데이터를 집계해 기준 연도인 1997년을 0으로 놓고 공급망의 혼란이 높아질수록 지수가 상승하도록 설계되어 있다. 그림 1-5에서 볼 수 있는 것처럼 이 지수는 1997년 이래로 코로나 사태 이전까지는 가장 많이 올랐을 때가 1점대 후반이었고, 가장 낮았을 때는 -1.5 수준이었다. 특히 2000년대 초반과 글로벌 금융위기, 남유럽발 재정위기 이후부터 미중 무역전쟁이 격화되기 전까지는 마이너스 수준에서 움직였다. 즉 공급망 압력 지수가 매우 낮은 상태였고, 이것이 저금리와 막대한 양적완화의 영향에도 불구하고 세계적인 물가 상승률을 낮춘 주요 요인이기도 했다. 그런데 미중 갈등의 격화로 코로나 시기 직전에 다소 높아졌다가, 코로나 사태 초기의 일시적인 급락에 이어 2020년 4월에 3.47로 급격히 상승한다. 코로나 사태로 인한 글로벌 공급망 마비가 급성으로 찾아온 것이었다. 이후 몇 달간 높은 수준을 유지하다가 그해 10월에 0.15까지 하락하며 예년 수준에 수렴했다. 이후 코로나 백신의 보급에 따른 경기 정상화가 진행되는 가운데 요소수 사태 및 반도체 쇼티지 악화 등 세계적인 공급망 교란이 지속되면서 2021년 12월에 4.45로 정점을 찍은 뒤 다시 하락했다. 러시아의 우크라이나 침공 및 중국의 오미크론 유행에 따른 대도시 봉쇄의 영향으로 2022년 4월에는 다시 3.29로 상승했다.

이 지수의 흐름은 세계적인 물가 수준과 높은 상관성이 있다. 실제로 코로나 사태 이후 공급망 압력 지수 가운데 '원유 수급 지수'의 급등 현상

그림 1-5 : 글로벌 공급망 압력 지수(GSCPI)

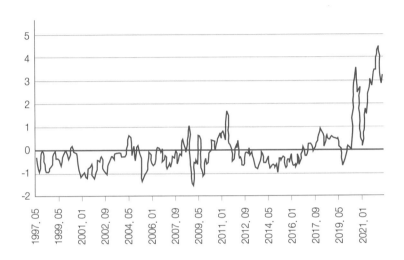

뉴욕연방준비은행 자료를 바탕으로 선대인경제연구소 작성

이 미국의 소비자물가 지수 급등과 높은 상관성을 보이며 움직이고 있음을 알 수 있다.

2022년 4월 글로벌 공급망 압력을 높인 가장 큰 요인들을 살펴보면 중국 내 운송 시간 지연, 영국의 재고 증가, 미국의 아시아행 항공 운송비 증가, 유로 지역의 운송 시간 지연 등이 대부분을 차지했다. 이 가운데 중국 내 운송 시간 지연은 코로나 재확산에 따른 봉쇄 조치 때문에 발생했고, 영국의 재고 증가와 유로 지역의 운송 시간 지연 등은 러시아-우크라이나 전쟁 때문이다. 미국-아시아의 항공화물 운송비가 증가한 이유는 코로나 시기에 화물기로 운항하던 여객기가 다시 여객 운송에 투입된 데다가, 러시아-우크라이나 사태가 촉발한 유가 급상승에 따른 유류세 할증 영향으로 항공화물 운송비가 급등했기 때문으로 풀이된다.

중국의 봉쇄가 점차 해제된다면 중국 내 운송 시간 지연에 따른 공급망 압력 요인은 점차 완화될 가능성이 높다. 나머지 세 요소는 러시아-우크라이나 전쟁이 얼마나 더 이어지는가에 따라 파장의 크기와 지속 여부가 달라질 수 있다. 러시아-우크라이나 전쟁이 어느 정도 해결되고, 코로나 사태와 관련된 추가적인 돌발 변수만 없다면 공급망 압력은 점차 하향 추세를 보일 것이다. 공급망 교란에 따른 물가 상승 압력은 향후 1~2년 안에 완화되리라 예상한다.

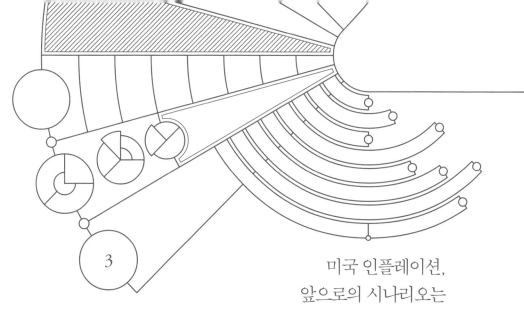

3

미국 인플레이션,
앞으로의 시나리오는

물가 상승률, 잡을 수 있을까

결국 중요한 건 미국의 인플레이션 현상이다. 세계의 기축 통화국으로서 미국의 인플레이션이 어떻게 진행되느냐에 따라 연준의 금리 향방과 인상 폭이 좌우되고, 이는 바로 전 세계 금리에 영향을 미치기 때문이다. 그렇다면 실제로 미국의 인플레이션은 어느 정도로 진행될까.

앞에서 미국의 소비자물가 추이를 살펴보았다. 미국 소비자물가는 2021년 4월 4.2%, 5월 5.0%를 기록하며 뜀박질하기 시작했다. 이 같은 상승률은 2021년 하반기에 5%대에서 주춤하는가 싶더니 같은 해 연말부터 재차 가파르게 상승하기 시작해 2022년 3월에는 8.5%를 기록했다. 2022년 4월에는 8.3%로 소폭 하락했다. 소폭이지만 물가 상승률이 다소 둔화되자 물가 상승률이 정점을 찍은 것 아니냐는 전망이 나오면서 미 연준의 금리 상승 압력 역시 약화될 것으로 전망하는 시각이 많았다. 하지만 5월에는 8.6%로 다시 상승했고 6월에는 9.1%까지 상승했다. 특히 러시아-우크라이나 사태 여파가 본격적으로 밀어닥치며 에너지 가격이 급등한 영향이 컸다. 이 같은 소비자물가 상승률은 1981년 제2차 석유파동에 따른 인플레이션이 마무리된 이후 가장 높다. 이미 1년 전에 물가가 4~5%가량 상승한 위에 다시 이렇게 큰 폭으로 오른 것이기 때문에, 사람들이 체감하는 물가 수준은 매우 높아진 상태. 물가가 빠르게 오르면 미국 경제에서 약 70%의 비중을 차지하는 민간 소비가 줄어들고 빠르게 경기 침체로 전환될 수 있다.

이러한 맥락에서 미 연준은 2021년 하반기부터 금리를 선제적으로 인상해 인플레이션을 어느 정도 제어해야 했다. 또한 인플레이션과 금리 인상 이후에 뒤따르는 경기 침체를 완화할 수 있도록 금리 여력을 확보해야 했다. 하지만 연준은 이미 금리 인상 타이밍을 놓쳤고, 2022년 3월에 0.25%p, 뒤이어 5월에 0.5%p 인상하는 '빅 스텝'을 밟았다. 이후 5월 소비자물가 지수가 다시 상승한 것을 확인한 뒤 열린 6월에는 0.75%p를 인상하는 '자이언트 스텝'을 밟았다. 6월 소비자물가가 9.1% 상승하면서 7월 열리는 연준에서 금리 0.75%p는 고정이고 한꺼번에 1.0%p를 올릴 가능성도 제기되고 있다. 소비자물가 상승률이 가파르게 상승하기 때문에 일단 연준으로서는 계속 금리를 빠르게 올려서 인플레이션을 진정시키는 게 급선무이기 때문이다.

참고로 미 연준이 연방기금금리를 포함해 중요한 통화 정책을 결정하는 회의는 연방 공개시장 조작위원회FOMC로 불리며, 대략 45일 간격으로 1년에 여덟 번 열린다. 이렇게 해서 인플레이션이 어느 정도 진정될지를 확인해가며 2022년 연말까지 남은 세 번(9월, 11월, 12월)의 연준 회의에서 금리 인상 속도를 조정할 것으로 보인다.

이 같은 미 연준의 금리 인상 속도는 과거에 비해 매우 빠르다. 2008년 금융위기 이후 미 연준이 처음으로 금리를 2015년 12월에 0.25%p 올린 뒤 다시 금리를 올린 것은 1년 뒤인 2016년 12월이었다. 그 뒤로도 금리 인상 속도는 매우 완만해 2018년 12월에 가서야 2.25~2.50%로 올랐다. 그런데 이번에는 2022년 3월에 금리를 올리기 시작한 이후 연준 회의가 열릴 때마다 금리를 올리고 있다. 2015년 이후 3년이 걸려서 이뤄졌던 금리 인상이 불과 4개월 만에 진행되고 있다. 1994년 금리 인상기 때에도 12개월에 걸쳐서 3.0%p가 인상된 것과 비교해도 매우 빠른 편이다.

이렇게 가파르게 금리를 인상하다 보니 주식, 채권, 외환, 코인, 부동산 등 각종 자산시장에 미치는 충격이 크다. 인플레이션을 잡기 위해 금리를 가파르게 인상하면 향후 경기 침체의 가능성은 그만큼 높아진다. 파월 연준의장은 금리를 올려서 인플레이션을 잡는 한편, 미국 경기도 "연착륙 또는 연착륙 비슷한 경기 수준으로 안착시킬 수 있다"고 발언한 바 있다. 하지만 파월 의장이 공언한 것처럼 사태가 흘러갈 가능성이 점점 낮아지고 있다. 앞에서 본 것처럼 현재의 인플레이션은 다양한 요인들이 복합적으로 얽혀서 발생했고, 금리 정책으로는 영향을 미치기 어려운 공급망 교란 요인이 크게 작용해 발생한 것이기 때문이다.

불행 중 다행이라면 미국 소비자물가를 올리고 있는 에너지와 식품류 물가 상승률은 시간이 갈수록 둔화될 가능성이 높다는 점이다. 2022년 5월과 6월의 미국 소비자물가 상승률을 주요 품목별로 살펴보면, 에너지는 5월에 전년 대비 34.6% 상승한 데 이어 6월에는 41.6% 상승한 것으로 나타났다. 식품류도 5월에 10.1%에 이어 6월에 10.4% 상승했다. 각종 공급망 교란 때문에 물가 상승 압력을 가장 크게 받은 부문이다. 특히 러시아-우크라이나 사태에 따른 유가 불안이 계속 인플레이션을 밀어 올렸다. 하지만 7월 들어 원유가가 100달러 아래로 하락하는 등 에너지와 식품류가 소비자물가를 밀어 올리는 압력은 점차 줄어들 가능성이 높다. 에너지와 식품류는 전쟁 등 돌발적인 상황이나 계절적 요인 등에 따라 변동성이 강하기 때문에, 각국 중앙은행은 식품류와 에너지를 제외한 근원 소비자물가core CPI를 따로 작성한다. 더 지켜봐야겠지만 미국의 근원 소비자물가 상승률은 2022년 3월 6.5%→4월 6.2%→5월 6.0%→6월 5.9%로 조금씩 하락 추세다. 러시아-우크라이나 사태 등 공급망 이슈가 해소되면서 에너지와 식품류 물가가 어느 정도 안정세를 찾는다면 미국의 소비자물가 상승률은 점진적인 하락세를 보일 가능성이 있다. 2022년 후반으로 갈수록 전년 동기의 물가 상승률이 높았던 기저 효과에 따라 지표상의 물가 상승률은 다소 둔화될 것이다. 그렇다고 이후에도 물가 하락세가 가파르게 진행되기보다는 1년 반~2년 정도에 걸쳐서 점진적으로 진행될 가능성이 높다.

물가 상승률의 빠른 둔화를 장담하기는 어려운 데는 2가지 문제가 있다. 미국 소비자물가 지수를 측정할 때 에너지와 식품류보다 더 큰 비중을 차지하는 항목들이 있는데, 바로 주거비와 임금이다. 미국 소비자물가

지수에서 주거비는 32.5%나 차지한다. 각각 13.4%와 8.3%를 차지하는 식품류와 에너지의 합산 비중보다 10.8%p 높다. 미국에서는 세입자의 임대료뿐만 아니라, 자가 거주자도 자신의 집을 임차해서 거주한다고 간주할 때 발생할 임대료를 '등가임대료Owner's Equivalent Rent'라고 책정해 주거비에 포함시킨다. 이 때문에 주거비가 소비자물가 지수에서 차지하는 비중이 매우 크다. 주거비를 제외한 서비스 분야의 물가 비중은 24.3%다. 이 두 부분을 합치면 미국 소비자물가 지수에서 차지하는 비중이 56.8%(주거비+서비스)이다. 이 서비스 항목의 물가 수준은 노동자들의 임금 수준에 크게 좌우된다. 임금은 소비자물가 지수에 직접 반영되지는 않지만, 간접적으로 큰 영향을 미친다. 임금 인상이 전체 물가에 미치는 영향은 30% 이상이라 볼 수 있다.

공급망 이슈가 풀리면서 에너지와 식품류 가격 상승률이 둔화돼 전체 소비자물가와 근원 소비자물가의 격차가 축소된다고 해도, 주거비와 임금 상승률이 떨어지지 않으면 물가 상승률은 계속 높은 수준을 보일 가능성이 높다.

우선 주거비의 경우를 보자. 미국의 에너지 비용이나 식료품 가격 등 대부분 항목은 매월 집계되고 일부는 두 달에 한 번 꼴로 집계된다. 하지만 미국의 주거비는 6개월마다 한 번씩 반영한다. 그러다 보니 질로우 같은 미국의 민간 부동산업체가 조사하는 주택 가격이나 임대료 변화보다 상당히 지연돼서 반영된다. 래리 서머스 교수가 동료 연구자들과 함께 조사한 결과, 자가 거주자의 등가임대료는 질로우의 주택 매매가에 비해 약 16개월 정도 지연돼 소비자물가 지수에 반영되는 것으로 나타났다. 임대료의 경우에도 약 13개월 정도 뒤쫓아서 반영됐다. 코로나 시기에 주택 매매가와 임대료가 급등한 흐름을 미국 소비자물가가 충분히 반영하지 못한 상태라는 것이다. 미국 주택시장도 금리 인상에 따라 하향세를 보이 기는 하겠지만, 소비자물가에 포함되는 주거비는 시장 흐름과는 다르게 상 당 기간 동안 상승세를 보일 가능성이 높다.

이에 따라 서머스 교수를 비롯한 연구자들은 주거비가 소비자물가를 2022년에는 2.1%, 2023년에는 1.6% 끌어올리는 효과가 있다고 예측했 다. 미국의 또 다른 물가 지수로 주거비 비중이 상대적으로 낮은 개인소 비지출PCE물가 지수도 각각 1.0%p, 0.8%p 끌어올리는 효과가 있을 것으로 예측했다. 2023년 하반기까지는 주거비가 소비자물가를 상당히 높은 수준으로 떠받칠 가능성이 있다고 보는 것이다.

이어 미국의 임금 수준을 살펴보자. 2021년부터 본격적으로 백신 접종 이 진행되고 거리두기가 완화되면서 경기가 회복되기 시작하자 구인난 이 문제로 떠올랐다. 경기가 본격적으로 회복되지도 않았는데도 기업에 서 사람을 구하기 어려웠다. 당시에는 미국 정부가 재난지원금과 실업급 여 등을 과도하게 지급해 사람들이 이에 의존해 일을 하지 않는다는 의견 이 주를 이뤘다. 2021년 하반기부터 실업급여와 재난지원금이 차례로 중 단됐는데도 상황은 전혀 개선되지 않았다. 오히려 그림 1-6에서 보는 것 처럼 실업자 수보다 기업들이 사람을 구하는 일자리 수가 훨씬 더 많아졌 다. 결과적으로 사람들이 미국 정부의 후한 재난지원금과 실업급여에 의 존해 일을 적극적으로 찾지 않는다는 주장은 틀린 것으로 판명됐다.

구인난이 구조적 추세라는 추론을 해볼 수 있다. 실제로 그림 1-6을 보

그림 1-6 : 미국 실업자 수와 구인 수

숫자

단위: 천

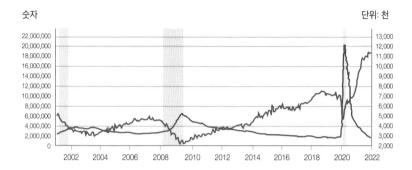

구인 수
실업자 수

FRED 자료

면 2008년 글로벌 금융위기 직후 실업자 수는 급증한 반면 구인 숫자는 급감했다. 이후 경기 회복에 따라 실업자 수는 계속 줄어들고, 구인 숫자는 지속적으로 증가했다. 2018년 이후로는 오히려 구인 숫자가 실업자 수를 능가했다. 이에 따라 구인 숫자 대비 실업자 수의 배율이 1 이하로 떨어지는 현상이 코로나 사태 한두 해 전부터 이미 나타나고 있었다. 코로나 사태 직후 실업자가 급증하면서 이 배율이 급등했지만, 2022년 들어서는 코로나 사태 이전보다 더 하락해 2022년 3월에는 0.5까지 떨어졌다. 실업자 수에 비해 구인 숫자가 2배나 더 많다는 뜻으로, 오히려 노동력이 부족한 상황으로 볼 수 있다.

이와 같은 현상이 벌어진 데에는 몇 가지 원인이 있다. 2008년 금융위기 이후 미국의 경기가 최장 기간 확장 흐름을 보이면서 기업들의 구인 수요도 증가하고 있었다. 또한 트럼프 행정부 당시부터 중남미 외국 노동자들의 유입을 억제한 데다 미중 경쟁 및 코로나 사태에 따른 경제블록화 현상으로 기업들이 국내로 회귀하는 현상이 증가하고, 자국 노동자 고용을 촉진하는 제도가 도입된 영향도 있을 것이다.

15~64세 사이의 생산 가능 인구 비율이 지난 10여 년 동안 미국에서 줄어들기 시작한 것도 기업이 구인난에 시달리게 된 배경으로 볼 수 있다. 이런 요인들이 겹치며 미국의 실업률은 최근까지 역대 최저 수준으로 낮아졌고 노동자 시간당 평균 임금은 올라갔다. 그림 1-7에서 보듯이 미국의 임금은 2010년에 전년 대비 상승률이 2%에 못 미쳤으나, 이후 꾸준히 상승해 코로나 사태 이전인 2019년에는 3%대 상승률을 기록했다. 코로나 직후 요동치기는 했으나 2021년 말부터는 대략 5% 초중반의 상승

그림 1-7 : 미국 노동자 노동 시간당 평균 임금

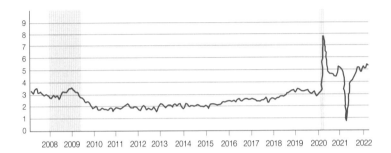

률을 보이며 코로나 이전보다는 확실히 높은 상승률을 보이고 있다. 임금 상승률이 올라가면 서비스업과 공산품 물가를 전반적으로 밀어 올리게 된다. 다만 2022년 들어 경기 침체 양상이 조금씩 나타나자 일부 기업들이 해고를 늘리면서 신규 실업수당 신청자가 증가하고 있다. 이는 앞으로 임금 상승률의 추가 상승을 억제하는 요인이 될 수 있다.

여기에서 주목할 것은 물가가 임금 상승률 이상으로 올라가는 상황이 지속되면 여전히 구인난이 심한 상황에서 노동자들의 임금 인상 요구가 강하게 나타날 수 있다는 점이다. 그림 1-7의 임금 상승률은 물가 상승률을 감안하지 않은 명목 임금 상승률이다. 2021년 4월부터 소비자물가 상승률이 뛰었기 때문에 물가 상승률을 반영한 실질 임금은 그림 1-8에서 보는 것처럼 이미 2019년 수준으로 돌아가고 있다. 즉 물가 상승률을 반영한 실질 임금은 코로나 직후 정점을 찍고 점점 하락해, 3년 동안의 상승분이 없어진 수준에 이르렀다. 노동자의 실질 임금이 준다는 것은 물가 상승으로 인해 실질 구매력이 빠르게 줄어들고 있다는 뜻이다. 인플레이션을 잡지 못하면 노동자들의 실질 구매력은 점점 더 악화돼 생활이 어렵게 되고, 소비 위축과 임금 인상 요구로 이어진다. 이는 기업 실적 악화로 이어지고, 실적이 악화한 기업은 감원과 임금 인하에 나서려고 하지만, 올라간 임금은 잘 떨어지지 않는 하방 경직성을 보인다.

미국의 노동시장 상황과 임금 수준을 고려할 때 미국의 임금 상승률이 둔화되는 데에 상당한 시간이 필요할 것이다. 향후 미국 소비자물가가 하락한다고 해도 그 속도는 꽤 느릴 것으로 전망된다. 한편으로는 이처럼 미국의 고용 상황이 양호한 흐름을 이어간다면 미 연준이 금리를 좀 더

그림 1-8 : 미국 시간당 평균 실질 임금

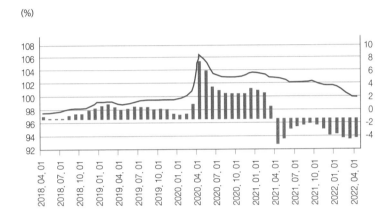

(%)

전년 대비 증감율

실질임금

FRED 자료를 바탕으로 선대인경제연구소 작성

인플레이션 시대가 오다

공격적으로 인상할 수 있는 근거가 된다.

4단계 물가 전망과 4가지 금리 인상 시나리오

지금까지 미국의 소비자물가 상승률에 영향을 미치는 주요 요인들을 살펴보았다. 이를 바탕으로 향후 2024년까지 미국의 물가가 어떻게 진행될 것인지 간략히 전망해보자. 기본적인 조건에 맞추어 전망하는 것일 뿐, 실제 상황이 어떻게 변할지는 꾸준히 관찰해야 한다.

1단계 기저 효과 및 금리 인상에 따른 하락 단계. 2022년 말까지는 기저 효과에 따라 물가 상승률이 다소 둔화되는 효과가 작용할 것이다. 미 연준이 7월까지 가파르게 금리를 인상한 영향으로 소비가 위축되는 효과가 2023년 초반까지 작용할 것이다.

2단계 공급망 이슈가 해결되면서 하락하는 단계. 중국의 코로나 사태가 완화되면서 봉쇄가 완전히 풀리고, 러시아-우크라이나 전쟁이 해결된다면 미국을 포함한 세계 물가가 한 단계 떨어지는 효과를 낼 수 있다. 1단계와 겹쳐서 효과가 나타나겠지만, 러시아-우크라이나 전쟁 등은 2023년까지도 이어질 수 있다는 점에서 별도의 단계로 잡았다.

3단계 경기 침체와 임금 인상률 둔화에 따른 하락. 인플레이션이 지속되는 가운데 금리가 올라가면 생산과 소비가 감소하는 등 경기가 침체될 수밖에 없다. 실제로 세계은행이나 IMF가 2022년 세계 경제 성장률 전망치를 계속 낮추는 것도 이런 이유 때문이다. 또한 경기가 침체되면 기업들의 감원이 늘고 임금 인상도 둔화된다. 물가 상승률도 둔화된다. 이미 아마존과 테슬라 등 미국의 일부 기업들이 감원에 나서고 있는데, 2022년 하반기 이후 2023년까지 점점 더 뚜렷하게 나타날 것으로 예상된다.

4단계 주거비 감소에 따른 하락. 미국 주택시장은 하락세로 접어드는 조짐을 보이고 있지만, 서머스 교수의 연구 결과처럼 주거비 인상 반영이 지연되면서 2023년 중반까지는 계속 물가를 끌어올리게 된다. 따라서 주거비에 따른 물가 하락 압력은 2023년 하반기부터 서서히 나타나 2024년에 가서야 뚜렷해질 것으로 보인다.

여기에서 고려하지 않은 것은 인플레이션 기대다. 앞에서 본 요인들이 지금의 인플레이션을 촉진하는 근원적 측면의 변수들이라면, 인플레이션 기대는 인플레이션 속도를 가속화할 수 있는 심리적 변수라고 할 수 있다.

주택시장에 빗대서 설명해보자. 집값은 기본적으로 금리 수준, 유동성 규모, 소득, 인구의 증감, 주택 공급 등과 같은 요인들에 영향을 받는다. 하지만 집값 상승이 지속되고 정부가 이를 효과적으로 통제하지 못할 경우 투자 또는 투기 성향의 가수요가 일어난다. 경우에 따라 집값 상승에 대한 기대 또는 예상이 광범위하게 확산되면, 소득 여력이 안 되거나 당장 집을 살 의사가 없었던 사람도 앞다퉈 주택 매수에 나설 수 있다. 일종의 심리적 현상인데, 부동산시장에서 이러한 인플레이션 기대가 걷잡을 수 없이 확산되어 가격 폭등으로 현실화되는 것이다.

소비자물가를 안정화하기 위해서는 인플레이션 기대를 효과적으로 통제하는 것이 매우 중요하다. 미 연준도 인플레이션 기대를 누그러뜨리는 데에 엄청난 노력을 기울이고 있다. 앞에서 소개했듯이 에너지와 식품류를 제외한 근원소비자물가 지수가 느리지만 계속 하락하는 데도 연준이 금리 인상의 고삐를 죄는 이유도 인플레이션 기대를 꺾으려는 이유가 크다. 만약 시간이 갈수록 인플레이션 기대가 높아지면 많은 이들이 미래에 소비할 물건을 미리 사재는 현상이 발생하고, 더 높은 수준의 인플레이션으로 이어지는 악순환을 그릴 수도 있다. 이럴 가능성을 우려하는 학자나 전문가는 금리를 더 과감하게 올려 인플레이션에 적극적으로 제동을 걸라고 주장하는 것이다. 인플레이션이 잘 잡히지 않으면 인플레이션 기대가 고조되어 걷잡을 수 없는 사태로 이어질 수 있기 때문이다.

파월 연준의장이나 재닛 옐런Janet Yellen 재무장관이 인플레이션 가능성은 낮다고 주장하는 데에는 이유가 있다. 정책 당국자들은 학자나 전문가와는 입장이 다르다. 실제로 인플레가 심각해질 가능성이 있다고 생각하더라도, 정책 당국자가 그렇게 발언할 경우 시장에 상당한 충격을 주게 된다. 즉 발언 자체가 인플레이션 기대를 부추기는 효과를 지닌다. '연준의장까지 저런 우려를 한다면 정말 인플레이션이 앞으로 심각해지겠는걸. 물가가 더 오르기 전에 생필품을 비축해야겠어.' 이런 생각으로 인플레이션 기대가 증폭돼 실제 물가 상승으로 이어지는 악순환을 그린다. 때문에 미국이든 한국이든 정책 당국자의 발언은 이 점을 염두에 두고 들을 필요가 있다.

2022년 연말까지는 미국 소비자물가 상승률이 여전히 6% 전후 수준에서 머물 가능성이 높다. 8~9%대에 비하면 낮아지지만, 여전히 높은 수준이다. 연준은 물가 상승률을 대체로 2% 전후 수준으로 관리하려 하는데, 2023년 중에 이 목표에 바로 도달하지는 못해도 연말 안으로 3% 수준까지 낮춰야 부담을 덜 수 있다. 공급망 이슈가 순조롭게 해결되는 것은 물론 주거비와 임금이 빠르게 조정돼야 추가적인 금리 인상 없이 이 정도 물가 수준을 달성할 수 있는데, 가능성은 높지 않다. 만약 금리 인상에 반응해 경기 하강이 빠르게 일어나면서 물가 수준이 떨어질 수도 있겠지만, 경기 후퇴recession라는 경착륙이 일어나면 고통스러운 상황이 된다. 따라서 물가 상승률이 기대보다 빨리 떨어지지 않는다면 연준은 2023년에도 금리를 3~4차례 더 올려야 할 수도 있다. 이렇게 되면 연준 금리는 4.0%를 넘어설 가능성도 있다.

이 같은 전망을 바탕으로 2024년까지의 미국 인플레이션과 금리 인상 수준을 시나리오별로 전망해보자. 향후 물가 수준과 금리, 경기 수준에 따라 기본적으로 아래와 같은 4가지 시나리오가 가능하다. 이들 4가지 시나리오에 따라 향후 주요 자산 가격이 어떻게 움직일지도 달라질 수 있다. 이 시나리오는 향후 전개될 현실을 대략적으로 가늠해보는 벤치마크 정도로 생각하길 바라며, 현실이 어떻게 전개될지는 계속 주요 변수들을 모니터링하면서 판단을 수정할 필요가 있다.

시나리오 1 2023년 하반기에도 3~4% 이상의 인플레이션 상태, 경제 성장률은 0.5~1.5% 수준을 가정하는 시나리오. 이 경우 물가 상승을 자극하지 않으면서 경기에도 부정적 영향을 미치지 않는 중립 금리가 2.5~3.0% 정도에서 형성될 가능성이 높다. 연착륙까지는 아니더라도 인플레이션 수준과 경기 관리 측면에서 그나마 상당히 선방하는 시나리오다. 이 경우라면 현재 수준의 주가에서 추가적으로 큰 폭의 주가 하락이 없는 가운데 2022년 하반기 또는 2023년 1분기 정도 안에 서서히 반등을 모색할 수 있을 것이다. 하지만 반등의 속도가 가파르기보다는 바닥권에서 6개월에서 1년가량 더 머무는 형태가 될 가능성이 꽤 있다는 점은 주의해야 한다. 이 경우에도 주택담보대출의 평균 금리는 5% 이상에 머무를 가능성이 높고, 체감 경기 수준은 상당히 나쁘기 때문에 부동산시장은 하락세를 지속할 가능성이 높다.

시나리오 2 연준이 기대하는 연착륙 또는 연착륙에 준하는 시나리오. 공급망 문제가 빠르게 해소되는 가운데 금리 인상에 따른 수요 위축 등이 결합되면서 물가가 빨리 잡혀서 연준의 금리 고점이 3.5% 이상으로 올라가지 않아도 되는 경우다. 2023년 하반기에 물가 수준이 3% 아래로 떨어지고 중립 금리와 경제 성장률이 둘 다 2%대 초중반에서 유지되는 시나리오다. 이 경우 연준은 유동성 긴축 속도를 완화하게 되고 기업 경기가 빠르게 회복되면서 주식시장에는 가장 좋은 상황이 펼쳐질 수 있다. 이 시나리오라면 주식시장의 반등이 시나리오1 보다 조금 더 빨리 일어나고 반등 폭은 상당히 가파를 수 있다. 또한 미 국채 장단기 수익률이 모두 하락하면서 채권 가격은 오르는, 즉 채권 투자에 유리한 국면이 펼쳐질 것이다. 한편 부동산시장은 이 같은 흐름을 반영하여 상대적으로 완만한 조정 속도를 보일 것이다. 경기는 회복되더라도 초저금리 시기에 비해서는 여전히 높은 금리 수준이기 때문에 과도한 부동산 가격은 여전히 조정이 진행될 가능성이 높다. 가장 낙관적인 시나리오이지만 현재로서는 가능성이 낮아 보인다.

시나리오 3 스태그플레이션 시나리오. 공급망 이슈가 빨리 풀리지 않거나 공급망에 추가적인 부담을 주는 상황이 전개되는 가운데, 인플레이션 기대가 높아지면서 2023년 하반기에도 여전히 최소 5%대 이상의 높은 물가 수준이 유지되는 경우다. 이 경우 연준 금리는 한동안 4~5% 이상을 유지해야 할 가능성이 높으며 고물가와 고금리가 결합하면서 경기는 후퇴하게 된다. 이때 경제 성장률은 경기 후퇴가 일어나 마이너스 성장이 3~4분기 이상 진행될 수 있다. 인플레이션 기대를 촉발하는 사태나 정책 실패가 발생하면 가능성이 높은 시나리오라는 점에서 경각심을 가질 필요가 있다. 이 경우가 발생하면 주식시장은 2022년 7월 초에 형성된 주가보다 한 단계 더 하락해 최악의 경우 15~20% 추가 하락할 수도 있다. 채권 금리도 계속 올라서 채권을 많이 보유한 은행과 증권사들의 평가 손실이 커지고, 기업들의 자금 조달이 어려워지면서 유동성 위기에 몰리는 기업들이 늘어날 수 있다. 자칫하면 유동성 위기와 신용 경색을 불러와 상당히 큰 경제적 충격을 일으킬 수도 있다. 또한 이 경우에 부동산 가격은 가장 가파르게 하락할 수 있는데, 최악의 경우 국내 부동산 가격은 폭락 사태를 빚을 수도 있다. 현재로서 가능성은 낮다고 판단되나 실제로 발생하면 큰 충격이 올 수 있기 때문에 높은 경계심을 가져야 한다.

시나리오 4 경기 침체가 빠르게 진행되면서 수요가 감소하고 임금이 하락하는 가운데 공급망 이슈가 빠르게 해소된다. 예상보다 빠르게 물가가 하락하지만 경기 침체가 온다. 이 경우 물가는 2%대 이하로 내려가고 0.5% 이하나 일시적으로 마이너스로 반전되면서 경기는 침체하지만 연준이 금리를 다시 1%대 이하로 낮출 수 있는 상황이다. 저물가-저성장-저금리가 짝을 이룬 상태로 2008년 금융위기 이후 상황과 비슷한 흐름이 전개될 수 있다. 이 경우에는 경기는 상대적으로 악화하지만 인플레이션 부담을 해소할 수 있기 때문에 경제 주체들이 아주 고통스러운 상황은 피할 수 있다. 특히 인플레이션이 떨어지면서 실질임금이 플러스로 전환할 수 있기 때문에 가계의 구매력도 증대된다. 각국 중앙은행이 다시 금리를 낮추고 유동성을 확대하기 때문에 성장주를 중심으로 다시 주가가 오를 수 있고, 부동산시장도 완만한 반등세로 바뀔 수 있다. 하지만 이미 코로나 시기에 가격이 지나치게 올랐고 부채를 동원한 매수 여력이 많이 고갈됐기 때문에 부동산 가격의 빠른 상승은 여전히 어려울 것이다. 이 경우에는 채권 금리가 모두 하락하기 때문에 채권 투자에는 좋은 시기가 올 수 있다. 다만 현재로서는 이 시나리오 역시 가능성이 상당히 낮다.

연준으로서는 경기 침체 가능성을 감수하고서라도 인플레이션을 억제해야 한다. 경기가 침체하게 되더라도 고물가 속의 경기 후퇴 조합인 스태그플레이션보다는 충격이 덜하기 때문이다.

참고로 세계적으로 인플레이션이 발생했을 당시 경제 성장률이 어떤 수준이었느냐에 따라 서로 다른 자산 종류들이 어떻게 움직였는지 살펴볼 필요가 있다. 2005년 영국 바클레이즈 은행은 영국 시장에서 제2차 세계대전부터 2004년까지 서로 다른 자산들이 4가지 인플레이션-성장률 조합 상황에서 어떤 실적을 냈는지를 조사해 발표했다. 표 1-2는 이같은 조사 결과를 요약해서 나타낸 것인데, 라스 트비드Lars Tvede의 저서 『비즈니스 사이클』에서 재인용했다. 조사 결과를 보면 인플레이션이 낮을 때 주식 수익률은 뛰어난 성과를 보였고, 부동산은 인플레이션이 낮으면서 성장률이 높을 때 뛰어난 성과를 보였다. 반면 인플레이션이 높고 성장률이 낮은 시기에는 모든 자산들의 실적이 대체로 악화했는데, 그 가운데 부동산은 -4.2%를 기록해 최악의 상황을 맞이했다.

다만 여기에 나온 수치는 명목 수치이기 때문에 인플레이션이 높은 시기의 실질 수익률은 이보다 훨씬 낮다는 점을 감안해야 한다. 앞으로 전개될 경제적 상황은 4분면 조합 가운데 고인플레이션-저성장 조합에 가까울 가능성이 높기 때문에 자산 투자에 상당히 조심해야 함을 알 수 있다.

표 1-2 : 2004년까지 영국에서 보인 자산들의 실적

	고인플레이션		저인플레이션	
고성장	주식	4.4%	주식	13.4%
	채권	-0.2%	채권	0.1%
	현금	-0.4%	현금	2.0%
	예술품	9.2%	예술품	7.5%
	부동산	8.1%	부동산	11.0%
	상품	6.1%	상품	15.1%
저성장	주식	4.1%	주식	11.1%
	채권	-0.8%	채권	0.0%
	현금	0,7%	현금	2.2%
	예술품	0.3%	예술품	0.9%
	부동산	-4.2%	부동산	4.7%
	상품	2.8%	상품	3.2%

바클레이즈 은행 자료, 『비즈니스 사이클』에서 재인용

대한민국 위기와 기회의 시간

글로벌 경기 침체는 올 것인가

앞으로의 경기 침체 가능성과 자산시장에 미칠 영향을 세밀하게 살피기 위해 미국의 인플레이션 상황을 지속적으로 들여다볼 필요가 있다. 이미 주식시장이나 채권시장에서는 향후 고물가가 지속되거나 금리가 올라가는 상황이 반영된 상태다. 세계 주식시장은 인플레이션과 연준의 금리 인상 가능성에 따라 주가가 상당히 큰 폭으로 조정을 받았다. 때문에 부정적 충격을 줄 새로운 큰 변화가 발생하지 않는다면 하반기 중에 몇 개월 동안은 일정 수준의 반등 랠리가 펼쳐질 수도 있다. 특히 러시아-우크라이나 전쟁이 어느 정도 해결되거나 미국이 중동과의 관계를 회복해 중동이 원유 증산에 나서거나 또는 미국이 대중국 관세를 철폐하는 상황이 발생하면 주식시장의 반등 모멘텀을 촉발하거나 강화할 수 있다. 하지만 고물가와 미 연준의 금리 인상 여파가 작용해 경기가 예상보다 빠르게 악화하면서 기업의 실적이 나빠진다면, 주식시장은 반등 이후에 다시 약세를 보일 가능성이 높다. 결국 기업의 실적이 주가를 움직이는 핵심 변수이다.

이 같은 경기 침체 가능성이 얼마나 될까. 정확히 가늠하기는 어렵다. 경제학자나 시장 전문가 사이에서도 의견이 조금씩 다르다. 그럼에도 불구하고 시간이 갈수록 경기 침체 가능성을 높게 보는 전문가나 기관들이 늘어나고 있다. 대표적으로 서머스 교수는 2022년 6월에 1~2년 안에 경기 침체에 빠질 가능성이 높다고 예측했고, 모건스탠리의 제임스 고먼James Gorman CEO도 "경기 침체 가능성을 30% 정도로 생각했는데, 지금은 경기 침체 가능성이 50%에 가까워진 것 같다"는 의견을 6월에 내놓았다. 글로벌 투자은행인 골드만삭스는 경기 침체에 빠질 가능성을 35% 정도로 상대적으로 낮게 보고는 있으나 35%의 가능성도 낮은 것으로 보기는 어렵다.

여러 논박들이 있지만 경기 침체 우려는 점점 현실화되고 있다. 미국의 신규 실업수당 청구 건수가 증가한다는 것은 인플레이션 압력을 누그러뜨리기도 하지만, 그만큼 가계의 구매력을 떨어뜨려 경기 침체 압력으로 작용할 수 있다.

이에 더해 2022년 들어 주식시장이 급락하면서 미국인의 자산 효과는 위축될 가능성이 높다. 미국은 한국과 달리 가계 자산의 절반 이상이 주식이나 펀드와 같은 금융자산으로 구성돼 있다. 주가가 하락할 경우 자산 가치가 크게 하락하게 되고, 이로 인해 소비가 위축될 가능성이 높다. 한편 미국의 수출 물량과 수출 금액도 시간이 갈수록 모두 하향세를 걷고 있다. 미국이 금리를 빠르게 인상하면서 발생한 달러 강세 흐름에 따라 미국 수출 기업들의 가격 경쟁력이 떨어진 영향이 크다. 이처럼 미국 경기가 안팎으로 꺾일 조짐이 나타나고 있는 것이다.

향후 미국 경기에 대한 전망은 미국 장단기 국채의 수익률 격차(스프레드)에서 꾸준히 반영되는데, 이 또한 경기 침체 가능성이 높아지는 쪽으로 움직이고 있다. 미 국채의 장단기 금리 차이를 가장 잘 보여준다고 평가받는 미 국채 2년물과 10년물 금리 격차를 그림 1-9와 함께 살펴보자. 일반적으로 채권의 만기가 길어질수록 그 사이에 발생 가능한 리스크가 커진다. 때문에 일반적인 상황에서는 10년물이 통화 정책의 직접적인 영향을 받는 2년물보다 금리가 더 높은 것이 정상이다.

그런데 거꾸로 10년물 금리가 2년물 금리보다 더 낮아져서 두 국채 간 금리 차가 줄어들거나 심지어 역전되면 경기 침체 가능성이 높아지는 것으로 본다. 향후 경기가 악화할 전망이 높아지면 채권시장에서 장기 국채 금리를 낮게 전망하기 때문이다. 과거 미국에서 장단기 금리 역전 현상이 일어난 뒤 일정한 시기 안에 경기 침체로 접어든 경우가 대부분이었다. 그림 1-9에서도 금리 역전 현상이 일어난 이후 일정한 시점 안에 경기 침체가 나타났음을 확인할 수 있다. 최근으로 올수록 금리 스프레드가 줄어들뿐 아니라 역전되고 있는데, 이 지표만으로 보면 경기 침체 리스크가 매우 높아지고 있다고 볼 수 있다.

실물경기 흐름과는 별개로 자산시장은 상당 기간 더 하락할 가능성이 높다. 가장 큰 이유는 바로 연준의 양적긴축 때문이다. 연준의 금리 인상은 주로 시중의 단기금리에 영향을 미쳐 경기를 위축시키는데, 양적긴축은 연준이 시중에 풀었던 자금을 빨아들임으로써 상대적으로 장기 금리까지 밀어 올리는 효과를 낸다.

그동안 양적완화가 어떤 효과를 냈는지를 보면 양적긴축이 어떤 효과를 낼 것인지도 짐작하기 쉽다. 양적완화는 연준이 돈을 더 찍어내 그만큼 국채와 MBS 등을 매입해 시장에 돈을 푸는 행위였다. 연준이 국채와 MBS를 사면 그만큼 채권 가격은 오르고 이에 반비례해 국채와 MBS 금리는 하락했다. 국채 및 MBS의 금리가 하락함에 따라 이와 연동된 다양한 시장 금리가 하락했다. 특히 미국의 주택담보대출 격인 모기지 금리는 MBS 금리 하락의 직접적인 영향을 받았다. 미국의 주택 가격이 2014년 이후

그림 1-9 : 미국 국채 10년물-2년물 금리 스프레드 추이

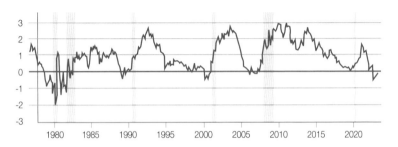

(%)

대한민국 위기와 기회의 시간

서서히 회복하고 코로나 시기에 더욱 폭등했던 것도 이 영향이 컸다.

양적완화와 정반대로 양적긴축은 만기가 도래하는 국채와 MBS를 재투자하지 않고 소각하는 방식으로, 연준이 현금을 시장에서 거둬들인다. 코로나 사태에 대응하기 위해 풀었던 유동성을 흡수하는 것이다. 그만큼 연준이 보유하고 있던 국채 등 자산 규모가 줄어들기 때문에 연준의 대차대조표가 축소되는 효과가 나타난다. 구체적으로 살펴보면 연준은 2022년 6월부터 첫 3개월 동안 월 475억 달러(국채 300억 달러, MBS 175억 달러)씩 축소하고 9월부터는 축소 규모를 950억 달러(국채 600억 달러, MBS 350억 달러)로 늘릴 계획이다. 2017년부터 2019년까지 진행된 대차대조표 축소 때 월 상한선이 500억 달러였던 점을 감안하면 양적긴축 속도가 2배가량 빠른 셈이다. 이를 통해 연준은 인플레이션 압력을 완화하고 지나친 자산 거품 등 코로나19로 왜곡된 경제를 정상으로 돌려놓으려는 것이다. 양적긴축을 실시하면 국채와 MBS 등의 각종 시장 금리가 추가로 상승 압력을, 자산 가격은 하락 압력을 받는다. 특히 그동안 양적완화로 풀린 대부분의 자금들이 주로 실물경제보다는 자산시장 쪽으로 흘러 들어갔다는 점을 감안하면, 양적긴축은 지속적으로 자산 가격을 누르는 요인이 될 수 있다.

초기 3개월이 지난 이후, 매월 110조 원(원화로 환산)가량의 자금이 증권시장을 비롯한 자산시장에서 빠져나간다고 생각해보자. 금리 인상은 2022년 말이든 2023년 상반기 안에 대체로 마무리되겠지만, 현재 계획대로라면 양적긴축은 향후 몇 년간 지속될 수 있다. 그만큼 자산시장에 지속적인 영향을 미치는 것이다. 물론 미국 경기가 급락한다면 이 계획이 수정될 수는 있겠지만, 인플레이션을 잡기 위해서 양적긴축은 2023년 상반기까지는 계획대로 집행될 가능성이 높다. 양적긴축은 장기 금리를 끌어올려 장단기 금리 역전 현상을 지연시키는 효과가 있기에 연준이 경기침체에 대한 우려를 잠재우기 위해서도 일정한 수준까지 계속 밀어붙일 가능성이 상당히 높다.

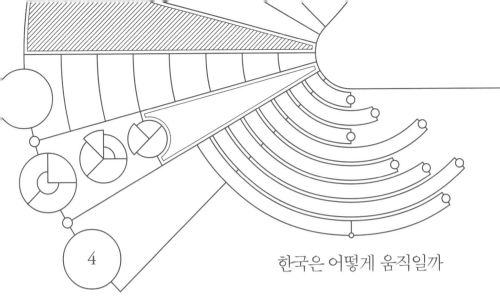

4

한국은 어떻게 움직일까

2008년 금융위기가 반복될까

세계 다른 경제권의 상황은 어떨까. 미국보다 더욱 좋지 않다. 유럽의 경
우 소비와 생산 활동 위축으로 주요 경기 지표가 둔화하는 가운데 러시
아-우크라이나 전쟁이 장기화하면서 경기 하강 압력이 커지고 있다. 러
시아 에너지 의존도가 높은 탓에 물가 상승 폭도 가팔라지고 있다. EU 집
행위원회는 유로존 경제 성장률 전망치를 낮추면서 인플레이션 전망치는
높여 잡고 있다.

무엇보다 현재 세계 경제에 부담을 주는 나라는 중국이다. 코로나 사
태가 재확산하면서 중국 정부가 선전과 상하이 등 주요 도시들을 전면 봉
쇄하자 막대한 생산 차질이 발생했고, 그 결과 경기는 급락했다. 이에 중

국 정부가 경기 부양을 위한 유동성 공급 및 인프라 투자에 적극 나서고 있지만, 2008년 금융위기 직후처럼 세계 경제를 끌어올리기 어려울 것으로 예상된다. 만약 코로나 사태가 게릴라식으로 확산될 경우 중국 경제는 가다 서다를 반복하면서 2008년 금융위기 이후 가장 낮은 경제 성장률을 기록할 가능성이 높다.

미국이나 유럽 중앙은행과는 달리 일본과 중국은 양적완화를 지속하거나 완화적인 통화 기조를 여전히 유지하고 있다. 일본의 양적완화 규모는 미국이나 유럽의 양적긴축 규모에 비해서는 훨씬 작아서 세계 자금시장의 흐름을 바꾸기에는 역부족이다. 중국은 2021년 과도한 플랫폼 기업 압박에 뒤이은 코로나 재확산에 따른 봉쇄로 경기가 급강하한 흐름을 바꾸기 위해, 적극적으로 통화 완화 기조를 이어가고 있다.

이런 상황을 종합하면 2008년 글로벌 금융위기가 반복될까. 미국의 상황을 보면 2008년 금융위기 이후보다 2000년대 초반 닷컴 버블 붕괴 이후의 모습에 좀 더 가까워 보인다.

미국 주택시장 거품이 경기 침체를 야기하는 더 큰 위협이 되지 않을까? 그럴 가능성은 낮아 보인다. 미국의 주택 가격도 코로나 시기에 급등하기는 했으나, 한국만큼 가계부채가 폭증하지는 않았다. 미국의 대표적인 주거용 부동산매매 가격 지수인 케이스-실러지수를 보면 코로나 시기에 2008년 금융위기 당시에 비해 약 35%가량 높은 수준으로 치솟기도 했다. 2008년 당시에 비해 2배 이상 오른 한국에 비할 바는 아니지만 미국의 주택 가격도 크게 오른 것은 분명하다. 이에 미국 주택 가격도 금리 인상 및 양적긴축 여파로 몇 년간 하락세를 보일 가능성이 높다. 그러나

2008년 금융위기 당시와 비교하면 미국의 GDP 대비 가계부채 규모는 17%p 줄어들었다. 금융위기를 초래했던 서브프라임론 같은 저신용 비우량 대출의 비중도 큰 폭으로 줄어든 상태다. 이 때문에 미국 주택시장이 2008년 같은 금융위기를 초래할 가능성은 낮다. 이에 대해서는 뒤에 한국 상황과 비교하면서 더 자세히 설명하겠다.

'회색 코뿔소'의 위험

한국의 인플레이션 상황은 어떨까. 한국도 미국과 비슷하다. 소비자물가 지수가 뜀박질하고 있는 가운데 경기는 하강 압력을 받고 있다. 이에 따라 한국은행의 고민이 만만치 않다. 물가 상승률이 가팔라지고 있다는 점을 고려하면 기준금리를 올려야 하는데, 경기 하강 압력이 커지고 있어서 자칫 경기를 더욱 짓누를 가능성이 크다. 더구나 한국은 부동산 버블 및 이와 연계된 가계부채 문제가 어떤 나라보다 심각한 상태에서 금리 인상기를 맞고 있다. 뛰는 물가를 잡으면서 부동산 거품을 점진적으로 해소해야 하고, 경기 급락이나 부동산 폭락은 막으면서 금리를 정상화해야 한다. 여러 장애물을 피해서 곡예비행을 해야 하는 상황에 비유할 수 있다.

2022년 6월 국내 소비자물가는 6.0% 올랐는데, 이는 2008년 금융위기 이후 가장 높은 상승률이다. 문제는 물가 상승률이 쉽게 꺾이지 않을 수 있다는 점이다. 한국은 수출 비중도 높지만 대외 수입 비중도 높다. 특히 부존자원이 부족하기 때문에 기업이 원유를 비롯해 각종 원자재를 수입해야 한다. 지금은 각종 공급망 교란에 따라 원자재 가격을 중심으로 수입물가가 가파르게 상승할 수밖에 없는 구조다. 수입물가가 오르면 연쇄적으로 생산자물가가 올라가고 이어 소비자물가도 치솟게 된다. 석유류 제품 가격이 수입물가→생산자물가→소비자물가로 파급되며 상승하는 양상이 뚜렷하게 나타난다.

문제는 주거비 비중을 소비자물가에서 반영하는 비중이 매우 낮다는 점이다. 한국은 그림 1-10에서 보는 것처럼 OECD 회원국들 가운데 주거비 비중이 소비자물가 지수에서 차지하는 비중이 세 번째로 낮은데, 이는 미국 등 다른 국가들과 달리 집주인의 자가 거주비를 주거비에 반영하지 않기 때문이다. 주택 가격을 자산 가격으로 보느냐 실물경제의 물가 중 하나로 보느냐에 따라, 물가 지수 산정에서 거주비를 반영하는 방식이 각각 다르다. 대부분 국가에서 자가 거주비를 포함하여 물가 지수를 산정하고 있다. 코로나 시기 한국의 주택 매매가 상승률은 세계 최고 수준이었다. 때문에 한국이 OECD 평균 수준으로 자가 거주비를 지수에 반영한다면, 한국의 물가 상승률은 2022년 6월 기준으로 7% 수준에 이를 것이다. 미국 수준으로 반영한다면 8%를 넘길 수도 있다.

세계 경제의 위축은 당연히 수출 의존도가 높은 한국 경제에 부정적인 영향을 미친다. 미국의 통화긴축 정책과 중국 등 세계 각국의 성장률 둔화로 해외 수요가 위축될 가능성이 높기 때문이다. 이미 그림 1-11에서 보는 것처럼 2021년 하반기부터 한국의 수출 증가율은 둔화하는 모습을 보였다. 2021년 2분기에 40%를 넘던 수출 증가율은 2022년 들어 절반 이하로 떨어졌다. 여기에 원자재 가격 급등으로 수입은 오히려 증가해 무역

그림 1-10 : 주요국의 소비자 물가 내 거주비 비중[1]

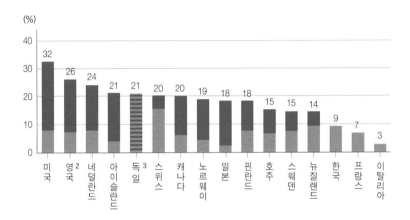

(%)

주택 임차료
자가 주거비

1 2020년 OECD 가중치 기준(스위스, 스웨덴, 호주는 각국 통계청 기준)
2 CPIH 기준[CPI 기준 주거비(주택 임차료) 비중은 9.4%]
3 주택 임차료에 자가 주거비를 포함하여 발표

BOK 이슈노트 「자가 거주비와 소비자 물가」 보고서에서 인용

그림 1-11 : 한국 수출, 수입 증감율 및 무역 수지 추이

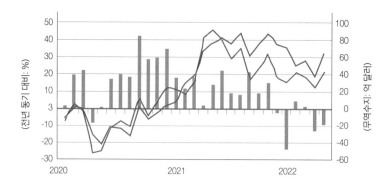

무역 수지

수출

수입

한국은행 경제통계시스템 자료를 바탕으로 선대인경제연구소 작성

대한민국 위기와 기회의 시간

수지는 적자로 돌아섰다. 다행히 2022년 5월의 수출은 전년 동기 대비 21.3% 증가한 615.2억 달러를 기록하며 전반적으로 양호한 흐름을 나타냈다. 높은 인플레이션과 공급망 불안에도 반도체·석유화학·철강 등 15개 주요 수출 품목이 고른 성장세를 나타내며 수출 증가를 이끌었다.

문제는 한국의 최대 수출국인 중국으로의 수출이 부진하다는 점이다. 그림 1-12에서 보는 것처럼 2022년 4월 대중 수출은 전년 동기 대비 3.4% 감소했고, 5월에는 1.2% 증가하는 데 그쳤다. 코로나 사태에 따라 상하이 등 중국 주요 도시들이 봉쇄된 여파가 컸기 때문이다. 향후 중국 정부의 부양책이 얼마나 효과를 보느냐에 따라 달라지겠지만 한국 수출에서 차지하는 비중이 미국과 EU를 합친 것보다 더 큰 중국의 경기 부진이 한국 경제에도 부담이 될 가능성이 높다.

수출 대비 수입 증가율이 높은 상황은 기업 입장에서 보면 비용 상승에 따른 수익성 악화를 의미하는데, 이는 결국 주가에 부담으로 작용한다. 수출이 둔화하면 국내 설비투자도 위축될 수밖에 없다. 수출 제조업 비중이 높은 한국 경제 특성상 해외 수요 감소는 곧 관련 기업들의 투자 감소로 이어지기 때문이다. 이미 2022년에 들어서면서 국내 설비투자는 줄어드는 단계로 접어들고 있고, 설비투자의 선행 지표인 국내 기계 수주액도 마이너스를 기록하고 있다.

한국은행은 2021년 하반기부터 기준금리를 올리기 시작했지만, 미 연준의 금리 인상에 따라 추가로 금리를 인상해 2022년 연말까지 2.75~3.0% 정도까지 금리를 인상할 가능성이 높다. 국내외 인플레이션이 지속되는 한편 미국의 금리 인상 폭이 더 커진다면 기준금리 인상

그림 1-12 : 대중국 수출 증가율

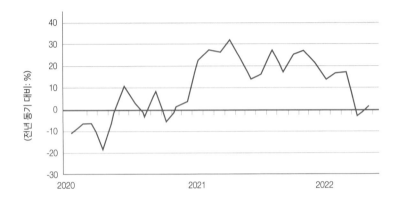

한국은행 경제통계시스템 자료를 바탕으로 선대인경제연구소 작성

대한민국 위기와 기회의 시간

폭은 이보다 더 커질 수도 있다. 과거보다 압력이 상당히 완화됐다고 해도, 한국의 금리가 미국보다 낮을 경우 외국인 자금이 국내에서 빠져나가면서 환율이 상승할 가능성이 있기 때문이다. 환율이 상승하면 가뜩이나 상승 중인 수입 물가가 더욱 가파르게 올라, 최종적으로는 일반 가계의 물가 부담을 높이고 경기 둔화 요인으로 작용하게 된다.

2008년 글로벌 금융위기 당시와 비교해 한국의 외환 보유고가 크게 증가했고, 단기 대외 채무가 감소한 반면 대외 순자산은 크게 증가했다는 점, 한국의 경제적 체력이 당시보다 크게 신장됐다는 점에서 외환위기 리스크는 상당히 낮아졌다고 볼 수 있다. 이번에는 미국발 금융위기의 가능성이 낮아 급격한 외국인 자금 유출로 이어질 가능성 역시 상대적으로 낮다. 국내 채권시장에 들어온 외국인 투자 자금도 단기 투자 성격이라기보다는 한국 경제의 규모에 맞춰 적절하게 배정된 포트폴리오 자금이기 때문에, 이역시 급격하게 외화가 유출되고 환율이 급등할 가능성은 낮다.

그러나 불안 요인이 없는 것은 아니다. 2000년대 초중반 국내 은행들은 외국인 자금을 빌려와 부동산시장에 펌프질했는데, 이 자금들이 금융위기 당시 급격히 빠져나가면서 환율이 급등한 바 있다. 그런데 최근 몇 년간 부동산 가격이 뛰면서 대출 수요에 비해 자금 공급이 부족해진 국내 은행들이 이번에도 외국인 자금을 빌려 부동산 대출을 해줬다. 그런 과정에서 국내 은행들의 대외 채무가 2008년 금융위기 수준을 넘어섰다. 이번에는 미국발 경제위기의 가능성은 낮다고 설명했지만 여전히 한국 경제는 위험에 상당히 노출되어 있는 구조라 할 수 있다.

그렇다면 이번 금리 인상기에 한국 경제의 최대 리스크는 어디에 있을까. 리스크는 다른 곳에 있다. 바로 매우 심각한 상황인데도 장기간의 저금리 영향으로 무시된 가계부채 문제가 '회색 코뿔소(세계적인 정책분석가 미셸 부커Michele Wucker가 2013년 다보스포럼에서 처음 발표한 개념으로, 개연성이 높고 파급력이 크지만 사람들이 간과하는 위험을 뜻한다)'로 우리 앞에 다가올 수 있다. 특히 한국은 코로나 시기에 정부부채보다 가계부채에 지나치게 의존해 경기와 자산 가격을 부양했다. 때문에 다른 나라에 비해 금리 인상의 부작용이 더 클 수밖에 없다. 실제로 문재인 정부 출범 첫 해였던 2017년에 156.2%였던 '처분 가능 소득 대비 가계부채 비율'이 2021년에는 173.4%로 증가하며 OECD 주요국 중 가장 높은 상승률을 나타냈다. GDP 대비 가계부채 비율(106.1%)도 국제결제은행이 제시하는 가계부채 비율의 임계치(80%)를 크게 상회하고 있다.

인플레이션으로 가계의 실질 소득이 하락하는 상황에서 금리마저 올라가면 가계의 원리금 상환 부담이 커지고 이는 소비 위축으로 이어질 가능성이 높다. 특히 대출금리의 산정 기준이 되는 국채 3년물 금리는 급등세를 나타내며 연 3%를 돌파했고, 시중은행의 주택담보대출 최고 금리도 6%대를 넘어섰다. 가계대출 중 변동금리가 차지하는 비중도 75% 이상으로 높아, 금리 인상에 따라 가계 부담이 크게 증가할 가능성이 높다. 또한 한국은 코로나 시기에 30대에서 40대 전반의 영끌족을 중심으로 막대한 가계부채를 일으키며 주택 매수에 나섰기 때문에, 금리 인상에 따른 원리금 상환 부담 증가가 부동산 가격 하락으로 이어질 가능성이 높다. 부동산 가격 하락이 지속되거나 가격 급락 또는 폭락 장세가 연출되면 한국 경제에도 큰 위기가 올 수 있다. 만약 그런 위기가 온다면 한국은 금융위기와 외환 충격을 함께 받게 된다. 그럴 가능성이 높지는 않지만 상황을 예의 주시해야 한다.

경제 하강기, 기회는 어디에 있나

금리 인상에 따라 국내 증시도 조정을 겪을 수밖에 없다. 사상 최고 수준을 경신했던 코스피와 코스닥 지수는 2021년 중반 이후 큰 폭의 조정을 겪었다. 이는 미국의 금리 인상과 양적긴축, 중국 경기 둔화 및 러시아-우크라이나 전쟁 등의 영향을 받은 측면이 크다. 미국의 금리 인상 흐름에 따라 국내 증시의 향방을 좌우하는 외국인이 매도세를 지속하며 코스피에서 외국인이 차지하는 비중도 2009년 이후 최저 수준을 기록하고 있다. 국내에서 가장 큰 비중을 차지하는 반도체 업황이 둔화된 영향도 있지만, 미국의 통화긴축에 따른 달러 강세로 환차손을 우려한 외국인들이 국내 증시에서 이탈한 영향도 크다. 국내 증시가 조정을 멈추고 반등하기 위해서는 원달러 환율이 하향 안정될 필요가 있지만, 글로벌 경제 여건을 감안하면 원화 약세는 일정 기간 지속될 가능성이 높다. 미국이 금리를 인상하는 기간 동안에는 원달러 환율이 대체로 1,250~1,300원 수준에서 고공 행진을 이어갈 것으로 예상된다.

그렇다면 국내 증시는 얼마나 하락할까. 밸류에이션valuation(기업의 가치를 평가하는 수준) 부담이 크지 않은데도 불구하고 국내 증시는 선진국 증시보다 주가가 미리 빠진 측면이 있고, 주가순이익비율PER도 코로나 사태 초기인 9배 수준까지 낮아져 미국과 국내의 경기 침체가 본격화하지 않는다면 추가적인 하락 폭은 크지 않을 것으로 전망된다. 금리 인상과 경기 둔화 흐름에 따라 코로나 유동성 시기처럼 기업들에 대한 가치 평가가 높아지기는 어렵지만, 코스피 대형주인 국내 주력 기업의 실적이 대체로 견조한 흐름(주가의 시세가 내리지 않고 높은 상태에 계속 머물러 있음)을 이어갈 가능성이 높아 주가 지수의 버팀목 역할을 할 것이다. 다만 2022년 연말로 가면서 금리 인상 여파 등으로 경기 침체 양상이 뚜렷해진다면 기업 실적 전망이 악화하면서 주가지수는 한 번 더 하락세를 보일 가능성도 높기 때문에 주의해야 한다. 팬데믹 특수의 수혜를 입었던 게임 및 인터넷 플랫폼 관련주나 메타버스, NFT처럼 실적이 뒷받침되지 않으면서 테마성으로 급등했던 종목들은 주가 약세가 지속되겠지만, 2차전지나 신재생에너지 같은 구조적 성장주나 실적과 가치 측면에서 이미 충분히 조정을 받은 '딥 밸류deep value(초저평가 기업)' 종목들은 중장기적 관점에서는 얼마든지 투자할 가치가 있다. 이런 기업들의 경우 오히려 금리 인상에 따른 주가 조정 또는 약세 국면이 투자의 기회가 될 수 있다.

기업부채가 부담이 되지는 않을까? 기업부채가 높음에도 불구하고 저금리 기조가 지속돼 구조조정이 지연된 한계 기업들은 이번 금리 인상으로 큰 타격을 입을 수 있다. 하지만 국내 산업을 이끌어가는 상당수 주력 기업들은 코로나 시기에 몇 년 동안의 실적을 한꺼번에 올렸기 때문에 상대적으로 재무 구조가 탄탄해졌다. 코로나로 얻은 단단한 이익을 신사업 투자에 과감히 나서면서 현재의 위기를 미래의 기회로 바꿀 수 있는 자원을 축적했다고 봐야 한다. 그런 면에서는 희망을 가져볼 수 있고 이런 흐름을 잘 활용하면 일반 가계도 수혜를 함께 누릴 수 있다.

기회는 분명 있지만 현재 한국의 가계는 전반적으로 금리 인상에 매우 취약한 상황이다. 코로나 시기에 가계의 상당수가 종사하고 있는 자영업이 무너진 데다, 사상 최저 금리 수준에서 빚을 내 자산 투자에 나서며 부채가 급증했다. 특히 가계부채의 최소 80% 이상이 투입된 것으로 추정되는 부동산시장이 위기의 진원지가 될 수 있다.

실물경제의 인플레이션, 부채 및 부동산 자산의 디플레이션이 한꺼번에 진행될 가능성이 높은 것이 한국 경제의 앞바다이다. 서로 다른 방향으로 움직이는 삼각 파고가 치고 있다. 이 파고를 넘지 못하고 좌초될지, 이 파고를 넘어 새로운 도약을 이룰지는 각 경제 주체들의 판단과 선택에 따라 달라질 것이다.

이 장을 마무리하면서 새로운 경제 사이클이 시작되는 시점에서 가져야 할 기본 전략을 생각해보자. 투자 관점에서는 일반적인 인플레이션 시기의 통념을 버려야 한다. 이번 인플레이션은 경기가 좋아지면서 발생한 인플레이션이 아니다. 그렇기 때문에 인플레이션 헷지를 위한 자산 투자에 매우 조심해야 한다. 과잉 유동성 상황에서 생겼던 자산 거품이 빠지는 인플레이션이 될 가능성이 높다. 그렇기 때문에 섣불리 투자에 나섰다가 오히려 더 낭패를 볼 수 있다. 상대적으로 주식시장은 상당한 수준의 조정을 이미 겪었지만 부동산시장은 아직 자산 가격 조정이 본격화되지 않았다. 따라서 부동산 투자에 섣불리 나서는 것은 매우 위험하다.

그런 면에서는 현금을 어느 정도 확보할 필요가 있다. 인플레이션이 발생하면 현금의 가치는 분명히 하락하지만, 다른 모든 자산에 비해 한동안 현금이 우위에 있을 가능성이 높다. 따라서 일정 수준의 현금 확보는 생존을 위해서든, 최악의 리스크를 피하기 위해서든, 향후에 자산 투자가 필요할 시점에 좋은 기회를 잡기 위해서든 반드시 필요하다. 현금을 보유해야 한다는 것은 가급적 부채를 최소화하는 것을 전제로 하고 있다.

주식 투자도 코로나 시기 때처럼 레버리지를 많이 쓰는 투자는 위험하다. 주가지수가 가라앉고 있는데 레버리지를 많이 쓰고 있다면 레버리지부터 줄여야 한다. 이것은 가계뿐만 아니라 기업도 마찬가지다. 새로운 경제 사이클의 삼각 파고에서 부채가 많고 현금은 없는데, 영업이익도 낼 수 없는 기업은 무너질 수 있다. 반면에 현금이 많고 여전히 양호한 실적을 낼 수 있는 기업들은 이런 고비를 넘기면서 시장 점유율을 올리고, 유동성 위기로 쓰러져가는 성장 가능성 있는 기업을 인수할 기회도 생긴다. 당연히 투자자 입장에서는 전자보다는 후자의 기업들을 선별해서 투자해야 한다.

2. 부채 대국에서 살아가기

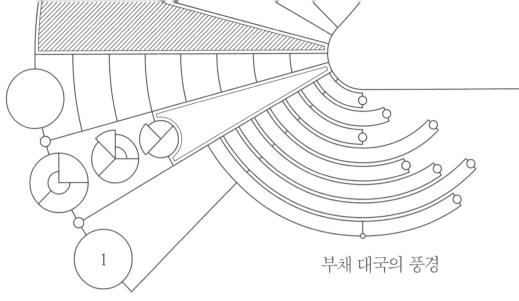

부채 대국의 풍경

풍경 1 : 서울 거주 직장인은 어떻게
30여 채의 집을 가지게 되었나

40대 후반 독신인 A씨. 외국계 대기업 임원으로 성과급을 포함한 연봉이 2억 원 이상인 고소득자다. 문재인 전 대통령의 열렬한 지지자인 그는 부동산 정책의 최대 수혜자다. 서울 시내에 아파트와 오피스텔을 각각 한 채씩 소유하고 있었는데, 코로나 시기에 소유 부동산을 30여 채로 늘렸다.

그가 처음부터 부동산 투자에 관심이 많은 것은 아니었다. 코로나 확진자가 계속 증가하던 서울에서 벗어나 강원도 속초의 레지던스에서 재택근무를 시작한 게 그 계기다. 동해를 내려다보면서 일을 하니 스트레스가 줄었고, 점심식사나 업무가 끝난 뒤에 바닷가를 거니는 여유도 생겼다.

재택근무 기간이 길어지자 그는 레지던스를 매수했다. 속초에서 재택근무를 할 때는 편하게 이용하고, 그렇지 않을 때는 에어비앤비 등을 통해 임대 수입을 올릴 수 있었다.

자주 속초에 오가다 보니 자신처럼 서울과 수도권에서 속초를 찾는 사람들이 점점 증가하는 게 눈에 보였다. 동해안을 중심으로 세컨드하우스를 구하려는 수요가 계속 늘고 있던 것이다.

교통 여건도 빠르게 좋아져 서울-양양 간 고속도로가 개통되면서 두 시간이면 수도권에서 속초까지 갈 수 있다. 평창 동계올림픽을 계기로 KTX가 개통되어 강릉의 경우 서울에서 두 시간 정도밖에 걸리지 않는데, 2026년에 KTX가 속초까지 개통되면 속초를 찾는 사람들은 더욱 늘어날 것이다. 실제로 속초 지역의 부동산 가격도 계속 오르는 추세를 보였다. 언젠가부터 그는 속초에 갈 때마다 아파트 분양현장이나 부동산 중개업소 등을 찾아 투자하기 좋은 '물건'을 구매했다. 초기에는 서울의 아파트와 오피스텔을 담보로 자금을 마련했다. 마침 사상 최저 금리로 대출이 가능했고, 매매가와 전세가의 갭(흔히 줄여서 '매전 갭'이라고 한다)이 크지 않아 몇천만 원만 은행에서 빌려도 살 수 있는 매물이 강원도에는 많았다. 자신이 가진 자금을 많이 내놓지 않아도 되었다. 게다가 레지던스나 도심형 생활주택 등은 1가구 2주택 규제나 양도세 중과, 전매 제한 등 정부의 각종 규제 대상이 아니었다.

설악산과 동해 전망이 동시에 들어오는 아파트도 분양받았다. 계약금만 내면 나머지는 집단대출이 가능했기 때문에 이 역시 자기 자금이 크게 들지 않았다. 정부 규제도 크게 걱정할 필요가 없었다. 문재인 정부의 부동산 규제는 수도권을 중심으로 부동산 가격이 오르는 지역만 뒤쫓는 '핀셋 규제'였기에 속초 부동산을 매수하는 데에는 큰 제약이 없었다.

계속 오름세를 보이는 부동산 가격을 보며 강릉으로 눈을 돌렸다. 속초에 비해 강릉은 부동산 가격이 덜 올랐다고 판단했기 때문이다. 이제 여행을 가도 그 지역의 부동산이 먼저 눈에 들어왔다. 어떤 입지의 부동산 가격이 오를지 감이 와서 지나칠 수 없었다. 2021년부터는 전주와 목포에서 매매가와 전세가의 갭이 적은 단독주택이나 연립주택을 여러 채 사들이기 시작해, 30채가 넘는 부동산을 보유하게 되었다.

이자 부담을 훨씬 뛰어넘는 부동산 가격 상승을 보면서 과감해진 그는 서울 한복판으로 눈을 돌렸다. 코로나 시기에 중국인 관광객의 발걸음이 끊기며 급매로 나온 서울 명동의 '꼬마 빌딩' 한 채를 2021년 하반기에 구입했다. 이번에는 자금 유출이 컸다. 보유 주식 등을 정리하고도 자금이 모자라 10억 원이 넘게 대출을 받았다. 월세 임대료만으로도 대출 이자는 충분히 감당할 수 있다는 계산이 나왔다. 팬데믹 상황이 호전되어 예전처럼 활기를 띠면 상가의 영업 상황도 좋아져 월세를 더 올릴 여지도 충분하다고 판단했다.

매전 갭이 최소화된 상태에서 저금리를 이용했고, 월세 수입으로 대출금리를 감당할 수 있으며, 2억 원이 넘어가는 그의 연봉도 든든했다. 앞으로 대출금리가 올라가게 되면 어떻게 할까? 부모님 명의의 아파트에서 주택담보대출을 추가로 받아 감당할 생각이다.

그는 말한다. "문재인 정부는 부동산 정책에 관한 한 아마추어였습니다. 대통령은 잘 모른다고 해도 정책 참모들과 관료들이 제대로 된 대책을 마련하기는커녕, 부동산시장이 어떻게 움직이는지도 모른 채 엉뚱한 대책이나 뒷북 정책을 내놓기 일쑤였습니다. 저금리 시대에 돈이 될 만한 부동산이 눈에 뻔히 보이는 상황에서 투자를 안 하고 있으면 바보 아닌가요."

풍경 2 : 갭 투기와 영끌족의 실체

자금력을 상당히 갖춘 A씨 같은 기성세대가 다주택 갭 투기에 뛰어들었다면, 상대적으로 자금력이 부족한 젊은 세대들은 '영끌 투자'에 나섰다. 이들은 2019년 하반기부터 시작된 부동산 '불장'에서 부동산 투자를 필수로 인식했다. 저금리에다가 전세가는 계속 올라 매전 갭을 최소화한 갭 투자가 가능했다. 이 젊은 세대들은 각종 부동산 관련 앱에서 정보를 검색하며, 부동산 관련 유튜버들의 방송을 보고, 더 나아가 유튜버들이 개설한 갭 투자 강의를 수강하며 무리지어 '임장'(잠재적인 투자 대상이 되는 아파트의 입지 분석을 위한 현장 답사)을 다녔다.

영끌족의 멘토 역할을 하는 신세대 부동산 유튜버들은 코로나 시기에 스타 강사처럼 각광을 받았다. '부동산 읽어주는 남자' '월급쟁이부자들' '행크TV' 등이 대표적인 채널이다. 이들 유튜브 채널에서는 부동산 투자를 통해 '경제적 자유'를 누릴 수 있고 비교적 단기간에 수십억 원대 부자가 될 수 있다고 설파했다. 부동산 실전 투자와 관련한 유료 강의를 진행하기도 하는데 1,000명 정원의 강의가 1~2분 만에 매진될 정도로 큰 인기를 끌었다. 이 가운데 유료 부동산 투자 강의를 가장 적극적으로 진행하는 '월급쟁이부자들'의 웹사이트를 방문해보면 "내 집 마련 투자 두 마리 토끼 잡기" "분당 판교 지역 분석 및 유망단지 찾는 법" "3년 뒤 10억 버는 부동산 투자법" "소액 지방 아파트 투자법" 같은 강의들이 개설되어 있다.

이 강의의 대부분은 기승전 '갭 투기'다. 이 강의를 들어본 30대 초반의 B씨는 말한다. "강사들이 주식 투자의 리딩방처럼 특정 지역을 찍어서 알려주면, 수강생들이 해당 지역으로 몰려가서 매수하는 경우가 많다. 서울에서는 집값이 많이 오르고 난 뒤 매전 갭이 워낙 커져서 투자하기가 어렵다. 이제는 강사들도 대부분 매전 갭이 작고 집값이 덜 오른 지방을 공략하라고 강의한다. 예를 들어 2022년 초에 진행된 한 강의에서 경남 마산의 어느 아파트 단지를 찍었는데, 실제로 마산 합포구의 그달 월간 주택 가격 상승률이 전국 3위에 이르렀다. 또 다른 유튜버가 진행하는 강의에서는 전남 목포의 한 지역을 찍어줬는데, 실제로 임장을 다니는 동호회 회원들이 대거 몰려가서 아파트를 매수했다. 부동산 중개업소에 가면 중개사가 '○○○ 모임에서 오셨어요?'라고 물어볼 정도였다."

이와 같은 임장 동호회는 코로나 시기를 거치며 MZ세대에게 대세 동호회 활동 중 하나로 부상하기도 했다. 인스타그램을 보면 이와 같은 동호회 회원들의 활동을 쉽게 찾아볼 수 있다.

○○○ 클럽과 지난 2개월간 원주, 이천, 청주, 전주, 산본, 분당, 공덕, 김해 등 전국 곳곳을 돌아다니며 매주 주말을 불태웠다. 나는 2건의 일반 매수와 1건의 분양권을 줍줍했다.

투자 검토 물건 ○○ 3차. ○○○동 2층 2.85억 원 주인집. 집수리 상태 양호. 2.8억에 전세 맞추기 가능. 갭 500만 원 + 취득세 + 수수료 다 해도 1,000만 원도 안 듦?!

코로나 시기에 수도권과 지방을 가리지 않고 부동산 가격이 급등한 배경에는 바로 갭 투기 열풍과 2030들의 '영끌' 현상이 자리 잡고 있다. 이는 문재인 정부가 수도권을 중심으로 다주택자 규제에 치중하는 사이, 규제 빈틈을 비집고 가계부채와 부동산 가격이 폭발한 근본적인 원인이라고 볼 수도 있다. 전세보증금을 레버리지(원래는 지렛대라는 의미지만 적은 자본으로 수익을 극대화하기 위해 차입하는 것을 뜻한다)로 삼는 갭 투기가 극성을 부린 데에는 이 세대가 뛰어든 것도 한몫했다.

풍경 3 : 공포에 질려 청약을 넣다

국내 중견 화장품업체에서 일하는 30대 여성 C씨는 결혼을 앞두고 인천 송도 신도시의 아파트를 분양받았다. 원래는 부모님이 소유한 인천 서구의 오래된 단독주택을 리모델링해서 신혼집을 마련할 생각이었다. 아파트 청약 전까지 6년 동안은 급여 대부분을 저축해 1억 원이 조금 넘는 자금을 모았다. 남자친구가 사업에 실패하면서 돈을 보탤 수는 없지만, 신혼생활을 시작하는 데에는 큰 문제가 없었다.

C씨보다 먼저 결혼한 여동생이 2019년 송도 신도시의 도심 지역에 분

양받은 아파트는 프리미엄이 붙어, 입주가 완료된 2022년 현재 기준으로 분양가보다 60%나 값이 올랐다. 가만히 앉아서 2년 동안 5억 원이 넘는 돈을 번 셈이다. '아파트가 돈이 된다'는 걸 먼저 깨달은 동생은 계속 C 씨를 부추겼다. 무조건 가격이 오를 테니 지금이라도 분양을 받으라는 것이었다. 여동생뿐만 아니라 대학 동기나 직장 동료도 단체 채팅방에서 청약, 대출 정보, 갭 투자 등에 대한 정보를 주고받았다. 유튜버들은 '이런 저금리 시대에 남의 돈(=빚)으로 집을 안 사면 바보'라며 주택 매수를 부추겼다. '주택 공급이 부족해서 집값이 계속 오를 수밖에 없다' '정부가 규제하면 할수록 집값은 더 오른다'라는 언론 보도도 끊이지 않았다. 고민하는 사이 집값은 하루가 멀다 하고 계속 올랐고 주택담보대출 금리는 사상 최저 수준인 1.5~2%까지 하락했다.

열심히 일해서 번 돈으로 집을 사면 된다고 생각했는데, 다른 사람들의 얘기를 들으니 자신만 너무 뒤처지는 것 같았다. 이대로는 영원히 집을 사지 못할 거라는 두려움과 상대적 박탈감도 느꼈다. 지금이라도 뭔가 해야겠다고 생각한 것은 2021년 초. 아파트 계약금을 도와주겠다는 부모님의 약속을 받아 기회가 될 때마다 청약을 넣었다. 경쟁률이 너무 높아 번번이 떨어졌지만 2021년 5월, 드디어 청약에 당첨됐다. 10억 원 초반인 기본 분양가에 몇 가지 옵션을 넣고 보니 총 분양가는 12억 원에 육박했다. 하지만 '집값이 오르면 되지, 뭐' 하는 생각이 들었다. 지인들의 축하도 이어졌다.

기쁨은 잠시였다. 한두 달 후쯤부터 부동산시장이 싸늘하게 식어간다는 뉴스가 들려오더니, 한국은행이 기준금리를 인상하기 시작했고 정부는 DSR 규제(금융위원회가 2021년 4월과 10월 발표한 가계부채 관련 대책. 가계대출 심사에 있어 대출받는 차주별 총부채 원리금 상환 비율의 전면 도입을 골자로 한다)를 강화하며 대출을 규제했다. 주택 거래량이 급감했다거나 집값 상승률이 둔화된다는 소식을 들어도 잠시뿐일 거라 생각했지만, 상황은 더욱 나빠졌다. 청약 당첨자 가운데 상당수가 계약을 포기했고 비슷한 면적의 주변 아파트 실거래가도 점점 떨어지기 시작했다. 2021년 11월에 16억 8,000만 원이었던 인천 연수구의 한 아파트 가격은 2022년 3월에 14억 원으로 하락했다. 조금 더 작은 면적의 다른 아파트는 2021년 7월에 9억 4,000만 원이었으나 2022년 2월에는 6억 9,720만 원에 거래됐다.

이제 그의 머릿속은 중도금과 잔금 납부에 대한 고민으로 가득하다. 계약금 2억 원가량은 부모님이 기존 주택에서 담보대출을 받아 마련한 돈으로 충당했다. 2022년 4월에 납입한 1차 중도금 1억 원가량은 회사의 직원 복지용 대출로 마련했다. 인천의 부모님 댁에서 서울 강남에 있는 회사로 출퇴근하는 것이 힘들어 이직도 생각했으나 접었다. 이직을 하면 현재 회사에서 대출받은 돈을 갚아야 하는데 방법이 없기 때문이다.

앞으로 1억여 원의 중도금을 다섯 번 더 내야 하고 2억 원이 넘는 잔금도 있다. 2차 중도금은 작은아버지에게 2% 이율로 빌리기로 했다. 3차 중도금부터는 도저히 방법이 없어서 시행사가 주선하는 집단대출을 이용하기로 했다. 지금까지는 이자가 없거나 2~3% 수준의 금리였지만, 집단대출은 5%대에 변동금리다. 마지막 잔금 2억 원은 닥치면 생각하기로 했다. 총 분양가 12억 원 중 8억 원에 대한 평균 대출금리가 3%일 경우 월 이자가 200만 원, 5% 수준으로 올라가면 월 이자만 330만 원이 넘게 된다. 월급 370만 원에서 이자를 내면 남는 게 거의 없다. 남자친구가 취직하면 그 급여로 생활은 하겠지만, 원금 상환이나 미래 설계는 꿈꾸기 어렵다. 2024년 말에 아파트가 완공되면 전세를 주고, 당초 계획대로 부모님 소유의 단독주택을 리모델링해서 살 예정이다. 전세금으로 대출 일부를 갚아서 이자 부담을 줄이는 게 낫다는 판단 때문이다. 하지만 새 아파트 주변에는 생활 인프라와 교통이 불편해 전세 수요가 많을지, 기대한 만큼의 전세가가 형성될지 걱정이다.

영끌 투자의 여파로 부모님의 노후에도 변화가 생겼다. 오랫동안 도배 작업을 하신 부모님은 건강이 악화돼 C씨가 결혼하고 나면 은퇴할 계획이었다. 하지만 주택담보대출이 발생해 일을 그만두기 힘들어졌다. 부모님까지 스트레스를 받으니 C씨는 후회가 가득하다. 어떤 식으로든 집값이 올라 아파트를 정리하고 빚 부담에서 해방되기만을 고대할 뿐이다.

풍경 4 : 부모 세대와 자식 세대, 전 가구에 돌아올 '부채의 복수'

한국의 가계부채는 코로나와 문재인 정부 시기를 거치면서 전 세계에서 가장 빠른 속도로 증가했다. 주택 가격 또한 수도권 기준으로는 대부분의 나라보다 증가 속도가 빨랐다. 선대인경제연구소는 서울과 경기도의 10여 군데 아파트 단지에서 코로나 시기에 이뤄진 거래 사례들을 살펴보았다.

등기부등본을 일일이 확인하며 부채 실태를 조사했다. 이 실태 조사 내용은 선대인경제연구소에서 배포하는「국내 주택시장 및 부채 실태 세부 분석 보고서」에 담겨 있다. 우선 영끌족의 타깃이었던 경기도 화성시 동탄역 주변의 한 아파트 단지를 살펴보자.

2019년 이후 2022년 5월 초까지 총 123가구의 거래 중 직접 거주하는 경우는 38가구였다. 반면 세입자를 끼고 매수한 경우는 85가구였다. 갭투기로 매수한 비율은 69.1%였다. 31가구는 대출이 없었고 92가구는 대출을 끼고 있었다. 부채 가구 비율이 전체 거래의 74.8%에 이른다.

평균 근저당 설정액은 4억 7,132만 원으로 집계됐다. 근저당은 대출금의 120% 정도로 설정하는 것이 일반적이므로 실제 평균 대출금은 3억 9,277만 원으로 추정된다. 부채 가구의 전세보증금 평균을 네이버 부동산의 면적별 현재 전세보증금에서 10~15% 할인된 가격을 적용해 추정해보았다. 여기에 추정되는 대출금을 합해 평균을 내면 7억 5,091만 원에 이른다.

추정 전세보증금과 대출금의 합계가 집값에서 차지하는 비율도 살펴보았다. 깡통주택, 깡통전세가 어느 정도 되는지를 알아보기 위해서이다. 부채 가구 가운데 거래가액이 등기부등본에 표시된 경우는 78가구인데, 이 중 추정 전세금과 추정 부채액 합계가 차지하는 비율이 거래가액 대비 100%를 넘는 것은 14가구(17.9%)였다. 현재 집값 수준에서 약 18%가 깡통주택, 깡통전세라는 것이다.

이 조사를 실시했을 때가 2022년 5월이다. 현재 이 아파트는 고점에 비해 2억~3억 원가량 가격이 하락한 상태이기 때문에 이 깡통주택, 깡통전세 비율이 더 높아졌을 가능성이 많다. 이런 가구의 사람들이 금리가 올라가고 집값이 하락하면 부채 상환 부담을 이기지 못하고 급매물을 내놓으면서 주택 가격이 더 떨어질 수 있다.

아파트를 산 사람들의 연령대는 어떨까. 30대인 1980년대 이후 출생자가 66가구로 53.7%, 1970년대 출생자가 40가구로 32.5%를 차지했다. 1960년대 이전 출생자는 16가구로 13.0%에 그쳤다. 영끌족 세대가 거래의 대부분을 차지한 것이다.

연령대가 낮을수록 부채 규모가 컸는데, 1980년대 이후 연령대 매수자의 평균 추정 부채액은 4억 1,453만 원, 평균 전세금과 부채액의 합계는 7억 9,384만 원으로 추정됐다. 1970년대 연령대 매수자가 각각 3억 6,512만 원, 6억 6,857만 원인 것과 대비된다. 30대 영끌족이 대출을 더 많이 내고 갭 투자 성향도 더 강했음을 알 수 있다. 실제로 1980년대 이후 출생자 중 대출을 받았으면서 직접 거주하지 않는 비율, 즉 갭 투자 비율은 72.4%로 1970년대생의 55.2%에 비해 투기성이 더 강했다.

사례를 하나 살펴보자. 1984년생이 104m² 아파트를 2021년에 17억 2,500만 원에 구입하면서 삼성생명에서 추정액 6억 3,450만 원의 대출을 받고, 대략 6억 5,000만 원으로 추정되는 전세를 꼈다. 자기 돈은 4억 5,000만 원 정도이고 대출액을 포함한 레버리지가 13억 원에 육박하는 것이다. 삼성생명의 2022년 5월 말 주택담보대출 금리는 일반형이 최저 3.94%에서 최고 4.93%이며, 한도형일 경우 최저 4.44%에서 최고 5.45%로 형성돼 있다.

향후 금리가 더 올라가 평균 5% 정도가 되면 연간 부담해야 하는 이자는 3,172만 원이다. 기혼자라 맞벌이로 연봉 1억 원을 넘게 번다고 가정해도 가계에 부담이 될 것이다. 코로나 시기에 보험사들의 대출금리는 제1금융권인 은행보다 대체로 낮았다. 또한 DSR 규제에 따라 은행의 경우 원리금 상환액이 연소득의 40%로 제한된 것에 반해, 보험은 50%까지 가능하다. 이 사람은 레버리지 비율이 매우 높은 상태이고, 은행이 아니라 보험사에서 대출한 것을 볼 때 연소득의 50%인 수준까지 대출을 받았을 가능성이 높아 보인다. 금리 인상에 따라 앞으로 감당해야 할 원리금 부담이 연소득의 50%를 넘어갈 수도 있다.

동일 아파트 단지에서 2012(입주년도)~2018년의 거래를 조사해보았다. 이 시기에 거래된 124가구 중 실제로 매수자가 거주하는 경우는 90가구로 전체의 72.6%, 거주하지 않는 경우는 27.4%에 그쳤다.

주의 깊게 봐야 하는 현상 중 하나는 이 124가구 가운데 41가구(33.1%)가 추가로 주택담보대출을 받았는데, 이 대출 시기가 2019년 이후에 늘었다는 것이다. 특히 코로나 유동성 시기에 집값이 폭등한 2020년과 2021년에 추가 대출이 집중됐다. 대출이 발생한 규모나 시기를 보면 거주하는 집을 담보로 대출을 받아 갭 투기 등의 형태로 다른 부동산을 매수했을 가능성이 높아 보인다.

이 아파트 단지의 주택을 소유하면서 전세를 주는 사례를 살펴보자. 한 소유자는 서울 송파구에 거주하는 50대이다. 2021년 10월 두 번에 걸쳐 4억 9,200만 원 정도 추정되는 주택담보대출을 받았다. 이전까지 이 아파트로 전세를 놓았을 뿐 대출은 없었으나, 부동산 폭등기에 담보대출을 받았다. 아마 이 돈으로 자신 또는 자녀 명의로 추가로 집을 샀을 가능성이 상당히 커 보인다.

앞으로 금리가 오르면 주택담보대출로 집을 여러 채 산 가구 중 빚 부담을 이기지 못하고 연체할 가능성이 높은 곳들이 꽤 된다. 이 아파트 소유자 가운데도 이럴 가능성이 높아 보이는 사례가 있다. 아파트 소유자 중 한 명인 30대 후반 이씨의 경우 제2금융권을 포함해 모두 8억 5,000만 원가량의 주택담보대출을 안고 있었다. 그런데 이씨는 같은 동에 있는 60대 후반 남성 명의의 아파트에 거주하는 것으로 나타났다. 60대 남성에게도 약 5억 7,500만 원으로 추정되는 주택담보대출이 있었다. 부녀로 짐작되는 두 사람은 합계 14억 2,500만 원의 대출을 낸 상태였다. 대출금리가 올라가면 이들의 대출 상환 부담이 매우 커질 수밖에 없다.

이 아파트 단지의 부채 실태를 보면 코로나 시기에 갭 투기가 성행했다는 것을 알 수 있다. 그 양상이 심각하다. 전세를 끼고서도 자기 자본이 거의 없는 경우, 집값이 하락하면 직격탄을 맞게 돼 있다. 실제로 2021년 중반 이후 화성시 집값은 수도권 중에서도 가파르게 하락했는데, 이 아파트 단지 84.5m²형의 실거래가는 2021년 8월에 14억 2,000만~14억 5,000만 원을 기록했으나, 2022년 4월에는 11억 6,700만~12억 1,000만 원까지 하락했다. 8개월 사이에 2억 5,000만 원가량 하락한 것이다.

집값 하락만이 문제가 아니다. 아파트를 매수했을 당시에 비해 대출금리가 평균 2%가량 더 올랐고 앞으로 더 오를 가능성이 높다는 점을 감안하면 과도하게 빚을 낸 가구들은 원리금 상환을 감당하기 어렵다. 즉 30대 중심의 영끌족이 갭 투기를 주도했던 지역일수록 코로나 폭등기에 있었던 집값 상승 폭을 빠르게 반납할 가능성이 높은 것이다. 대출을 상환하지 못하는 가구가 늘어나면 금융권의 연체율도 빠르게 높아질 수 있다. 과도하게 단기간에 시세 차익을 노렸던 영끌족들의 갭 투기가 이제 '빚의 복수'로 돌아오게 되는 것이다.

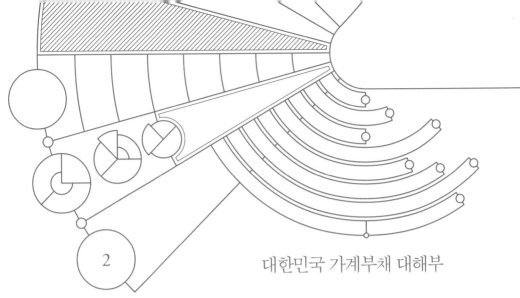

2

대한민국 가계부채 대해부

두 번의 폭증

'가계부채 대국'의 실상을 보여주는 장면 몇 개를 살펴보았다. 이런 풍경들이 몇몇 사람들만의 이야기일까. 대한민국의 가계부채는 어떤 상황일까. 가계부채를 말할 때 보통 한국은행에서 집계하는 '가계신용'이라는 지표를 많이 인용한다. 그러나 나라 간의 가계부채를 비교할 때에는 한국은행 자금순환표에 있는 '개인 부문 금융부채'라는 데이터를 사용한다. 국제결제은행 등 세계 각국의 비교 데이터가 이를 기준으로 하고 있기 때문이다.

우선 가계신용 지표를 기준으로 살펴보자. 2021년 4분기 한국의 가계신용 규모는 1,862조 원을 넘었다. 13년 전 글로벌 금융위기의 한복판이었던 2008년 4분기 가계부채가 723.5조 원이었던 것에 비하면 2.6배가량 증가했다.

대한민국 경제에서 부채의 풍경이 바뀐 것은 언제부터일까. IMF 시기라고 불리는 외환위기 이전에는 기업부채가 과도해서 문제였지만, 외환위기 이후에는 주택담보대출을 중심으로 가계부채가 급증했다. 급증한 가계부채는 경제위기 때마다 직격탄이 됐다. 2008년 금융위기 당시에도 과도한 가계부채가 금융위기의 충격을 더욱 키웠다. 그런데 2008년으로부터 13년 만에 가계부채가 2.6배 더 늘어난 것이다. 같은 시기에 명목국내총생산GDP이 1.8배가량 늘어난 것에 비해서도 너무 빠르다. 뒤에서 자세히 살펴보겠지만, 2008년 이후 한국의 가계부채는 전 세계에서 가장 가파르게 증가했다.

IMF는 한국 정부와의 「2022년 연례 협의 결과 보고서」에서 "낮은 대출금리, 높은 신용대출, 부동산 투자 수요로 인해 부동산 가격이 오르고 가계부채가 증가하고 있다"라고 지적했다. 동시에 "가계부채 문제 해결을 위한 주택담보대출 비율LTV(주택담보인정 비율, 예를 들어 집값 10억 원인 아파트의 대출액이 5억 원이면 LTV는 50%가 된다) 규제 강화와 개인별 총부채 원리금상환비율DSR 적용 등 정부의 거시 건전성 조치를 더욱 강화해야 한다"라고 권고했다. 한국의 가계부채 문제가 심각하다는 것을 국제기구도 지적하고 있다. 그러나 가계부채에 대한 심각성을 우려하는 분위기는 약한 편이다.

가계부채는 2008년 금융위기 직후 몇 년간 문제가 됐을 뿐, 그 이후에는 만성화된 문제로 취급하는 경향이 강하다. 이는 우선 저금리 시대였기 때문이다. 저금리에 돈을 쉽게 빌려 쓸 수 있는 시장에 오래 있다 보니 대다수가 빚내는 걸 두려워하지 않는다. 빚을 내지 않는 사람이 바보로 취급된다. 부동산 투자만이 아니라 주식, 암호화폐 투자까지 모두 빚을 내서 투자한다. 이런 상황이 너무 오래 지속됐다.

한국 경제가 가계부채에 대한 인식 자체를 놓아버린 기점은 언제일까. 박근혜 정부 시절, 특히 최경환 전 경제부총리가 취임한 2014년 하반기 '빚내서 집 사라' 정책 실시 시점부터라고 볼 수 있다. 최경환 전 부총리는 취임 이후 각종 대출 규제를 완화했고, 아파트 분양시장 규제와 재개발 재건축 규제를 풀면서 빚을 내서라도 집을 사라고 부추겼다. 정부가 빚을 내는 것을 권장하는 데에 사람들이 익숙해진 것이다.

문재인 정부 시기는 어떠했는가. 결국 민주당 버전의 '빚내서 집 사라' 정책이 실시된 것이나 다름없다. 정부 출범 초기부터 '핀셋 규제'로 불리는 미온적 규제로 일관하면서 부동산 투기 세력에게 '규제의 빈 구멍'을 허용했다. 다주택자의 대출은 옭아매었지만 무주택자와 신혼부부, 젊은 층에게는 전세자금대출과 주택담보대출 조건을 대폭 완화해 주택시장에 유동성을 대폭 공급했다.

결국 2014년 이후부터 계속해서 빚을 내서 먼저 집을 산 사람들은 돈을 벌고, 그렇게 하지 않은 사람들은 오히려 바보가 됐다. 여기에 코로나 시기의 저금리와 유동성 폭발로 집값도 폭등했고 가계부채는 더욱 폭증한 것이다.

연도별 가계부채를 살펴보면 이 같은 사실은 더욱 뚜렷하게 드러난다. 그림 2-1에서 볼 수 있듯이 박근혜 정부에서 '빚내서 집 사라' 정책을 펼쳤던 2015~2016년에 1차 부채 폭발이 있었고, 코로나 유동성 시기인 2020~2021년에 2차 부채 폭발이 일어났다. 이 두 번의 가계부채 폭발 시기에 늘어난 총 가계부채가 무려 518.6조 원이다. 전 세계에 유례가 없을 정도로 가계부채가 단기간에 폭증했다.

총 부채액이 아니라 증가액을 살펴보자. 이 두 기간 동안 늘어난 가계 부채 증가액은 120~140조 원 수준인데, 2005~2014년 10년 동안 가계부채 평균 증가액이 연간 60조 원 정도였다는 것을 감안하면 2배 이상 빠르게 증가했음을 알 수 있다. 한국의 2021년 기준 GDP 규모는 1,910조 원 정도인데 단 4년 만에 GDP의 4분의 1이 넘게(27.1%) 가계부채가 증가했다. 경제에 엄청난 충격을 줄 요소를 안고 있는 것이다.

1, 2차 가계부채 폭증 모두 부동산 가격 급등과 직결된다. 모든 부채는 부동산으로 통한다고 해도 과언이 아닐 정도다. 가계부채 문제를 두고 '전 세계적으로 저금리 상황이다, 다른 나라도 가계부채가 늘고 있다, 한국만의 현상이 아니다'라는 반론도 있다. 과연 그럴까.

그림 2-2, 2-3, 2-4를 순차적으로 살펴보자. 이 그림들은 IMF 기준 경제 규모 15위(2021년 기준 14위인 이란의 데이터가 없어 16위인 멕시코까지 포함시켰다. 한국은 10위다) 이내인 국가들의 GDP 대비 가계부채 비율 증가 폭을 나타낸 것이다. 앞서 언급했듯이 국제적으로 비교할 때 가계부채는 개인 부문 금융부채라는 지표를 사용한다.

그림 2-2에서 볼 수 있듯이 2008년 글로벌 금융위기 이후 한국의 GDP 대비 가계부채 증가 폭은 35.7%p로, 중국에 이어 두 번째로 가파르게 증가했다. 15개국의 평균 증가 폭 8.1%p에 비해 4배가 넘는다. 1차

그림 2-1 : 연도별 가계부채 증가액

(조 원)

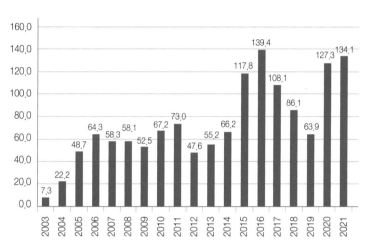

한국은행 자료를 바탕으로 선대인경제연구소 작성

부채 대국에서 살아가기

그림 2-2 : 2008년 금융위기 이후
          GDP 대비 가계부채 비율 증가 폭

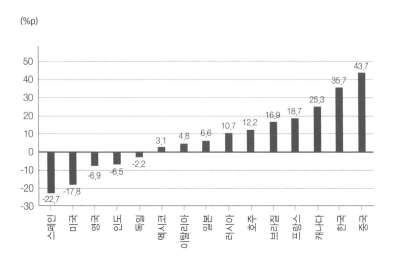

(%p)

국제결제은행 자료를 바탕으로 선대인경제연구소 작성

그림 2-3 : 2015~2016년 GDP 대비
가계부채 비율 증가 폭

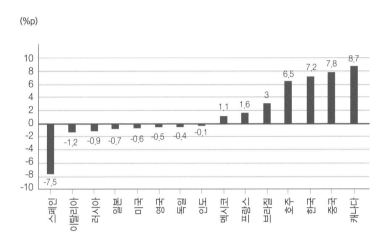

(%p)

국제결제은행 자료를 바탕으로 선대인경제연구소 작성

부채 폭증 시기인 2015~2016년의 증가 폭도 높은 편이다. 이 시기에 한 국은 캐나다, 중국에 이어 7.2%p 증가했다. 같은 시기 15개국의 평균 증 가 폭 1.6%p에 비해 4.5배 빠르다.

그림 2-4는 2차 부채 폭증 시기이자 코로나 유동성 시기인 2020년 1 분기부터 데이터를 구할 수 있는 가장 최근 시점인 2021년 3분기까지의 증가 폭을 나타낸다. 이 시기 한국의 가계부채 비율 증가 폭은 11.7%p로 압도적인 1위를 기록했다.

2021년 3분기 말 기준으로, 한국은 15개 국가 중 가계부채가 GDP에 서 차지하는 비율이 106.7%로 세 번째로 높다. 그런데 한국의 가계부채 통계에는 사실상 가계부채로 볼 수 있는 개인사업자대출의 절반가량과 800조 원 이상으로 추정되는 전세보증금이 모두 누락됐다. 이 둘을 포함 하면 한국의 가계부채 비율은 150%를 훌쩍 넘어 전 세계적으로 가장 높 다. 이런 와중에 윤석열 정부가 대출 규제를 더 풀면 어떤 일이 벌어질까. 위험한 부채 폭탄 돌리기가 이제는 어디에서 터질지 알 수 없다.

미국과 한국의 가계부채는 어떻게 다른가

과도한 모기지론 대출로 2008년 금융위기를 맞았던 미국과 비교하면서 한국의 가계부채 문제가 쉽게 해결될 거라고 여기는 경향도 있다. 한국의 가계부채 문제를 미국과 비교해서 살펴보자.

미국은 한국과 달리 부실한 가계부채를 막기 위한 강력한 조치들을 시

그림 2-4 : 코로나 시기 GDP 대비 가계부채 비율 증가 폭

(%p)

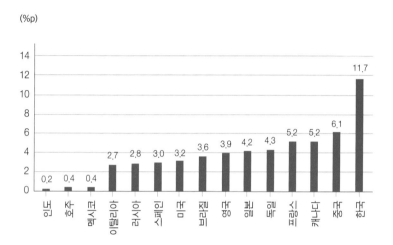

국제결제은행 자료를 바탕으로 선대인경제연구소 작성

행해왔다. 2008년 금융위기 이후, 미국은 금융시스템 안정을 위협하는 여러 요인들을 제거하는 개혁을 추진했다. 오바마 행정부는 2010년 '도드-프랭크 월가 개혁 및 소비자 보호법Dodd-Frank Wall Street Reform and Consumer Protection Act'이라는 획기적인 금융 규제법을 제정해 시행에 들어갔다.

이 법안은 대출을 주업무로 하는 상업은행과 투자 활동을 주업무로 하는 투자은행 간의 영역을 명확히 구분하고, 상업은행이 자기 자본으로 파생상품 같은 고위험 자산에 투자하는 것을 금지했다. 이는 2007년에 발생했던 서브프라임 모기지 사태와 같은 최악의 금융위기를 막기 위한 조치였다. 서브프라임은 은행의 고객 분류 등급 중 비우량 대출자를 뜻하며, 모기지는 미국식 주택담보대출을 뜻한다. 2008년 금융위기는 부동산 가격이 굉장히 높아지자 신용이 낮은 이들에게도 주택담보대출을 해주면서 일어났다.

도드-프랭크 법안은 미국의 대규모 은행들이 서브프라임론을 기초자산으로 하는 각종 파생금융 상품을 만들어 판매하고 투자하는 행태를 방지하는 대책이다. 오바마 행정부는 이 밖에도 대출자의 신용도를 더욱 엄격하게 관리하고 금융 당국에 철저히 보고하는 등 부실대출 방지 체계도 도입했다. 금융 자본이 높은 수익을 올릴 수 있는 많은 투자처를 봉쇄한 셈이다. 월스트리트의 로비를 받은 트럼프 행정부 시기에는 규제 완화를 여러 차례 시도했다. 이로 인해 자본금 규모가 일정 수준 이하인 중소형 은행에 대한 규제는 상당 부분 완화됐으나, 이 법안의 큰 골격은 트럼프 행정부를 거치면서도 대형 금융업체를 중심으로 대체로 유지됐다.

대한민국 위기와 기회의 시간

이 법안의 효과는 코로나 사태로 인해 금융시장이 폭락하자 여실히 드러났다. 2020년 전 세계가 미국의 CLOCollateralized Loan Obligation(대출채권담보부증권) 위기를 걱정했는데, CLO는 2008년 금융위기의 도화선 역할을 한 파생상품 중 하나였던 CDOCollateral Debt Obligation(부채담보부증권)와 유사한 상품을 말한다. 신용 등급이 낮은 이들에게 대출을 해주었던 CDO와 비슷한데 다른 점이 있다면, CLO는 기초자산을 주택담보대출이 아닌 기업담보대출로 삼은 것이다.

CLO는 당시 발행 잔액이 세계적으로 1조 달러를 넘었다. 이 CLO의 기초자산이 되는 대출채권 중에는 미국 셰일오일 기업들의 채권이 대량으로 포함되어 있었다. 코로나 사태 초기에 전 세계 경제가 마비되고 국제 유가가 폭락하면서 셰일오일 기업이 연쇄적으로 도산할 우려가 높아졌다. CLO의 부실화 가능성이 매우 높아지는 상황이었던 것이다. 그러나 미국의 대형 은행들은 도드-프랭크 법안에 따라 이 파생상품에 원천적으로 투자할 수 없었기 때문에 타격이 거의 없었다. 미국 행정부에서 CLO 위기가 2008년 같은 금융 시스템 붕괴로 이어질 가능성은 낮다고 판단했던 이유가 바로 이 때문이었다.

무엇보다 이 법안은 2008년 금융위기 이후 미국의 가계부채 증가를 억제하고 가계부채의 건전성을 유지하는 데에 기여했다. 미국 뉴욕연방은행 자료에 따르면 2022년 1분기 기준 전체 가계부채는 15.84조 달러(약 1경 8,000조 원)에 이른다. 그 가운데 72.6%를 차지하는 주택대출은 11.5조 달러이다. 글로벌 금융위기의 정점이었던 2008년 4분기에 각각 12.67조 달러, 9.96조 달러였던 것에 비해 25.1%, 15.5% 증가했다. 같은 기간 한국의 가계부채가 2.6배, 주택담보대출이 2.4배 증가한 것에 비하면 그 폭이 훨씬 작다. 지난 13년여 동안 미국 경제가 성장한 것에 비해서도 상대적으로 줄어들었다. 앞에서 소개한 국제결제은행 자료에 따르면 미국의 GDP 대비 가계부채 비율은 2008년 4분기 96.3%에서 78.5%로 17.8%p 줄었다. 미국뿐 아니라 스페인도 같은 시기에 22.7%p 감소했고 영국, 인도, 독일 등도 GDP 대비 가계부채 비율이 줄었다. 반면 한국은 같은 시기에 71.0%에서 106.7%로 35.7%p 증가했다.

미국 연준이 2022년 5월 발간한 「금융 안정 보고서」에 따르면, 그림 2-5에서 보는 것처럼 미국 가계대출에서 저低신용 등급 대출인 서브프라임론의 규모는 지속적으로 하락하고 있다. 코로나 시기에 미국 정부의 현금 지급 조치, 미국 은행의 상환 유예 조치에 따라 저소득층이 주로 빌리는 서브프라임론의 규모가 크게 줄어든 것으로 추정된다.

미국 뉴욕연방은행이 2022년 5월 발간한 「가계부채 및 신용에 관한 분기 보고서Quarterly Report on Household Debt and Credit」에서 소개하는 도표, 그림 2-6을 참고로 미국 가계부채의 70% 이상을 차지하는 홈 모기지 대출의 신용도별 구성을 살펴보자. 2008년 금융위기 이후로 신용 점수 620점 미만과 620~659점 미만의 저신용 등급 대출이 지속적으로 낮은 상태다. 반면 신용 점수 760점 이상의 우량 등급 대출의 비중이 금융위기 전에 비해 큰 폭으로 증가해 거의 대부분을 차지한다. 그 이유는 미국 가계의 자산 소득에 큰 영향을 미치는 주식시장의 장기 호황과 저금리에 따른 대출 부담 감소 등의 영향으로 미국 국민의 평균 신용 점수가 크게 상향됐기 때문이다. 그런 점을 감안해도 미국 가계부채 및 홈모기지

그림 2-5 : 등급별 미국 가계부채 규모 추이

(조 달러)

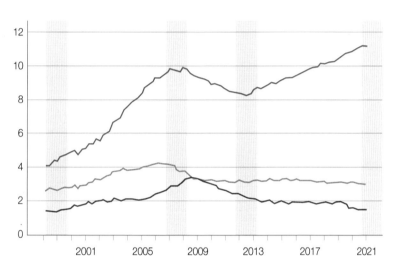

■■■ 우량 대출
▨▨▨ 준우량 대출
■■■ 비우량 대출(subprime)

미국 연방준비제도 2022년 5월 「금융안정보고서」에서 인용

그림 2-6: 미국 신용 점수별 모기지대출 비중

(십억 달러)

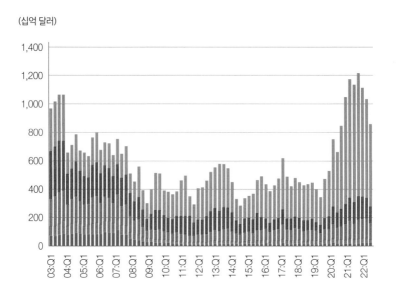

- 620-
- 620~659
- 660~719
- 720~759
- 760+

미국 연방준비제도 2022년 5월 「금융안정보고서」에서 인용

대한민국 위기와 기회의 시간

대출의 건전성이 크게 개선됐음을 확인할 수 있다. 그렇기 때문에 당면한 인플레이션 시기 이후에 미국 주식시장과 주택시장이 함께 가라앉는다 해도, 2008년 같은 급격한 거품 붕괴와 금융시스템 위기가 발생할 가능성은 낮을 것으로 보인다. 글로벌 금융위기 이후 미국은 정부부채는 증가했을지라도, 가계부채는 양적으로나 질적으로 상당히 건전한 구조로 만들었다.

2008년 금융위기 이후 지속된 초저금리와 유동성 과잉은 전 세계적으로 공통된 현상이다. 그 흐름에서 다른 나라 역시 가계부채가 대체로 늘기는 했지만, 한국만큼 가계부채가 가파르게 증가한 경우는 드물다. 가계부채 대부분이 부동산 투자에 쏠리면서 늘어났다는 점도 큰 특징이다.

가계부채, 보이는 것 이상을 보라

한국의 가계부채 문제를 살필 때 통계에 잡히지 않는 부채가 많다는 점도 중요하다. 개인사업자대출과 전세보증금이 대표적이다. 개인사업자대출부터 살펴보자. 국내 가계부채 문제를 오랫동안 조사하고 분석한 서영수 애널리스트에 따르면 개인사업자대출은 2021년 3월 기준으로 514조 원 규모다. 2021년 기준 국내 GDP의 26.9%, 가계신용의 27.6%에 해당한다. 상당히 큰 규모의 대출이지만 가계신용 통계에는 아예 포함되지도 않고, 개인 부문 금융부채에도 절반가량만 반영된다.

개인사업자대출이 가계신용에서 제외되는 이유는 금융업체들의 대출 관리 기준 때문이다. 금융업체들은 가계대출과 개인사업자대출을 별도로 취급하고 관리한다. 그러나 개인사업자대출이 운영 자금, 시설 자금 등에 들어가는 자금이라고 해도 결국 그 사업을 운영하는 사람의 책임이다. 사실상 개인의 부채와 다르지 않다.

어떤 사람이 코로나 사태 여파로 개인사업은 잘 안되지만, 부동산 가격은 계속 오르는 상황이어서 빚을 내 부동산 투자로 수익을 올리기로 했다고 가정하자. 살고 있는 집을 담보로 주택담보대출 4억 원, 개인사업자 명의로 소유한 오피스텔을 담보로 1억 원, 개인신용대출로 9,500만 원을 빌렸다. 여기에 전세 6억 원을 끼고 12억 원 상당의 아파트를 샀다고 하자. 개인사업자대출도 가계부채에 포함되니 코로나 부동산 폭등 시에 이 대출이 부동산 구입에 얼마나 들어갔는지 알 수 없다. 원칙적으로 대출 상환 의무를 지닌 차주라는 관점에서 보면 개인사업자대출도 사실상 가계부채로 보아야 한다.

개인사업자대출 역시 코로나 시기를 거치면서 더 큰 폭으로 증가했다. 금융감독원의 금융통계 정보시스템 자료의 개인사업자대출 추이를 보면, 코로나 시기인 2020년 1분기부터 2021년 3분기까지 7개 분기 동안 개인사업자대출이 다른 시기에 비해 큰 폭으로 늘었음을 알 수 있다. 이 기간 동안 늘어난 개인사업자대출액은 78.1조 원으로, 그 직전 7개 분기 동안 늘어난 42.8조 원보다 82.4%나 높다. 정부는 팬데믹이 지속되자 중소기업뿐만 아니라 개인사업자에 대해서도 정책금리로 저리 융자를 대폭 지원했다. 코로나 여파로 사업 소득이 줄어든 개인사업자들이 대출을 받아 운영 자금이나 생활 자금으로 사용했을 가능성도 크다.

그러나 이 자금 중 상당 부분은 부동산시장으로도 유입된 것으로 추정된다. 개인사업자대출은 부동산 시황이 회복되거나 활황인 시기(2005~2007년, 2015~2018년, 2020~2021년)에 강하게 증가하는 경향을 보였다. 2018년 기준 우리은행의 개인사업자대출 가운데 54%가 부동산 및 임대업이라는 점을 보더라도, 개인사업자대출 가운데 많은 부분이 부동산시장으로 흘러 들어갔을 가능성이 높다. 부동산 및 임대업은 사업 특성상 건물이나 상가 등 부동산에 투자해 차익을 노리거나 점포나 오피스텔 등에서 월세 수익을 올리는 경우가 대부분이다. 당연히 부동산 경기에 크게 영향을 받는다. 이처럼 개인사업자대출은 사실상 가계부채이며 부동산 매수에 사용될 가능성이 높은데, 가계부채나 부동산 관련 대출에서 제외된 채 관리되고 있다.

개인사업자대출보다 더 중요하면서도 가계부채 통계를 포함한 금융권의 각종 대출 통계에서 누락되고 정확한 규모조차 파악되지 않는 가계부채가 있다. 바로 전세보증금(반전세 및 보증부월세 보증금 포함)이다. 전세보증금은 대부분 부동산 매수를 위해 동원되는 레버리지라는 관점에서 사실상 주택담보대출과 마찬가지이다. 심지어 갭 투기자 사이에서는 이자 부담이 없는 '질 좋은 부채'라고 불린다.

전세보증금은 모두 얼마나 될까. 정확한 집계 자료가 없기에 추정만 가능하다. 가장 손쉬운 방법을 사용해보자. 통계청이 2020년에 진행한 20% 표본 인구 조사에서 "주거 실태 조사" 자료를 보면, 2020년 전국 기준 총 전세 가구 수는 325만 1,620가구이다. 국민은행이 조사한 시세 자료를 바탕으로 추정한 2020년 전국 전세가 평균은 2억 2,712만 원으로,

이 두 수치를 곱하면 전국의 전세보증금 규모는 738.5조 원가량이다. 여기에 순수 전세보증금뿐만 아니라 보증금 규모가 상당히 큰 반전세를 포함, 보증부월세의 보증금도 포함해야 한다. 같은 자료에서 전국의 보증부월세 가구 수는 2020년 438만 6,924가구이다(보증부월세의 평균 보증금은 따로 조사한 자료가 없다).

선대인경제연구소는 2015년 이미경 전 국회의원실의 의뢰로, 2013년 3월부터 2015년 2월까지 2년 동안 임차인이 전세 및 보증부월세 계약을 한 뒤 확정일자를 받기 위해 정부에 신고한 내역을 분석했다. 분석 결과 당시 서울 지역 전세보증금 총액은 220조 6,374억 원이고, 보증부월세의 보증금 총액은 40조 9,879억 원이었다. 서울 지역 보증부월세의 보증금 총액이 전세보증금 총액의 약 18.6% 정도였다.

당시에 비해 보증부월세 비중이 늘어나는 등 여러 변화가 있고, 서울 외의 지역에서는 이 비율이 달라질 수도 있다. 보수적으로 가정해 보증부월세의 보증금이 전세가의 약 15% 수준이라고 해보자. 이 경우 보증부월세의 평균 보증금은 약 3,400만 원 정도로 나타난다. 이를 보증부월세 가구 수와 곱하면 전국의 보증부월세 보증금 총액은 149.5조 원 정도로 추정된다. 앞에서 추정한 전세금 총액과 더한 전체 보증금(전세보증금 738.5조 원＋보증부월세 보증금 149.5조 원) 총액은 888조 원이다. 같은 방식으로 서울과 수도권 전체의 보증금 총액은 각각 458.5조 원과 730.5조 원 정도로 추산된다. 이는 전국의 보증금 총액에서 각각 51.6%, 82.3%에 해당한다.

이 같은 규모는 서울대학교 김세직 교수가 2020년 기준으로 전세 및

대한민국 위기와 기회의 시간

준전세 보증금의 부채를 851조 원 정도로 추산한 것과 비슷하다. 그런데 이 막대한 가계부채가 통계에 전혀 잡히지 않고 있다.

보증금을 합산한 가계부채 규모와 GDP 대비 비율을 알아보자. 2021년을 기준으로 가계신용과 개인 금융부채에서 전세자금대출액만큼 차감한 보증금 총액을 더하면 각각 2,566조 원과 2,832조 원에 이른다. 이는 2021년 GDP 대비 각각 134.3%, 148.3%에 이르는 규모다. 이렇게 따지면 세계 어떤 다른 나라보다 가계부채 비율이 높다. 여기에 앞서 설명한 개인사업자대출에서 절반 정도만 포함해도 가계부채 비율이 더욱 높은 수준으로 올라간다. 주택담보대출액(2021년 4분기 기준) 981.7조 원과 추정 보증금 합계액 888조 원만 따져도 부동산시장에 투입된 자금이 1870조 원에 이른다. 국내 주택시장의 높은 가격은 이처럼 어마어마한 부채로 쌓아 올린 것이다.

갭 투기 집주인을 조심해야

전세보증금은 갭 투기가 성행할수록 중요해지는 가계부채 유형이다. 금융업체를 통하지 않는 개인 간의 부채이지만, 집주인이 세입자에게 반환해야 할 의무가 있다. 주택 구입자들이 이 전세보증금을 자신의 부채로 생각하지 않는 경우가 많다. 주택시장이 호황이거나 큰 문제가 없을 때는 새로 들어오는 세입자에게 받은 전세보증금으로 나가는 세입자의 보증금을 반환하면 되므로 별 문제가 없다. 심지어 전세가가 상승세일 때는 새로 받는 전세금이 반환해야 할 전세금보다 많아 집주인들은 전세금을 투자나 지출에 사용할 수도 있다.

하지만 주택시장이 가라앉고 전세가가 하락하기 시작하면 상황은 반전된다. 1998년 외환위기나 2008년 금융위기 직후에 이미 겪은 바 있다. 당시 주택시장이 얼어붙고 거래가 뚝 끊어지면서 전세금을 반환하지 못하는 사례가 속출하기도 했다. 이 경우 세입자는 집주인을 상대로 전세보증금 반환 청구 소송을 제기할 수도 있다. 주택시장 침체기에는 전세보증금이 가진 부채로서의 성격이 분명해진다.

최근에는 매전 갭이 축소되다 못해 역전되는, 즉 매매가보다 전세가가 더 높은 경우도 속출하고 있다. 일부 갭 투기자들은 자기 돈 한 푼 들이지 않고 갭 투기를 했다가 집값이 떨어지면 '배 째라'는 식의 태도를 보이는 경우도 많다. 세입자가 전세보증금을 돌려받으려 하면 매매가보다 더 높은 전세가로 집을 인수하라며 압박하는 경우도 있다. 갭 투기가 성행하는 부동산 커뮤니티에서는 이를 '무위험 투자 비법'처럼 공유하는 경우도 있다. 전세 세입자들이 더 조심해야 할 때다. 실제로 이런 악질적인 갭 투기자들이 있기 때문이다.

갭 투기가 성행하면서 전세보증금이 주택 매수를 위한 레버리지로 얼마나 사용되었을까. 앞에서 소개한 화성 동탄 신도시 아파트 사례를 다시 살펴보자. 2019년 이후 거래된 123건 중에 갭 투기 비율은 70%에 이르렀다. 123건의 거래에 동원된 추정 부채의 합계는 365.8억 원이다. 이들 거래에서 전세를 끼고 집을 산 경우, 매수자들이 모두 온전한 전세보증금을 세입자에게 받았다고 가정하면 레버리지로 활용된 전세보증금은

456.5억 원 정도로 추정된다. 일부가 반전세 형태로 세입자를 받아 집을 매수했다고 해도 전세보증금 합계액이 400억 원 이상일 것으로 추정된다.

만약 다른 나라처럼 한국에 전세 제도가 없어서 갭 투기가 불가능했다면 국내 부채 상황은 어떻게 달라졌을까. 주택 매수자에게는 2가지 선택지가 있다. 자금이 부족하니 주택 매수를 포기하거나, 상대적으로 가격이 더 낮은 주택을 매수해야 한다. 또는 전세보증금에 해당하는 자금의 전부 또는 상당 부분을 추가로 금융업체에서 빌려야 한다. 전자의 효과가 작동했다면 집값이 지금보다는 덜 폭등했을 것이다. 후자의 효과가 작용했다면 금융권 대출이 몇백조 원 더 늘었을 것이다.

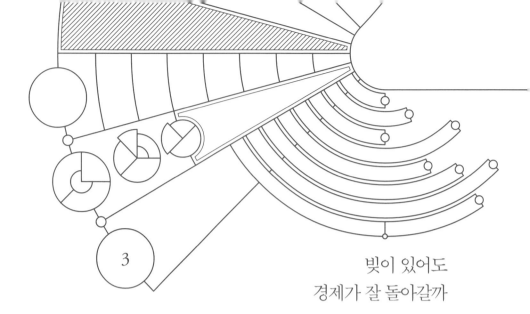

3

빚이 있어도
경제가 잘 돌아갈까

한국의 가계부채가 초래할 경제적 후폭풍

GDP 대비 가계부채 비율이 80%를 넘어서면 경제 성장을 저해하게 된
다는 학계의 연구 결과가 있다. 한국은 이미 그 단계를 넘어선 지 오래다.
외환위기 이후 한국은 쉬지 않고 가계부채가 증가했다. 문재인 정부 말기
부동산 폭등기에 소득 여력이 약한 30대부터 40대 초반의 영끌족까지 주
택 매수에 뛰어들면서 가계부채의 질이 더 나빠졌다.

어느 정도 부채를 지더라도 자산시장을 활황으로 유지해야 한다는 논
리도 가능하다. 가계부채라는 이름으로 미래 소비를 당기는 일인데, 당장
에는 좋을 수도 있다. 단기적으로는 경기에도 도움이 된다. 부채를 대거
부동산에 투자해 자산 가격이 뛰면 자산 효과에 따라 경기를 추가로 자극

하는 효과도 있다. 하지만 빚으로 즐긴 파티가 끝나고 청구서가 날아올 때가 온다.

이제는 가계부채를 상환을 위해 지출을 줄여야 한다. 맞벌이 부부가 한 달에 600만 원을 벌어서 그중 300만 원을 원리금 상환에 쓴다면, 남은 300만 원으로 생활비와 육아비 등을 충당해야 한다. 저축은 엄두도 못 낼 뿐더러 당연히 지출이 줄어들 수밖에 없고, 내수는 위축된다. 부동산을 매수하느라 가계부채가 증가해 많은 자금이 생산경제로 흘러들지 못하고 부동산에 묶이게 된다. 부동산 과소비를 하는 동안 부동산 가격이 높아져 기업의 생산 비용은 올라가고, 기업의 생산 비용이 올라가니 그만큼 물가 부담도 높아진다. 집값이 오를 때는 이 같은 부정적 효과를 상쇄하고 남는 일시적인 경기 부양 효과가 발생하지만, 부동산시장이 침체하기 시작하면 긍정적 효과는 사라지고 부정적 효과는 더욱 뚜렷해진다.

한국의 가계부채는 대부분 부동산에 묶여 있기 때문에 부동산 가격이 하락하면 위기가 온다는 것을 누구나 알고 있다. 그렇기에 더욱 부동산 가격을 계속 떠받치기만 하면 안 되는 것이다. 이제는 떠받칠 수 없는 지경에 왔고, 외환위기 직후나 2008년 금융위기 직후처럼 조정기가 시작되었다. 금융위기 이후 수도권을 기준으로 5~6년간 부동산시장이 하락 또는 조정 기간을 거쳤는데, 앞으로 국내 부동산시장은 최소 5~6년 이상 하락기가 이어질 것으로 예상된다. 이는 3부에서 다시 자세히 살펴보겠다. 이런 조정기에는 앞서 무리하게 빚을 낸 일부 사람뿐만 아니라 경제 전체가 심각해질 수 있다.

전세보증금 5억 원에 은행에서 3억 원을 대출받고, 자기 돈 2억 원을 보태 10억 원의 아파트를 매수한 경우를 생각해보자. 만약 그 아파트 가격이 8억 원으로 하락하면 자신의 돈 2억 원은 전부 손실을 본 셈이다. 부채 3억 원은 그대로 남아 빚을 계속 갚아야 한다. 소득이 단기간에 크게 오르지 않는 한 가계의 경제적 압력이 매우 커질 수밖에 없다. 여기에 집값은 떨어지는데 금리는 당초 예상한 것보다 더 오르는 상황이 펼쳐진다면 어떻게 될까.

일단은 버티는 이들이 많겠지만 시간이 갈수록 버티지 못하는 사람들이 생기고, 이들이 내놓는 급매물로 집값은 하락의 악순환을 겪게 될 것이다. 부채를 상환하지 못하는 사람들이 늘면 은행 연체가 늘어나 금융업체들도 위기에 놓일 수 있다.

이 상황이 더 걱정스러운 것은 악성 가계부채의 비율이 최근 2년 사이에 집중됐기 때문이다. 코로나 부동산 폭등기에 무리하게 대출을 받아 집을 산 사람들은 다른 기간에 비해 대출액 자체가 크고, 소득 여력이 낮은 층이 많아 하우스 푸어가 되거나 심지어 신용 불량자로 전락할 수 있는 위험 확률이 높다. 이번 부동산 폭등기는 갭 투기와 과도한 부채를 동원해 여러 채의 주택을 매수한 경우가 많다는 것도 특징이다. 이미 대구, 부산뿐만 아니라 서울과 수도권 외곽에서도 아파트 가격이 코로나 시기 고점에 비해 2억, 3억 원씩 하락하기 시작했다. 영끌족과 갭 투기가 극성을 부린 지역일수록 집값 하락 속도는 더 빠르다. 과도한 빚을 내서 투자했던 사람들이 이미 큰 위험의 사정권에 들어갔다고 볼 수 있다.

가계부채가 계속 늘어나다 보니, 마치 경제 성장에 따른 자연스러운 흐름이라는 인식조차 있다. 국가의 경제 규모가 늘어나면 부채 규모도 늘어나게 되지만, 가계부채의 비율이 이토록 오래 지속적으로 폭증하는 경우는 전 세계 유례가 없다. 도대체 대한민국의 가계부채는 어떻게 증가해온 것일까.

우선 이는 금리와 직접적인 관련이 있다. 1998년 외환위기 이전 대한민국은 금리가 10%를 넘어서는 고금리 국가였다. 이 고금리로 인한 부작용도 있었다. 국내 기업들은 상대적으로 저금리 국가에서 과다하게 자금을 차입해 방만한 경영을 지속했고, 결국 미국 금리 인상기의 파고를 넘지 못해 외환위기를 겪게 됐다. 기업이 국내뿐만 아니라 해외에서 차입한 달러 빚을 갚지 못하게 되면서 전 국가적인 경제 위기가 온 것이 바로 외환위기이다.

당시 많은 기업들이 줄도산을 하거나 구조조정을 겪었다. 이 과정에서 많은 실업자와 비정규직이 양산되기도 했지만, 많은 부실 기업들이 정리되고 기업의 재무 건전성이 개선됐다.

외환위기 이전 금융권의 가장 큰 매출은 기업대출이 차지했다. 그러다 외환위기 이후 기업의 구조조정 과정에서 과다 차입이 줄어들었다. 금융권은 매출을 늘리기 위해 일반 가계를 대상으로 한 소매금융(리테일 뱅킹)에 나섰다. 리테일 뱅킹 중에서 신용대출은 규모가 크지 않아 큰 수익을 올리기 어려웠다. 이에 금융업체들이 앞다퉈 다루기 시작한 것이 부동산

담보대출이다. 외환위기를 극복한다는 명분으로, 그리고 실제로 주택시장 침체가 심각했기에 당시 김대중 정부에서 부동산담보대출을 장려한 정책적인 측면도 있다.

외환위기 이후 전국적으로 집값이 폭등했던 원인에는 이러한 배경이 있다. 기업부채가 건전해진 대신 가계부채가 폭증하는 전환점이 된 것이다. 이때부터 부동산 가격 상승과 가계부채는 쌍을 이루며 증가하는 흐름이 계속된다. 집값이 오르면 가계부채가 늘고 집값이 잠잠할 때는 가계부채 증가율이 둔화된다.

2003~2004년 무렵 신용카드 발급을 남발해서 벌어진 카드채 사태 역시 주목해야 한다. 김대중 정부 시기부터 경기를 살린다는 명목으로 남발된 신용카드 발급은 사람들이 자신의 경제 여력을 뛰어넘어 과도하게 지출하는 결과를 낳았고, 이러한 카드빚으로 많은 신용불량자가 발생했다. 이때 정부는 구제 금융을 실시한다. 카드 회사들을 살려준 것이다. 정부가 구제 금융을 해준 결과, 카드사의 재무 구조는 시간이 지나면서 상당히 복구됐지만 카드채라는 형태의 가계부채가 크게 증가했다.

2004년 카드채 사태로 경기가 급락하자, 노무현 정부는 출범 전반기에 내세웠던 부동산 관련 규제를 그해 하반기부터는 완화했다. 특히 이헌재 재경부 장관과 강동석 건교부 장관을 중심으로, 골프장 건설과 국토 균형 발전을 명목으로 한 혁신도시를 전국적으로 추진해 지역 부동산 경기를 자극했다. 당시 여당이던 열린우리당은 같은 해 연말에 '한국판 뉴딜 정책'이라는 이름으로 각종 경기 부양책을 추진했다. 그 여파로 2004년에 안정세를 보였던 부동산 가격이 2005년부터 다시 뛰기 시작했다. 특히 이때는 수도권 중심으로 폭등했는데, 시중 국내 은행과 외국계 은행에서 부동산시장에 엄청난 자금을 투입했다. 이렇게 부동산시장이 급격하게 부풀어 오르자 다시 주택담보대출을 중심으로 가계부채가 폭증했다.

이명박 정부 들어서는 어땠을까. 이명박 정부 집권 직후인 2008년, 글로벌 금융위기가 발발하면서 원달러 환율이 1,500원대 중반까지 올라갔다. 국내 부동산시장에 유입된 외국계 달러 자금이 미국 투자자들과 채권자들의 자금 상환 요구에 응하기 위해 썰물처럼 빠져나가면서 환율이 급등했다. 제2의 외환위기가 올 거라는 위기감이 팽배했다. 부동산시장이 부풀자 주택담보대출 수요를 노리고 들어온 외국계 달러 자금이 문제를 일으킨 것이었다. 결국 2008년 금융위기 또한 국내 부동산 급등과 부동산담보대출을 중심으로 한 가계부채 문제와 직결돼 있었다.

2008년 금융위기를 거치고 2013년 정도까지는 수도권을 중심으로 국내 부동산 경기가 가라앉으면서 가계부채 증가율이 둔화됐다. 하지만 가계부채 다이어트를 강도 높게 유도하고 있던 다른 나라에 비해 여전히 가계부채는 증가 추세가 확연했다. 그림 2-7에서 보는 것처럼 금융위기 이후 2009~2013년 동안에도 한국의 가계부채는 상대적으로 빠르게 증가하고 있었다. 이 시기에 경제 규모 15개 상위 국가들의 가계부채는 GDP 대비 평균 1.8%p 증가에 그쳤지만, 한국은 7.4%p나 증가했다. 이명박-박근혜 정부 동안 수십 차례의 부동산 부양책을 내놓으며 정상적인 가계부채 구조조정을 방해했기 때문이다. 가계부채가 더 이상 조정하지 않을 수 없을 정도로 급증했고, 미국은 2013년부터 양적완화를 종료하고 연방기금 금리도 인상하겠다는 신호를 보내고 있었다. 이 당시 나는 『미친 부

그림 2-7 : GDP 대비 가계부채 비율 증가 폭
(2009~2013년)

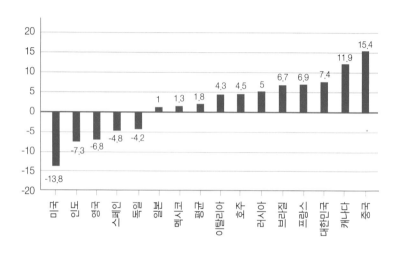

국제결제은행 자료를 바탕으로 선대인경제연구소 작성

대한민국 위기와 기회의 시간

동산을 말하다』를 출간했는데, 이는 금융위기 이후 부동산시장과 연계된 가계부채가 줄어들지 않고 오히려 늘어나는 현상을 매우 우려했기 때문이다. 조정 국면이 오지 않을 수 없는 상황에서, 부동산 하락기에 대비하여 연착륙을 유도해야 급격한 경착륙으로 인한 피해를 줄일 수 있다는 것을 전하기 위해서였다. 하지만 박근혜 정부는 가계부채를 줄여야 할 시점에 오히려 2014년 하반기부터 '빚내서 집 사라' 정책을 밀어붙였고, 1차 가계부채 폭증과 함께 다시 부동산 가격은 폭등했다.

그렇다면 서민 주거 안정을 내세웠던 문재인 정부에서는 어떠했을까. 문재인 정부 전반기에는 가계부채 증가 폭을 다소 줄이기는 했으나, 코로나 시기를 맞아 2차 가계부채 폭증을 초래했다는 점을 이미 살펴보았다. 결국 긴 관점에서 보면 1998년 외환위기 이후부터 지금까지, 가계부채 다이어트를 해야 할 시기에 어떤 정부도 나서지 않았다.

윤석열 정부는 가계부채 문제에 대해 다른 기조를 보일까. 초기라 섣불리 판단하기 어렵지만 이미 DSR 규제나 LTV 규제를 완화하려는 신호를 보이고 있고, 1기 신도시의 개발 규제 완화를 강력히 추진하고 있다. 이러한 점에서 보면 정책 기조가 가계부채를 줄여나가는 데에 있지 않다. 인플레이션 시대에 가계부채가 감당하지 못할 수준까지 왔는데도 한국 정부는 여전히 위험한 시도를 하고 있다.

소득 주도 성장 vs 부채 주도 성장

가계부채 문제는 경제 성장 정책과 밀접한 관련이 있다. 문재인 정부가 내세웠던 '소득 주도 성장'은 사실은 박근혜 정부 후반에 최경환 경제부총리가 취임하면서 내세운 것이기도 했다. 그러나 '빚내서 집 사라' 정책이 되면, 소득 주도 성장은 아무 의미가 없어진다. 당시 민주당은 이를 두고 '부채 주도 성장'이라며 강하게 비판했다. 문재인 정부는 출범할 때부터 소득 주도 성장을 내세웠지만, 결과는 부채 주도 성장으로 끝나버렸다. 이것이 문재인정부나 민주당 정권의 '의도치 않은 결과'일까.

'집값을 잡겠다'는 정권 차원의 의지 표명은 여러 차례 있었지만, 실제 집행되거나 마련된 정책 가운데는 집값을 오히려 띄우는 정책들이 많았다. 민주당은 당 차원에서든 주요 후보 차원에서든 선거 때마다 청년층이나 신혼부부, 무주택자를 중심으로 대출 규모를 더 늘리고 금리를 낮춰주며 LTV 등 대출 규제를 완화해주겠다는 공약을 계속 내걸었다. 최근에는 1기 신도시 개발 공약 등을 포함해 국민의힘에 못지않게 각종 개발 규제 완화 공약도 남발했다. 대표적으로 2021년 서울시장 보권선거에서 참패한 뒤 송영길 당시 당대표는 보수 경제통인 김진표 의원을 위원장으로 부동산특별위원회를 꾸려 정책을 내놓았다. 청년, 신혼부부 주택 1만 가구 공급, 3기 신도시 자족시설용지 용적률 상향 및 복합 개발, 1기 신도시 리모델링 활성화, 무주택자에 대한 대출 지원 확대 및 LTV 규제 완화 등이 주요 정책이었다. 심지어 무주택자들을 위해 LTV를 90%까지 완화하는 방안을 내걸었다가 민주당판 '빚내서 집 사라' 정책이라는 비판을 받으면서 이 비율을 70%로 낮추었다. 2022년 6월 지방선거에서도 송영길 의원은 국민의힘 후보였던 오세훈 서울 시장보다 더 과감한(?) 개발 규제 완화 공약을 내세웠다.

이는 노무현 정부 말기에 열린우리당이 이명박 당시 서울시장이 시작한 뉴타운사업의 제도적 틀을 만드는 이른바 '뉴타운 특별법' 제정을 주도한 것과 다르지 않다. IMF 수석 이코노미스트 출신이자 인도은행 총재를 역임한 저명한 경제학자 라구람 라잔Raghuram Rajan은 저서 『폴트라인』에서 미국이 불평등 심화 등에 따른 유권자들의 불만을 달래기 위해, 모든 국민에게 주택을 보유하게 한다며 주택 건설을 촉진하고 대출을 대폭 확대한 바람에 2008년 금융위기의 씨를 뿌렸다고 진단했다. 빌 클린턴 행정부든 조지 W. 부시 행정부든 이 기조에서는 다름이 없었다며 가장 강력한 '포퓰리즘'이라고 비판했다. 국내 기득권 언론들은 복지 지출을 확대하는 행태를 포퓰리즘이라 비판하지만, 사실은 여야 가리지 않고 역대 가장 강력한 포퓰리즘은 바로 부동산 개발인 것이다.

그러면 애초에 소득 주도 성장이라는 방향이 잘못된 것은 아닐까. 문재인 정부의 소득 주도 성장을 두고 최저임금을 너무 급하게 올리는 것 아니냐는 비판이 있었다. 그런 비판에도 불구하고 문재인 정부는 초기에 최저임금 인상을 강하게 진행했다. 그러나 최저임금을 올린다고 해도 집값이 오르면 소용이 없다. 오히려 최저임금 인상 효과가 상쇄되면서, 최저임금 인상에 대한 비판적인 인식만 생길 수 있다. 주택 가격이 오르면 전월세 가격도 덩달아 올라간다. 주거비가 전반적으로 올라가면 늘어난 소득이 고스란히 주거비로 나가게 된다. 예를 들어 임금이 올라 청년 세대나 저소득층의 연 소득이 50~100만 원 늘어난다 해도, 주거비가 1년에 몇백만~몇천만 원 증가하면 실질적인 소득은 오히려 줄어드는 것이다. 주거비는 어떤 식으로든 필수적으로 지불해야 하는 비용이다. 주가가 오른다고 주식 투자를 하지 않는 사람들의 소득이 상대적으로 줄지는 않지만, 집값이 오르면 사람들의 상대적인 소득이 줄어버린다. 소득 주도 성장을 하고 싶어도 부동산 가격을 통제하지 못하면 무용지물이 된다.

이제 코로나 시기에 가계부채 2차 폭발이 어떻게 발생했는지를 짚어보고자 한다. 이 2차 폭발의 성격을 이해해야 한국 경제가 처한 현실을 분명하게 이해할 수 있다.

부채 폭증 원인 1 : 코로나 시기 유동성 과잉

2차 부채 급증이 문재인 정부의 정책 실패 때문이 아니라 코로나로 인한 특수한 상황 때문이었고, 전 세계적인 현상이라는 분석도 있다. 일면 맞다. 코로나 위기가 닥치면서 전 세계 각국이 금리를 급속히 인하했고 유동성을 엄청나게 풀었기 때문이다. 코로나는 전대미문의 사태였고 훨씬 더 큰 경제적 위기로 불거질 수도 있었기 때문에 그 같은 대응이 필요하기도 했다. 하지만 이에 따른 자산 가격 급등 같은 문제가 발생할 가능성이 분명했고, 이를 오랫동안 방치할 경우 생길 대가도 예고됐다.

코로나 시기도 국면마다 변화가 있었는데, 이때가 중요했다. 2020년 하반기 이후로는 코로나에 따른 경제적 충격이 어느 정도 진정되면서 경기가 빠르게 올라오기 시작했다. 또한 2021년 5월쯤부터는 미국을 비롯해 세계 각국의 물가 상승률이 상당히 가파르게 상승하기 시작했다. 미 연준은 2021년 하반기부터는 금리를 빠르게 인상했어야 했지만 공급망 교란에 의해 생긴 일시적인 인플레이션일 가능성이 높다고 판단했고, 금리 인상과 양적긴축 시기를 지연시켰다.

한국은 어떠해야 했을까. 한국도 경기가 가파르게 좋아지고 있었다. 한국은 서비스업 중심 국가가 아닌 제조업 중심 국가이다. 내수 소비와 서비스업이 국민 경제에서 차지하는 비중이 상대적으로 낮고, 수출 대기업을 중심으로 한 제조업 비중이 상당히 높다. 내수 중심의 체제로 전환해야 한다고 계속 말해왔지만, 어떤 정부에서든 수출 중심 기조가 바뀐 적이 없다.

어쨌든 코로나 시기에도 제조업은 수출이 가능했다. 반도체 공급 부족, 해상 운송료 급등과 같은 난관이 있었지만 전반적으로 제조업 중심의 수출 대기업들은 경기가 매우 좋았다. 일부 자영업 중심으로 오프라인 소비가 위축되는 것 외에 사실 한국 경제는 꽤 탄탄하게 회복되고 있었다. 이에 따라 2021년 중반부터는 국내 물가도 빠르게 상승하고 있었다. 그렇다면 미국이 하지 않더라도 한국은 선제적으로 금리 인상을 진행했어야 했다. 금리 인상 영향으로 경기 상승세가 둔화될까 우려됐다면, 적어도 DSR 규제를 포함한 대출 관련 규제를 더 이른 시점부터 대폭 강화해 부동산시장에 자금이 쏠리는 현상은 최소화해야 했다. 하지만 금융 당국과 한국은행은 너무 늦은 시점까지 손을 놓고 있었다.

문재인 정부에서 왜 대출 규제가 적시에 제대로 실행하지 못했는지에 대한 여러 해석이 있지만, 단적으로 보면 정부의 핵심 인사 가운데 경제적 이해도가 높은 사람이 없었다. 임기 중반이 넘어가는 2019년 중반 이후, 경제 문제는 기존 관료들에게 전적으로 의존하는 상황이 됐다. 경제 관료들은 기본적으로 개혁을 추진하려 하지 않는다. 임기 안에 큰 탈이 나지 않는다면, 겉보기에 괜찮다면 사전 대응을 하는 조직도 아니다. 이는 문재인 정부에서 중소벤처기업부 장관을 지낸 경제학자 홍종학 교수의 진단이기도 하다.

문재인 정부는 2019년 중반 이후부터 관료들에게 끌려다니는 모습을 보였다. 특히 기획재정부 관료들을 이기지 못했다. 청와대에는 기재부 관료들을 논리적으로 이길 경제 또는 금융 전문가가 없었고, 민주당 내에도 관련 분야에 전문적인 의원이 드물었다. 국가 경제는 정치적인 판단이 중요하다. 박근혜 정부에서 부채 다이어트를 해야 할 시기에 '빚내서 집 사라'라는 정책을 시행한 것은 순전히 정치저 판단이었다. 때문에 문재인 정부 또한 경제 개혁, 부동산 개혁을 하고자 했다면 대통령을 비롯한 정권의 핵심이 경제 정책의 기본 방향을 잡을 수 있어야 했다. 관료들은 정책에 맞는 실행적인 역할을 한다. 만약 집권 세력이 관료를 통솔할 능력이 없으면 결국 관료에게 의존하게 된다. 문재인 정부는 기획재정부나 금융위원회 관료에게 의존하는 정부가 됐고, 경제 정책이나 금융 정책에 관한 한 집권은 했지만 통치는 못 하는 정부였다.

기재부는 기본적으로는 재정 건전성을 우선 목표로 두는 곳이다. 어떤 조직이든 자기 조직의 핵심성과지표에 맞추려고 하는 데, 한국의 기재부는 유독 재정 건전성을 중요하게 여기는 경향이 매우 강하다. 단적인 예가 코로나 시기 재난지원금 지급 문제이다.

재난지원금으로 인해 정부의 부채가 급증하면 큰 문제가 생긴다는 것이 당시 기재부의 입장이었다. 국가 재정은 기본적으로 코로나 사태와 같은 비상 상황, 심각한 사회, 경제적 충격을 덜어주기 위해 사용해야 하지만 한국의 기재부는 재정 사용에 소극적이었다. 재난지원금 지원 및 자영업자 피해 보상 등을 포함하는 추경 규모도 다른 나라와 비교해 매우 빈약했다. 기득권 언론들은 그조차도 과도하다며 비판했다.

여러 자료를 통해 확인되듯이 코로나 시기의 경제 규모 대비 재정 지출 규모에서 한국은 미국의 5분의 1, 일본의 10분의 1 수준에 불과하다. 독일의 경우를 보자. 메르켈 총리는 코로나 사태 초기부터 "사태가 심각해지면 전 국민의 70% 이상이 감염될 수 있다. 정부는 앞으로 2년 동안 빚을 지겠다. 정부의 부채 한도는 걱정하지 않고 재정을 최대한 동원해서 대응하겠다"라는 의지를 분명히 밝혔다. 문재인 대통령도 코로나 사태 초기에 국무회의에서 "비상한 시국에는 비상한 대응을 해야 한다"라는 입장을 밝혔지만, 정부 차원의 과감한 재정 지원책은 시행되지 않았다.

대신 정부는 한국은행을 동원해 금리를 0.5%까지 낮췄다. 또한 각종 대출 규제를 대대적으로 완화했다. 다른 나라에서 자영업자에게 휴업 보상금을, 각 가계에 대규모 재난지원금을 지원했다면 한국의 지원 대책은 저금리로 빚을 쉽게 내고, 대출 상황을 유예하는 것에 초점을 맞췄다.

한국은행의 기준금리는 코로나 사태 이전부터 낮아진 상태였다. 2019년 하반기에 일본의 수출 규제 여파로 경기가 저조하자 한국은행은 기준금리를 낮췄다. 또한 정부는 안심전환대출을 실시하고 부산 등 일부를 토지과열지구에서 해제하는 등 경기 부양 기조로 전환하고 있었다. 이에 따라 2018년 9.13대책 이후 안정세를 보이던 부동산 가격이 2019년 하반기부터 다시 상승세로 돌아섰고, 주택담보대출을 포함한 가계부채도 다시 증가하고 있는 추세였다.

가계부채 관리가 느슨해지고 있는 상태에서 코로나 시기에 가계와 기업의 대출 규제까지 일시에 풀어버리고 금리를 대폭 낮춘 것이다. 재정지출로 해결해야 하는데 가계에 빚을 떠안겨 경기를 부양한 결과, 코로나 시기 한국의 재정 확대 규모는 가장 낮은 수준이었던 반면 가계부채는 세계 1위로 증가했다.

이는 당연한 결과였다. 코로나와 전쟁을 치르는데 정부가 부채를 늘리지 않으면 민간이 부채를 늘릴 수밖에 없다. 코로나 방역 정책으로 인해 손해를 본 자영업자들에 대한 충분한 보상을 정부가 하지 않으면 자영업자들은 자신이 빚을 내 근근이 버티게 된다. 그 결과 정부부채는 상대적으로 적게 늘어나는 것처럼 보이지만, 가계부채를 포함한 민간부채는 더 많이 늘어나는 것이다.

초저금리에 시중에 유동성이 넘쳐나니 당연히 자산 거품이 생겼다. 금리는 낮은데 주가와 부동산부터 암호화폐와 골프장 회원권, 리셀링이 가능한 명품, 그림 등 투자 대상이 되는 거의 모든 자산이나 물건의 가격이 올랐다. 곳곳에서 주식으로, 부동산으로 돈을 벌었다는 소식이 들려오자 웬만한 사람들은 대출을 내서라도 어디든 투자하는 시기를 2년간 겪었다. 코로나 시기에 가장 많은 자금을 빨아들인 자산시장이 바로 부동산시장이었다.

반면에 자영업자들은 막대한 피해를 입고도 제대로 보상조차 받지 못했다. 일례로 한 지인은 코로나 사태가 터지기 전에 대학가에서 음식점을 운영해 1년 반 만에 3억 원의 순수입을 벌었다. 그러나 코로나 사태 2년여 동안 벌어놓은 돈을 다 잃고 심지어 5억 원이 넘는 빚을 지게 됐다. 문재인 정부에 대한 원망이 쌓일 수밖에 없었다. 다른 한편으로는 가계부채 폭증으로 집값이 폭등하면서 많은 사람들을 상대적 박탈감에 빠지게 만들었다. 국가 재정을 아끼고 가계부채를 늘린 결과 자영업자와 무주택자를 중심으로 거대한 민심 이반을 초래했다. 문재인 정부가 기득권 언론의 공격을 무릅쓰고라도 다른 나라처럼 재정 정책을 과감하게 펼치고, 가계부채를 적절하게 관리하고 부동산 가격 상승 폭을 일정하게 제어했다면 5년 만에 다시 정권이 바뀌는 일은 없었을지도 모른다.

이처럼 문재인 정부는 다른 나라에 비해 재정 지출을 최소화했지만, 기득권 언론과 국민의힘은 정부부채를 너무 늘려 나라를 망친다고 공격했다. 코로나 시기에 정부 재정이 적자가 나지 않은 나라가 있었는가. 그러나 그렇게 비판하던 윤석열 후보가 대통령이 된 후 첫 추경 예산 규모는 문재인 정부 임기 마지막 추경 규모의 4배가 넘는다. 코로나 시기 세계 주요국들 가운데 한국은 상대적으로 재정을 가장 적게 쓰는 대신 가계부채가 급증하고 부동산이 폭등했다.

부채 폭증 원인 3: 대출 구조와 선분양제

가계부채 문제는 어떻게 해결해야 할까. 우선 가계부채를 근원적으로 조장하는 구조적 환경이 문제다. 바꿔야 할 구조는 크게 3가지다. 첫 번째, 이자만 내도 되는 만기 일시상환식 대출 구조다. 두 번째는 대출의 77%가량을 차지하는 변동금리 대출 구조다. 세 번째는 이 같은 대출 구조를 사람들이 선호하도록 조장하는 선분양제다.

만기 일시상환식 대출 상품은 만기가 될 때까지 이자만 내다가 만기에 한꺼번에 원금을 상환하는 방식의 대출로, 현재 대출 상품의 상당 부분을 차지한다. 제1금융권을 기준으로 보면 1년마다 매년 만기를 연장해 최대 5~10년까지 만기를 연장할 수 있다. 즉 몇 년 동안 이자만 내면서 버틸 수 있기 때문에 과도한 대출을 유도한다. 코로나 시기와 같은 부동산 폭등기에 자금 여력이 없는 영끌족이 가급적 이자만 내는 일시상환 대출을 선호하게 된다. 부동산 투기 광풍이 부는 상태에선 많은 이들이 근시안적 투기자myopic speculator의 관점으로 접근하기 때문에, 이자만 내다가 집값이 오르면 집을 팔아 차익을 남기겠다는 생각이 팽배해진다. 주택을 투자 차익을 노리는 매물로 보는 사람일수록 일시상환 대출을 선택하는 경우가 많다. 더불어민주당 윤관석 의원실이 공개한 금융감독원 자료에 따르면, 2021년 말 기준 은행권 대출 상품의 분할상환 비중은 54.9%이고, 만기 일시상환 비중은 45.1%를 차지했다. 신용대출의 경우에도 분할상환 비중은 12.1%에 그쳤고, 만기 일시상환 비중은 87.9%나 됐다.

일시상환 대출 구조는 일종의 풍선식 상환balloon payment 대출 상품으로 볼 수 있다. 처음에는 풍선의 바람구멍처럼 이자만 조금씩 내지만, 나중에 원리금 부담이 확 늘어나면 소득 여력이 좋지 않은 사람은 어려움을 겪게 된다. 집값이 오를 때는 별 문제가 없지만 집값이나 경기가 급락하면 상환하지 못하는 사람들이 속출한다. 2008년 미국의 금융위기 당시 연체율이 40%에 육박했던 대출 상품 중 하나가 풍선식 대출 상품인 옵션ARMAdjusted Rate Mortgage이었다. 이 대출 상품은 매월 이자는 2~3%대의 저금리로 내면서 미상환 이자는 모기지 원금에 가산되도록 해 원리금 상환을 계속 미루는 선택권을 줬다. 부동산 투기 열풍이 불면서 많은 이들이 감당 못 할 빚을 빌려 주택 매수에 나섰다가, 집값이 하락하면서 큰 낭패를 봤다. 이후 미국 정부는 원리금을 함께 상환하는 모기지 대출 외에는 취급할 수 없도록 했다.

국내에서는 이 같은 풍선식 상환을 주택담보대출에서는 45%, 신용대출에서는 88%가량이나 선택하게 한다. 일시상환을 선택한 이들의 경우 주택시장 침체가 지속되면 주택을 쉽게 처분하기도 어려워지면서 상환이 어려워질 수도 있다.

DSR 규제에 따라 일시상환 대출을 했더라도 1년 후부터는 원금의 일정액을 상환해야 하는 규모가 점점 커진다. 금융 당국에서는 분할상환을 취급하는 금융권에 정책 모기지론(적격대출, 디딤돌대출, 보금자리론 등)을 더 많이 배정하는 등 미온적인 유인책을 쓰지만, 은행 간 대출자 확보 경쟁이 치열한 상황에서 큰 영향을 미치지는 못한다. 만기 일시상환 대출은 단순하게 유인을 제공하는 수준에 그치지 않고, 일정 기간 동안 로드맵을 정해 금융업체별로 축소하면서 장기적으로 사라지도록 해야 한다. 예를 들어 5년 동안 각 금융업체별로 분할상환 비중을 60%→70%→80%로 올려서 100%를 달성하게 하는 것이다. 하지만 어떤 이유인지 금융 당국은 시늉만 할 뿐 본격적인 개혁에 나설 움직임을 보이지 않고 있다.

두 번째 문제는 바로 변동금리 대출 구조다. 그림 2-8에서 보듯이 2021년 말 기준으로 예금은행 가계대출의 77%가량이 변동금리다. 일반적으로 저금리 시기에는 변동금리 대출의 이율이 낮기 때문에 소득 여력이 부족한 사람들이 저금리가 지속되는 흐름이라고 의식해 변동금리 대출을 선택하는 경우가 많다. 하지만 변동금리 대출은 금리가 급격히 오르는 시기에는 연체 가능성이 높아진다. 실제로 그림 2-9에서 보는 것처럼 2008년 금융위기 당시 대출의 90%가량이 변동금리여서 문제가 된 적이 있었다. 이후 고정금리 대출 비중을 늘리는 방향으로 정책이 시행되어, 한때 신규 취급액 기준으로 50%, 잔고 기준으로 65% 수준까지 변동금리의 비중이 줄어들기도 했다. 하지만 부동산 가격이 급등할 때마다 당장의 이자 부담을 줄이려고 변동금리를 선택하는 대출자들이 증가해 이 비율은 여전히 높은 상태다. 대출자들의 연체 리스크를 줄이고 상환 능력을 넘어서는 과도한 대출을 막기 위해서는 가급적 고정금리로 유도해야 한다. 금융 당국은 이런 방향을 더 강하게 잡고 당근과 채찍을 써야 한다.

세 번째 문제적 환경은 선분양제다. 선분양제에서는 약간의 매수금만 있어도 큰 레버리지를 일으켜 아파트를 분양받을 수 있다. 이 때문에 자금 여력이 충분하지 않은데도 무리하게 빚를 내서 아파트 매수에 나서게 하는 환경이 조성된다. 자금 여력이 안 되는 사람들까지도 아파트 청약이

그림 2-8 : 예금은행 가계대출의 금리 종류별 비중
(잔액 기준)

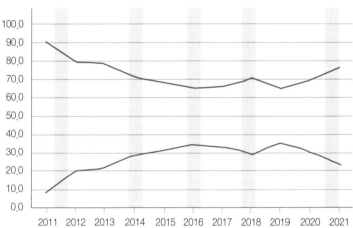

(%)

고정금리

변동금리

한국은행 자료를 바탕으로 선대인경제연구소 작성

**그림 2-9 : 예금은행 가계대출의 금리 종류별 비중
　　　　　　(신규 기준)**

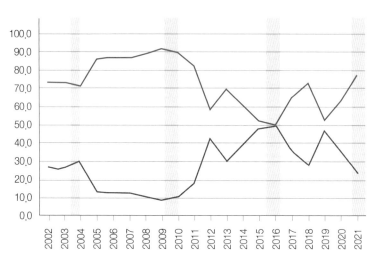

(%)

■■■ 고정금리
■■■ 변동금리

한국은행 자료를 바탕으로 선대인경제연구소 작성

대한민국 위기와 기회의 시간

가능하기 때문에, 분양시장을 중심으로 주택시장의 투기적 성향을 증폭시킨다. 거꾸로 주택시장이 식으면 무리하게 청약한 사람들이 계약을 중도 포기하면서 주택시장의 침체를 더욱 가속화한다.

왜 선분양제에서 대출이 늘어날 수밖에 없을까. 선분양제에서 청약에 당첨된 사람들은 보통 계약금의 20% 정도를 내고, 중도금을 5~6차례에 걸쳐서 나눠 낸 뒤 잔금을 내고 입주한다. 계약금만 내면 중도금은 건설업체가 시중은행과 연계해서 수분양자(주택 분양을 받은 사람)에게 알선해주는 집단대출을 이용해 납입하면 된다. 이런 구조에서 대부분의 사람들이 중도금은 집단대출을 활용하고 이자만 내면서 입주할 때까지 2~3년 정도를 기다린다. 그 사이에 분양받은 아파트에 프리미엄이 붙으면 중도에 팔거나(전매 제한이 없는 경우), 입주 후 집값 흐름을 봐가며 계속 살지 매도할지를 결정한다. 보통 주택시장이 달아오르면 당연히 아파트 청약 열풍이 분다. 이럴 때는 현 시점에서 주택 가격이 오르고 있으니 입주 시점인 2~3년 후에도 집값이 오를 거라고 예상한다. 2~3년 후에 더 비싸질 집을 선분양제에서 미리 싸게 살 수 있다고 생각하는 것이다. 기본적으로 매우 낙관적인 미래를 전망하면서 아파트 청약 대열에 참여한다. 때문에 무리한 대출로 분양받은 사람들의 경우 집값이 올라야 팔거나 그렇지 않으면 자신이 계속 보유하게 되는데, 이때 갑자기 부동산 경기가 꺾이면 수분양자들은 빚 부담에 짓눌리게 된다.

후분양제는 전 세계가 채택한 글로벌 표준이다. 선분양제는 이미 돈을 받은 상태에서 아파트를 짓기 때문에 후분양제에 비해 품질에 신경 쓰지 않게 된다. 공급자인 건설업체에 일방적으로 유리하고 주택 소비자에게는 불리하다. 그런데 왜 한국에서만 계속 선분양제가 유지되고 있을까.

선분양제는 1970년대 이후 개발주의 초기에 도시화와 수도권 집중화가 급격히 진행될 당시, 건설 자본이 취약한 상태에서 주택을 일시에 공급하기 위해 도입된 것이다. 그런데 이 선분양제가 너무 오랫동안 고착화됐다. 외환위기 이전부터 후분양제로 바꿔야 한다는 주장이 줄기차게 나왔지만 건설업체, 건설업체의 분양 광고가 필요한 언론과 이해 관련자는 선분양제를 옹호해왔다. 선분양제는 주택시장을 실수요가 아니라 투기적 가수요가 주도하는 시장으로 변질시키고, 정작 주택이 필요한 사람들의 청약 기회는 줄어들게 만든다. 적은 자금으로도 비싼 아파트를 사게 만든다는 점에서 50년 넘게 지속해온 선분양제는 그 자체가 갭 투기와 같은 속성을 지닌다. 집을 사는 데에 필요한 레버리지의 60%까지 금융업체에서 빌릴 수 있기 때문이다. 이제는 주택을 공급할 건설 자본이 취약한 것도 아니니 주택시장의 투기성을 강화하는 제도를 바꾸어야 한다. 집은 평생 사는 물건 중에 가장 비싼데, 당연히 완공된 상태에서 그 아파트의 품질과 가격대를 검증해볼 수 있어야 한다.

가계부채를 잡기 위해서는 문재인 정부 후반에 시작된 DSR 규제를 차주별로 더욱 강력하게 시행해야 한다. 현재의 DSR 규제에서는 원래 취지와는 달리 전세자금대출, 개인사업자대출, 중도금대출 등의 항목을 제외했다. 이렇다 보니 정책 당국이 주택담보대출과 신용대출의 고삐를 조여도 풍선 효과처럼 다른 부문의 대출이 늘어나며 정책 효과를 무력화시킨 것이다. 이 공간을 비집고 영끌족이 주택 과매수에 나서고 갭 투기가 극성을 부리면서 부동산 가격이 폭등했다.

DSR 규제는 기본적으로 돈을 빌리려는 사람의 모든 대출에 대해서 소득과 상환 능력을 따져서 그 한도를 정하기 때문에, 엄격하게 실행하면 보편적인 대출 규제가 될 수밖에 없다. DSR 규제를 하지 않으면 기존의 주택담보대출 규제로는 한계가 있다. DTIDebt to Income(총부채 상환 비율)은 주택담보대출 건별로 대출자의 소득 대비 원리금 상환 부담만 따지게 된다. LTV도 대출 한 건당 주택 가격 대비 대출금의 비율을 따진다. 그러나 주택담보대출은 기본이고, 각종 신용대출 및 부모나 친지 찬스, 개인사업자나 법인 명의의 대출까지 추가로 받는 상황에서는 이와 같이 건별로, 담보물의 가치만 따지는 식으로는 부채 규모를 제대로 관리하기 어렵다.

DSR 규제를 제대로 해나갔어야 하는 이유는, 그간 초저금리와 과잉 유동성 상황이었기 때문이다. 시중에 유동성이 풀려 있는 상황이라 부동산시장에 돈이 몰릴 가능성이 높았다면 이 유동성 불안에 대응하기 위해 강력한 대출 규제가 필요했다. 2021년에 기준금리 인상과 함께 DSR 규제를 강화하자 주택시장 과열이 빠르게 진정됐다. 비슷한 시점에 이뤄진 기준금리 인상 효과도 있었겠지만, DSR 규제의 효과가 상당 부분 작용했을 가능성이 높다.

DSR 규제를 그나마 뒤늦게라도 도입해 투기 열풍을 잠재운 상황에서 윤석열 정부가 이 규제의 취지를 훼손하는 우회적 방법을 양산한다면 매우 위험한 일이 발생할 가능성도 있다. 이미 가계부채가 늘었고 앞으로 금리가 오를 수밖에 없기 때문이다.

가계부채가 매우 위태롭게 늘었음에도 2008년 금융위기 이후 큰 타격이 없었기에 괜찮다는 주장이 있다. 금융부채보다 금융자산이 더 많기 때문에 국내 가계부채가 별 문제 없다는 주장이 대표적이다. 정부나 언론도 가계의 자산 규모가 부채 규모보다 커서 괜찮다고 주장한다.

부채는 대부분의 경우 확정된 채무인데 반해 자산, 특히 부동산과 같은 실물자산은 가격이 오르내린다. 가격이 오르면 문제가 없는데, 내리면 부채가 과도한 가계는 문제가 생긴다. 부동산 거래 침체기에는 유동화하기도 어렵다. 따라서 가계가 부채를 갚기 어려운 상황이 발생하면, 단순히 자산이 많다고 해서 문제가 없다고 보기는 어렵다. 만약 정부 주장대로라면 기업이나 금융업체가 많은 토지나 설비를 보유하고도 부도를 맞거나 파산하는 일은 없었을 것이다. 미국, 일본, 영국, 이탈리아 등에서는 모두 자산 버블이 붕괴하면서 금융위기를 겪었다. 더구나 한국의 경우는 금융자산과 순금융자산 대비 부채의 규모가 다른 나라보다 큰 편이기 때문에 훨씬 나쁜 상황이다.

OECD 주요국들을 살펴보면 가계는 금융자산이나 순금융자산에 대비해서 가계부채의 비율이 낮다. 즉 금융자산이나 순금융자산이 금융부채보다 몇 배나 더 많다. 반면 한국은 금융자산 또는 순금융자산 대비 금융부채 비율이 다른 나라보다 평균 2~3배 이상 높고, 게다가 가계의 자산이 실물자산에 극단적으로 편중되어 있다. 부동산 등 실물자산은 경기

그림 2-10 : 주요 국가 금융자산 대비 금융부채 비율

(%)

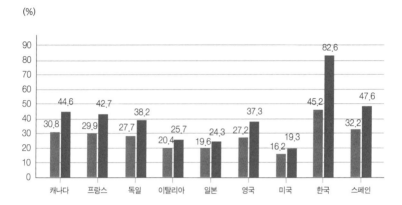

■ 금융자산 대비
■ 순금융자산 대비

한국은행 자료를 바탕으로 선대인경제연구소 작성

가 악화되면 현금화하기 어려운 경우가 많기 때문에 한국 가계들은 부채 위기에 매우 취약하다. 과거 한국보다 금융부채 대비 금융자산 비율이 더 높은 나라도 자산 버블 붕괴로 인한 위기를 피하지 못했는데, 한국만 괜찮다고 단정하기 어렵다.

가계부채가 대부분 고소득층에 집중되어 괜찮다는 주장도 있다. 역대 한국은행 총재나 주요 금융 당국자들이 이 논리를 되풀이해왔다. 2008년 금융위기가 일어났을 때의 미국과 비교해보자. 당시 미국도 소득 최하위와 최상위의 부채 격차가 컸다. 서브프라임 모기지론 사태가 터지기 직전인 2007년, 미국 연준의 조사 결과에 따르면 중앙값 기준으로 하위 20%는 부채가 9,000달러, 상위 10%는 23만 5,000달러, 상위 10.1~20%는 18만 2,500달러였다. 상위 20%의 중앙값은 20만 8,000달러 정도로 추측해볼 수 있다.

2021년 한국의 경우 중앙값은 하위 20%가 2,000만 원, 상위 20%가 1억 4,150만 원으로 나타난다. 이렇게 보면 부채의 상하위 격차가 한국은 7.1배인데 비해 2008년 금융위기 당시 미국은 23.1배로 오히려 미국의 격차가 훨씬 크다. 즉, 미국은 부채의 대부분이 한국보다 훨씬 더 고소득층에 몰려 있었고, 소득 대비 부채 상환액의 비율이 한국보다 더 낮았다. 이런 미국의 경우에도 부채 위기의 충격을 피하지 못하고 위기를 맞았다. 따라서 고소득층에게 부채가 몰려 있으니 괜찮다는 논리는 성립하기 어렵다.

미국은 한국보다 훨씬 더 고소득층에 부채가 몰려 있었는데도 심각한 금융위기를 겪었다. 위기는 항상 '약한 고리'를 도화선 삼아 발생하면서 화약고인 전체로 옮겨 붙는다. 미국의 경우 저소득층에 대한 비우량 대출이었던 서브프라임론이 '약한 고리'가 됐다. 여기에서 부실이 시작돼 전체 금융권과 전 소득 계층의 부실로 이어졌다. 부채가 과도하게 많은 경우에는 소득 여부와 상관없이 위기를 겪게 된다.

한국의 경우 고소득층 중에서도 부채가 많은 가구들이 한쪽으로 쏠려 있는데, 이들이야말로 위기 시 대응 자산이 부족하다. 과거 자료이긴 하나 2013년 하반기에 발간된 한국은행의 「금융 안정 보고서」에는 상위 20% 가구 가운데 부채 보유 여부에 따라 자산 규모를 비교한 데이터가 공개되어 있다. 이 보고서에 따르면 상위 20%인 5분위 가구 가운데 약 4분의 3가량이 부채를 보유하고 있었다.

이들 5분위 가구가 가진 자산의 대부분은 부채가 없는 가구에 더 많이 몰려 있다. 우선 5분위 안에서 미부채 가구의 실물자산 보유액이 부채 가구보다 평균 1.4배가량 높은 것으로 나타난다. 즉, 고소득층 가운데서도 부채가 없는 가계의 실물자산 규모가 더 크다. 소득 5분위 가운데서도 부채가 없는 가구가 부채 가구보다 평균 금융자산 규모가 약 3.1배나 적다.

이를 정리해보면 고소득층 가운데서도 부채가 없는 가구는 금융자산과 실물자산이 많은 '알부자' 유형이라고 할 수 있지만, 부채를 진 가구일수록 유사시 부채를 갚을 자산, 특히 금융자산이 별로 없다는 점에서 '부채 부자'라고 할 수 있다.

가계부채 폭탄이 터지는 상황에서는 고소득층이라고 해도 당장 위기를 벗어날 자금을 소득에서 확보하기 어렵다. 한 달 월급이 1,000만 원이라고 해서 당장 갚아야 할 수억 원의 빚을 다 갚을 수는 없기에, 실물자산이나 금융자산으로 부채를 갚아야 하는 상황에 내몰릴 가능성이 높다. 그런데 한국의 경우 고소득층 가운데 부채가 많은 가구들은 이같이 대응할 금융자산이 적다. 고소득층이라 해도 10~20%의 사람들이 부채를 감당하지 못해 이것이 도화선이 되어 부동산 가격이 하락하고. 연쇄적으로 가계부채가 부실화될 수 있다. 따라서 고소득층에 부채가 몰려 있으니 안전하다는 주장은 안이한 생각이다.

집값이 떨어지면 어떤 일이 발생할까. 그간 정부는 현재 LTV가 2022년 1분기 기준으로 38.7%(비은행권은 약 61%)이기 때문에 집값이 하락해도 큰 문제가 없다고 주장해왔다. 부동산과 주식 등 자산시장은 일부의 자산이 거래되면서 전체 가격이 결정된다. 과도한 부채를 감당하지 못하는 일부 가계의 투매(던지듯이 판다. 공포가 지배했을 때 투자자들이 주식을 헐값에 다 팔아버리는 것을 뜻한다)가 일어나면 이 투매 가격이 전체 자산 가격을 결정하게 된다. 현재는 집값이 한껏 올라 있는 상태이기 때문에 평균 LTV가 낮게 유지되고 있지만, 집값이 급락하면 평균 LTV는 빠르게 올라갈 수 있다.

특히 평균 LTV가 양호하다고 해도 높은 LTV 구간의 차주 비중이 높으면 안심하기 어렵다. 2022년 6월 한국은행의 「금융 안정 보고서」에 따르면 은행권의 LTV 구간 60%대 이상 차주가 9.8%에 이르렀고, 비은행권의 경우에는 60%대 이상 차주의 비중이 47%에 이르렀다. 비은행권의 경우에는 이렇게 집값이 사상 최고 수준인데도 이미 높은 LTV 구간의 대출 비중이 지나치게 높은 편이어서 향후 부동산 가격이 급락하거나 하락세가 장기화하면 상당히 큰 위험에 노출될 수 있다. 은행권의 경우 LTV

구간이 높은 차주의 비율이 현재로선 크게 높은 편은 아니어서 채권이 부실화할 위험은 상대적으로 낮다.

그런데 현재 LTV의 맹점 중 하나는 가계부채이자 주택 매수의 레버리지로 사용되는 전세보증금을 고려하지 않은 것이라는 점이다. 앞서 소개했던 경기도 화성 동탄 지역의 아파트 단지에서 2019년 이후 거래가액이 기록된 78가구 추정 전세금과 추정 대출액을 합산한 금액이 집값에서 차지하는 비율(이를 편의상 LTV2라고 하자)이 100%를 넘는 가구 수가 14가구(17.9%), 80~100% 미만 가구도 15가구(19.2%)였다. LTV2가 80% 이상인 가구가 조사 대상 가구 수의 37.2%나 되는 셈이다. 금융권 연체율이 높아질 가능성이 높은 상태라 안심할 수 없는 상황이다.

이 밖에도 은행 연체율 등 부실채권 비율이 아직 낮아서 괜찮다는 주장도 있다. 이 또한 잘못된 판단이다. 코로나 시기를 거치며 국내 은행의 부실채권 비율이 역대 최저 수준을 기록한 것은, 정부가 2021년 4월부터 코로나 피해 지원 명목으로 중소기업과 중소상인의 대출 원금 상환을 만기 연장해주거나 이자 상환 유예를 실시한 영향이 크다. 물론 가계부채 문제가 한순간에 터지지 않을 수도 있다. 빚으로 집을 산 사람들도 집값이 떨어지지 않는다면 어떤 식으로든 은행 연체율을 부여잡고 있게 된다. 무엇보다 은행 연체율과 부실채권 비율은 '후행성 지표'이다. 사태가 터지고 난 다음에 결과로 나타나는 지표라는 것이다. 2008년 금융위기 때를 보면 연체율은 부동산시장 침체가 시작되고 3~4년이 지나서야 오히려 더 나빠졌다는 점을 기억해야 한다.

무엇보다 큰 관점에서 금리가 올라가면 코로나 직격탄을 맞은 저소득층의 경우 이자 부담이 더 늘어나고, 취약 계층의 부실화가 빠르게 진행될 수 있다. 엄청난 가계부채 앞에서 위기의 트리거가 될 요소들은 여러 군데에 도사리고 있다.

부채는 자영업자 대출과 기업부채 문제도 함께 연결된 문제다. 그러나 결국 부채 위기의 핵심은 부동산과 연계된 가계부채다. 3부에서 가계부채 증가를 기반으로 부동산시장 흐름이 어떻게 전개되었고, 앞으로 어떻게 흘러갈 것인지를 살펴보자. 향후 가계부채 문제를 해소하고 서민 주거 안정을 도모할 부동산 정책의 큰 틀에 대해서는 3부 끝에 정리하겠다.

가계부채 문제, 어떻게 해야 하나

국내 가계부채 문제는 시간이 갈수록 매우 빠른 속도로 악화되고 있다. 전 소득 계층에게 영향을 줄 거대한 폭탄이다. 부채 다이어트를 시작해야 한국 경제가 새로운 사이클에 대응할 수 있다. 이 심각한 가계부채 문제를 어떻게 해결해야 할까.

우선 정부가 자신의 임기 안에만 무탈하면 된다는 태도를 벗어나, 부동산시장의 거품을 점진적으로 해소하고 가계부채 다이어트를 적극적으로 유도하는 정책을 시행해야 한다. 지금처럼 소수 재벌 대기업 중심의 경제정책이 아니라 일반 가계가 물가 부담을 덜 수 있도록, 인위적인 고금리 정책을 시정해야 한다.

또한 불요불급한 재정 지출을 줄이고 대신 일반 가계의 생활 수준을 실질적으로 끌어올리는 재정 지출로 전환해야 한다. 하우스푸어 대책도 필요하다. 그러나 하우스푸어 대책이 부동산 다주택 투기자나 건설업체를 지원하는 정책이 되면 안 된다. 공공 재원을 이용해 서민 가계를 대상으로 재무 상담과 컨설팅을 실시해 가계의 부채 조정을 적극적으로 유도해야 한다. 그 과정에서 파악된 실태를 바탕으로 세부적인 맞춤형 가계부채 악화 방지 대책을 만들어야 한다. 유지할 수도 없고, 더 이상 유지해서도 안 되는 부동산 거품을 위해 국가 재원을 쓰기보다는, 장기 침체로 고통받을 저소득 계층의 경제적 충격을 줄이는 사회 안전망 확충 등에 사용해야 한다.

3. 부동산 공화국은 어디로

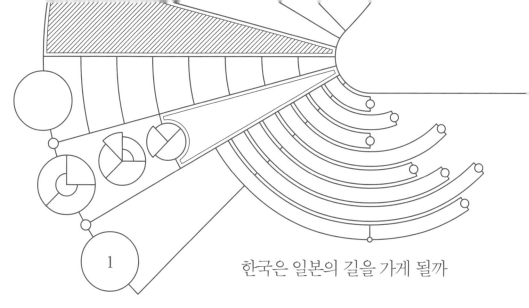

1

한국은 일본의 길을 가게 될까

풍경 1 : 플라자 합의와 일본 경제의 파산

석유 1, 2차 파동으로 발생한 높은 인플레이션이 1980년까지 이어지자 미국은 폴 볼커 연준의장의 지휘 아래 금리를 대폭 인상했다. 인플레이션은 가까스로 잡았지만, 가파른 금리 인상의 여파로 달러 가치가 크게 치솟는 '강달러 현상'을 경험하게 됐다. 미국 다음으로 경제 규모가 컸던 일본, 독일, 프랑스, 영국 4개국 합산 통화 가치에 비해 약 50%가량 달러 가치가 상승한 것이었는데, 이는 1980년부터 1985년까지 이어졌다. 강달러 현상에 따라 미국 소비자의 대외 구매력은 크게 올랐고 수입이 늘자 이는 곧 엄청난 무역적자로 이어졌다. 높은 인플레이션과 무역적자로 초래된 경기 침체를 극복하기 위해 미국 정부는 막대한 재정 부양책을 동원했지만 이후에 재정 적자까지 야기해 이른바 '쌍둥이 적자twin deficits(한 국가 내에서 경상수지 적자와 재정수지 적자가 동시에 일어나는 현상)'에 시달리게 됐다.

당시 일본은 세계 제2위 경제 대국으로 부상 중이었다. 달러에 대비해 엔화가 약세한 상태에서 가격 경쟁력까지 확보한 일본이 미국 자동차시장과 가전시장을 대대적으로 공략하자, 불황에 빠진 미국 산업계는 로비에 나섰다. 반면 미 의회는 대규모 보호무역 조치를 취하기 시작했다. 자유무역을 선호했던 미국 레이건 행정부는 이 같은 보호무역주의를 선호하는 정치적 압력을 회피해야 하는 상황이었다.

미국 정부는 당시 G5 국가들과 외환 정책을 공조해 달러 가치를 인위적으로 떨어트리려고 했다. 미 의회의 강력한 보호무역 조치를 회피해야 하는 일본과 독일 등 다른 4개국은 결국 이 합의에 참여했는데, 이것이 1985년 9월 22일 미국 뉴욕 플라자호텔에서 G5 재무장관과 중앙은행 총재들 사이에 합의된 '플라자 합의'다. 플라자 합의는 2년 후부터 서서히 효과를 드러내 미국 제품의 대외 가격 경쟁력이 개선되고 무역적자가 축소되기 시작했다.

플라자 합의 후 일본에서는 정반대의 문제가 나타나기 시작했다. 이른바 '엔고 불황'이 찾아온 것이다. 당초 G5 국가들은 플라자 합의를 통해 달러 가치를 10~12%가량 떨어트리는 것을 목표로 했다. 거꾸로 보면 일본 엔화를 포함해 다른 4개국의 통화 가치를 달러에 비해 10~12%가량 절상하는 게 목표였다. 그런데 엔화 가치는 2.5배 이상 과격하게 절상됐다. 일본의 수출 경쟁력은 급격히 떨어졌고, 수출에 막대한 타격을 입었다. 이 여파로 일본의 경제 성장률은 1985년 5.2%에서 이듬해인 1986년에는 3.3%로 뚝 떨어졌다.

일본은 경기 하락을 막기 위해 금리 인하를 강력히 추진했다. 그림 3-1에서 보는 것처럼 일본 중앙은행인 일본은행은 1986년부터 기준금리를 빠르게 인하했다. 5%이던 금리가 2.5%까지 내려가 1989년 초까지 유지됐다. 이미 1980년대 초부터 인플레이션이 발생해 기준금리를 9%에서 5%까지 내린 상태였는데 다시 반 토막 수준으로 인하한 것으로, 파격적인 저금리 정책이었다. 플라자 합의에 참여한 국가들은 일본이 경기 부양 조치를 시행하길 원했다. 일본이 높은 경제 성장률을 계속 유지해야 달러에 비해 엔화 가치가 올라가고, 다른 나라로부터 수입을 늘릴 수 있을 것이라고 생각했기 때문이다.

'엔고 불황'에 대응한 일본의 정책은 불균형이 심했다. 경기 하락에 대응하기 위해서는 보통 재정 확대와 통화 완화 정책을 함께 사용한다. 당연히 당시 일본도 이 2가지 정책을 적절히 조합해 경기를 촉진할 수 있었다. 그런데 일본은 통화 정책에만 지나치게 기대서 매우 과격한 금리 인하를 단행했고, 지나치게 오래 저금리를 유지했다. 당시 일본과 함께 미국의 집중적인 통화가치 절상 압력을 받았던 독일(당시 서독)의 경우와 비교해보자. 그림 3-1에서 보는 것처럼 독일은 플라자 합의 다음 해인 1986년 3월에 기준금리를 4.0%에서 3.5%로 한 차례 인하하는 데에 그쳤다. 이어 1987년 1월에 3.0%, 1987년 12월에 2.5%로 인하한 뒤 1988년 7월에는 3.0%로 금리를 인상했다. 바로 다음 달인 8월에는 3.5%, 몇 달 뒤인 1989년 1월에는 4.0%로 올린 데에 이어 같은 해 10월까지 6.0%

그림 3-1 : 독일과 일본의 금리 추이(1985~1991년)

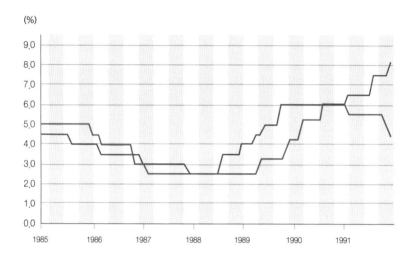

(%)

일본

독일

일본은행과 독일연방은행 자료를 바탕으로 선대인경제연구소 작성까지 금리를 올렸다.

　반면 일본은행은 5.0%이던 기준금리를 1986년에만 네 차례 인하해 3.0%까지 낮췄고, 1987년 2월에 2.5%로 다시 낮췄다. 부동산 가격이 폭등하고 한참 지난 1989년 5월까지 이 수준을 계속 유지했다.

　또한 '대장성'이라고 불리던 일본 재무성은 이해하기 힘들 정도로 재정 건전성에 지나치게 집착했다. 일본 재무성은 1986년에 일본은행을 압박해 기준금리를 네 번이나 인하하게 하면서, 같은 해에 편성한 1987년 예산안은 전혀 늘리지 않았다. 이는 32년 만에 전년 대비 가장 보수적인 예산 편성이었다. 그 결과 GDP 대비 정부부채 규모도 1986년 42.9%에서 1990년 38.5%로 오히려 줄어들었다. 심지어 1990년에는 재정 적자를 메우기 위해 새로 국채를 발행하지 않아도 되는 상황을 맞이했다. 일본 재무성이라는 정부 부처의 관점에서 보면 재정 관리는 대성공이었다.

　그러나 일본 사회 전체는 재무성이 지킨 재무 건전성이라는 가치가 보잘 것 없어 보일 정도로 막대한 사회경제적 비용을 치렀다. 재정 확대에는 극도로 인색한 반면 과도하게 낮은 금리를 오랫동안 유지한 탓에 심각한 부동산 거품이 발생한 것이다. 많은 기업과 가계가 앞다퉈 부동산 투자에 나섰는데, 특히 기업들이 나서서 상업 지역의 업무용 부동산을 사재기했고 상업지 부동산 가격이 큰 폭으로 올랐다. 도쿄 시내의 지가는 1985년부터 1989년까지 무려 3배나 상승했다. 불붙기 시작한 부동산 투기 열풍은 식을 줄을 몰랐고, '일본 부동산 가격은 절대 떨어지지 않는다'는 '부동산 불패신화'가 계속됐다. 시간이 갈수록 각종 금융업체들도 대출에 열을 올렸고, 이렇게 대출을 끌어다 기업과 가계는 다시 부동산과 주식에 투자했다. 기업이 확보한 부동산 가치가 올라가자 주식시장에 상장된 기업의 가치도 계속 고평가되면서 천정부지로 치솟았다. 1989년 일본의 부동산 가치는 미국 본토 부동산 가격의 4배까지 치솟았고, 일본 주식시장은 전 세계 상장 기업들 가치의 42%를 차지하는 수준까지 올라갔다. 특히 일본 기업들은 엔화 가치가 높아진 상황을 이용해 미국의 주요 도심 부동산까지 터무니없이 높은 가격에 사들였다.

부동산 가격이 폭등으로 자산 양극화가 심화되자 버블 경제를 걱정하는 여론이 커지기 시작했다. 드디어 전국적으로 부동산 가격이 오를 만큼 오르자 거래량이 급감하면서 도쿄 핵심부를 필두로 1989년 후반부터 순차적으로 부동산 가격이 정체기에 접어든다. 결국 일본 정부도 통화량을 억제하고 금리를 올리는 한편, 토지 거래에 매기는 세금을 올리고 부동산 관련 융자를 규제했다.

또한 1980년대 후반부터 미 연준이 금리를 인상하면서 세계적으로 통화긴축 기조로 전환되자 일본은행도 금리 인상의 압박을 받게 됐다. 일본은행이 2.5%로 기준금리를 낮춘 지 2년 3개월 만인 1989년 5월에 기준금리를 0.75%p 오른 3.25%로 끌어올리자, 부동산시장에 매물이 쏟아지기 시작했다. 그러나 투기 열풍은 쉽게 꺾이지 않았다. 일본은행은 1990년 8월까지 기준금리를 6.0%까지 끌어올렸다. 결국 높은 금리로 부동산 가격은 가라앉기 시작했고, 일본 기업의 부동산 부실 문제가 갈수록 심각해지면서 1993년 무렵부터 일본 부동산시장은 폭락 기로에 놓였다. '잃어버린 수십 년'의 문턱에 들어서게 된 것이다.

"의원님은 (곳간에 곡식을) 쌓아 두고 있다고 하는데, (사실은) 비어
가고 있다."

2021년 9월 6일 국회 예산결산 특별위원회 종합정책질의에서 홍남기 전
경제부총리가 한 발언이다. 재정 건전성이 탄탄하니 지금 곳간을 풀어서 코
로나로 어려운 국민들에게 써야 하지 않느냐는 질의에 대한 답변이었다.

문재인 정부의 최장수 경제부총리이자 코로나 시기에 경제 사령탑 역
할을 했던 홍남기 전 부총리는 재정 건전성 확보를 신줏단지 모시듯이 했
다. 기득권 언론은 코로나 시기에 재정 건전성이 무너지고 정부부채가 급
증한다면서, 재난지원금 지급 등에 예산이 쓰이는 것을 질타했다.

문재인 전 대통령은 홍남기 전 부총리가 재난지원금 지급 문제와 관련
해 정세균 전 국무총리와 이견을 보일 때도 "경제 사령탑으로서 총체적
역할을 잘하고 있다"며 힘을 실어줬다. 이낙연 의원이 민주당 대표로 재
임할 당시에는 재난지원금 지원 등과 관련해 이견 없이 자신의 뜻을 관철
했다. 결국 문재인 정부와 당시 여당이었던 민주당은 홍남기 전 부총리가
주도하는 정책 기조에 따른 것이다.

대신 한국은 다른 나라 못지않게 금리를 낮추며 가계가 빚을 마음껏 끌
어 쓰도록 했다. 한국은 코로나 사태 이전까지도 이해하기 힘들 정도로
저금리 상태를 오랫동안 유지했다. 문재인 정부 출범 전부터 1.25%이

던 기준금리는 문재인 정부가 들어선 이후 2017년 11월 1.5%, 2018년 11월에 1.75%로 인상하는 데에 그쳤다. 미국이 2016년 12월부터 지속적으로 연준금리를 올려 급기야 2017년 11월 한미 간의 금리가 역전돼 2019년 3월부터 2.25~2.50%까지 올린 뒤에도 한국은 1.75% 수준을 고수했다. 그러다 2019년 들어 미중 관세전쟁으로 미국 경기가 악화하면서 미 연준이 기준금리를 내리자, 한국도 일본의 수출 규제를 빌미로 재빨리 1.25%까지 인하했다.

박근혜 정부 후반기의 '빚내서 집 사라' 정책 이후 이해하기 힘든 수준으로 저금리를 지속한 것이 계속 국내 집값을 불안하게 만들었다고 할 수 있다. 그런데 코로나 사태가 터지자 한국은행은 2020년 3월에 0.75%, 5월에 0.5%까지 기준금리를 내려 이를 2021년 8월까지 유지했다. 이렇게 금리가 하락하며 2019년 하반기부터 다시 뛰기 시작했던 집값은 코로나 시기를 맞아 치솟기 시작했다. 이런 상황에서 집값 급등에 따라 전세가도 따라 오르자 전세자금대출을 지속적으로 확대했다. '실수요자 지원'이라는 명목으로 청년과 신혼부부를 중심으로 대출 규제를 대폭 완화하면 결과적으로 집을 사도록 부추기는 꼴이 된다. 여기에 더해 금융위원회는 영세 소상공인을 대상으로 1.5%의 정책금리로 대출이 가능하도록 하고 중소기업, 소상공인, 취약 가계를 대상으로 한 원금 상환을 계속 유예했다.

한국은 코로나 사태로 경제적 타격을 적게 받은 나라 가운데 하나다. 제조업 중심의 한국 기업들은 2020년 하반기부터 본격적으로 실적을 회복하기 시작해 2021년에는 사상 최대 실적을 기록했다. 경제성장률은 2020년 1분기에 −1.3%, 2분기에 −3.0%로 하락했으나 3분기부터

2.3%, 4분기 1.2%로 연간 성장률로 환산했을 때 5%대가 넘는 성장률을 기록했다.

물론 대면 서비스업 중심의 중소상공인은 큰 타격을 입었다. 이런 경우에는 미국, EU, 일본 등 선진국처럼 재정을 동원해 충분히 보상하고, 대신 경기가 코로나 사태 이전을 능가할 정도로 좋아졌기 때문에 2020년 4분기 정도부터 기준금리를 빠르게 올렸어야 했다. 그런데 사상 최저 수준인 0.5% 기준금리를 2021년 8월까지 유지했다. 한국은행은 미국보다 선제적으로 기준금리를 올렸다고 주장하지만, 각국의 경기와 소비자물가 상황을 염두에 둔다면 한국은행의 기준금리 인상은 매우 지연된 것이다.

초저금리 상황에서 금융위원회와 국토교통부는 정책금리를 통해 추가로 금리를 낮춰주며 빚을 내서 투자하고, 빚을 내서 집을 사게 만들었다. 특히 정부의 '실수요 지원' 정책의 대상이 된 2030세대는 정부의 대출 지원과 전세자금대출 등으로 폭등한 전세가를 이용해 영끌 투자와 갭 투기에 대거 나섰다.

대다수 언론은 초저금리와 과잉 유동성이라는 근본 원인은 등한시하고, 주택 공급 부족 때문에 집값은 계속 오를 수밖에 없다는 주장을 펼치며 영끌족의 불안과 탐욕을 부추겼다. 부동산 가격 상승 흐름 속에서 각종 논리로 부동산 투기를 선동하는 사람들이 방송에 출연하고, 유튜버들이 갭 투기 비법을 전수하며 국민 대다수가 부동산 작전 세력처럼 움직였다. 이 결과 수도권 집값은 코로나 시기에만 약 60% 이상 치솟았다. 집값이 바닥이었던 2013년과 비교하면 수도권 전체로는 약 2.2배, 서울 지역은 약 2.5배 수준으로 올랐다.

플라자 합의 이후 일본 정부와 코로나 사태 이후 한국 정부의 대응은 묘하게 닮았다. 두 나라의 재정 담당 부처가 재정 건전성에 집착하며 무분별한 통화 완화 기조로 대응한 결과, 부동산 투기 열풍을 불러 부동산 거품이 잔뜩 부풀어 오른 것도 같다. 일본은 1991년부터 부동산 가격이 조정되기 시작해 몇 년간에 걸쳐 거품이 꺼지며 복합 불황에 빠졌다. 또한 거품 붕괴의 끝자락에서 생산 가능 인구의 급감과 고령 세대의 증가로 인한 인구 구조 충격을 맞이했다. 이 두 추세가 맞물리며 일본은 장기 불황의 늪에 빠졌다. 한국도 비슷하다. 지난 몇 년간 과도한 빚으로 미래 수요를 당겨 써버렸다. 부동산 거품으로 인해 인구 감소 충격을 지금까지는 거의 느끼지 못했지만, 이제는 핵심 주택 수요 연령대 인구가 감소 시기가 시작된다. 다른 점은 상업용 부동산을 중심으로 기업들이 투기에 적극 가담했던 일본과 달리, 한국은 가계의 주택 투기가 부동산 버블의 중심이라는 것이다. 그렇다면 앞으로 한국 부동산에는 어떤 앞날이 펼쳐지게 될까.

주택시장 사이클은 어디에 와 있나

한국의 부동산은 주택시장, 그 가운데서도 수도권 주택시장이 핵심이다. 수도권 주택 가격의 총액이 전국 주택 가격 총액의 약 75%에 이른다. 주택시장에서도 아파트가 투자 또는 투기의 핵심 대상이다. 현재 부동산시장이 어디까지 왔는지 확인하기 위해 아파트 가격 추이를 큰 흐름에서 살펴보자.

국내에서 가장 오래전부터 주택 가격 통계를 발표해온 '국민은행 가격지수'를 살펴보자. 그림 3-2에서 보는 것처럼 국내 주택 가격은 1986년 1월 이후 전국 기준으로는 4.67배, 전국 기준으로는 5.42배 정도 상승했다. 이렇게 보면 한국의 주택 가격은 일시적인 기복은 있을지언정 길게 보면 지속적으로 상승한 게 맞다. 하지만 여기에서 보는 것은 명목가격이다. 명목가격은 물가상승률을 반영하지 않고 나타낸 액면 그대로의 가격을 말한다. 1986년에 새우깡이 100원이었다가 지금 1,000원이라면 새우깡의 명목가격이 10배로 뛴 것이다. 하지만, 물가 상승률을 감안할 때 새우깡의 가치는 거의 뛰지 않았다. 이처럼 물가 상승률을 감안한 상대적 가치를 나타내는 것이 실질가격이다. 그림 3-3에서 아파트의 실질가격 추이를 보면 명목가격으로 볼 때와 다르게 주택시장의 사이클이 비교적 뚜렷하게 나타난다.

국내 주택 가격은 1987~1991년 초반까지 상승했다가, 이후 1997년까지 가격이 하락하다가 서서히 반등할 조짐을 보이고 있었다. 그러다가 외환위기를 맞으면서 바닥에서 지하실까지 곤두박질쳤다. 이후 수출 제조업을 중심으로 경제가 빠르게 회복하고, 당시 김대중 정부가 적극적인 부동산 부양책을 쓰면서 주택시장도 V자형 반등에 성공했다. 그리고 2003년까지 전국적으로 주택 가격이 폭등하는 흐름이 나타났다. 노무현 정부는 초기에 적극적인 부동산 투기 억제 대책을 썼고, 카드채 사태 등에 따른 경기 침체로 2004년 무렵 주택 가격은 잠시 주춤하기도 했다.

노무현 정부가 다시 부동산 부양책 기조로 돌아서고 당시 이명박 서울시장이 뉴타운 개발을 적극 추진하는 한편, 세계적인 유동성 완화 기조가

그림 3-2 : 아파트 명목가격 추이
(1986년 1월~2022년 5월)

(1986. 01.=100)

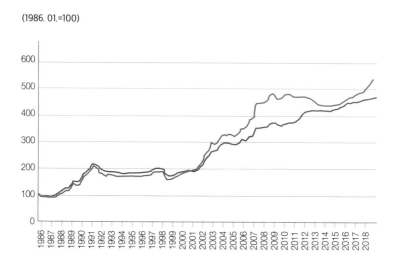

▬▬ 서울
▬▬ 전국

한국은행과 국민은행 자료를 바탕으로 선대인경제연구소 작성

대한민국 위기와 기회의 시간

그림 3-3 : 아파트 실질가격 추이
(1986년 1월~2022년 5월)

(1986. 01.=100)

■■■■ 전국
■■■■ 서울
■■■■ 한강 이남

한국은행과 국민은행 자료를 바탕으로 선대인경제연구소 작성이어지면서 2005~2006년 수도권을 중심으로 집값이 폭등했다.

이때의 특징은 수도권과 지방의 부동산 연동성이 약해지는 흐름이 나타났다는 것이다. 특히 2005~2006년 수도권 폭등 당시 서울 강남과 분당 신도시 등 '버블 세븐'이라고 불리는 핵심 지역이 주택 가격 상승을 주도했다. 이후 2007~2008년 상반기까지 버블 세븐 지역의 집값이 점차 하락하는 가운데 서울 강북의 노도강 3구(노원구, 도봉구, 강북구)와 경기 외곽 및 인천까지 주택 가격 상승세가 확산되면서, 전체적으로는 현재와 비슷한 부동산 스태그플레이션 현상을 보였다.

2008년 글로벌 금융위기 여파로 주택 가격은 그해 연말까지 실거래가 기준으로 25% 이상 급락했다. 이후 이명박 정부의 대대적인 부양책에 힘입어 수도권 주택 가격은 2009년 10월까지 반등했으나 다시 꺾이면서 2013년 하반기까지 내리막길을 걸었다. 반면 이 기간에 부산과 대구, 대전, 광주, 울산 등 지방 광역시를 중심으로 지방 주택 가격은 2~3년씩 돌아가며 순환 상승세를 보였다.

수도권 주택 가격이 바닥을 다지던 시기인 2014년 하반기부터 박근혜 정부의 '빚내서 집 사라' 정책이 본격화하면서 서울을 중심으로 주택 가격이 다시 상승세를 보이기 시작한다. 한국의 부동산시장을 조정해야 할 시기를 이때 1차로 놓친다.

이후 문재인 정부가 들어서 규제를 시도했지만 '핀셋 규제'로 불리는 미온적인 정책들이었고, 박근혜 정부 후반기 때부터 지속된 저금리 기조가 유지되면서 주택 가격이 수도권을 중심으로 불안한 움직임을 보였다. 2018년 지방선거 후에도 정부의 부동산 정책이 미온적인 수준에 그치는 가운데, 박원순 전 서울시장의 강북 지역 통합 개발안이 등장하면서 서울의 주택 가격은 급등했다.

문재인 정부는 부랴부랴 다주택자를 중심으로 대출 규제를 대폭 강화하는 '9·13대책'을 내놓았고, 마침 미 연준의 금리 인상 기조와 맞물리면서 서울의 주택 가격은 일시적으로 가라앉는 듯했다. 하지만 2019년 하반기부터 경기 둔화를 이유로 한국은행이 기준금리를 인하하고 금융위원회는 매수자의 주택담보대출을 저리고정대출로 전환해주는 '안심전환대출' 정책 등을 시행했다.

이에 주택 가격은 다시 반등하기 시작해 코로나 사태로 이어지면서 집값이 폭등했다. 이에 따라 아파트 실질 가격은 2021년 12월 전국 기준 181.4, 서울 기준 228.6, 서울의 한강 이남 기준 267.8로 정점을 찍었다. 2021년 7월 이후 DSR 규제를 강화하고 한국은행이 기준금리를 인상하기 시작하면서 집값은 잡히기 시작했다.

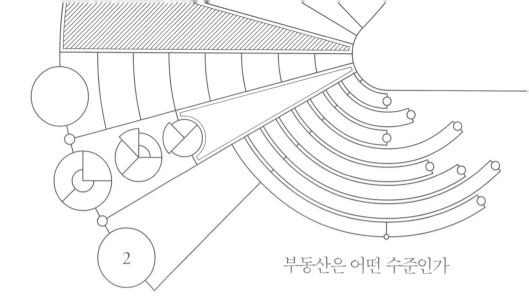

부동산은 어떤 수준인가

집값은 왜 올랐을까

한국의 부동산 가격은 어떤 상태인가. 여기서 실질가격이 중요하다. 어떤 물건이든 다른 물가가 오르는 만큼만 가격이 상승한다면, 기준 시점인 1986년의 주택 가격 수준인 100 전후에서 머무는 것이 정상이다. 181에서 267 정도까지 상승했다는 것은 그만큼 물가 상승률을 훨씬 상회했음을 의미한다.

이렇게 보면 부동산은 철저히 투자 대상이다. 투자 관점에서 부동산은 높은 매력이 있다는 것을 보여준다. 하지만 주택시장 사이클이라는 관점에서 다시 들여다보면 부동산의 실질가격이 큰 폭으로 올랐다는 것은 한 경제가 부담할 수 있는 수준에 비해 지나치게 값이 올라서 하락 압력이 커진다는 뜻이기도 하다.

소비자물가가 급등하면 경제 주체들이 자신의 소득과 자금 여력으로 부담하기 어려워지는 것과 마찬가지로, 평생 살아가면서 가장 큰 재화인 주택의 가격이 이렇게 지속적으로 상승한다는 것은 각 경제 주체들의 부담이 커진다는 것을 뜻한다. 실제로 그림 3-3에서처럼 실질가격이 급등한 다음에는 다시 5~6년에 걸쳐서 하락하는 사이클이 이어졌음을 확인할 수 있다. 따라서 실질가격 기준으로 전국과 서울, 한강 이남 지역의 집값이 이전 사이클의 바닥인 2013년 9월 수준으로 돌아가려면, 2021년 12월의 정점에서 각각 26.2%, 38.2%, 38.7%가량 하락해야 정상 범위에 도달하게 된다.

국민은행의 아파트 가격 지수는 부동산 중개업소가 입력하는 호가 위주로 작성돼 위로든 아래로든 주택 가격의 진폭이 상대적으로 작게 나타난다. 즉 주택 가격이 대체로 상승하는 흐름에서는 그 상승 폭을 제대로 반영하지 못한다는 뜻이다. 이보다는 2006년부터 정부가 아파트 실거래 사례를 바탕으로 집계하기 시작한 실거래 지수가 현실을 잘 반영한다고 할 수 있지만, 장기간에 걸친 주택시장의 사이클을 살펴보기 위해서는 국민은행 아파트 가격 지수를 활용해야 한다.

2006년 1월 기준으로 실거래가와 국민은행 가격 지수를 각각 활용한 아파트의 실질가격 추이는 그림 3-4처럼 나타난다. 전국이든 서울이든 실거래가를 기준으로 한 실질가격이 훨씬 더 높은 수준까지 상승했음을 알 수 있다.

만약 실거래가 기준으로 전국과 서울의 아파트 가격이 2013년 수준으

그림 3-4 : 서울 기준 아파트 실질가격 비교
(2006년 1월~2022년 4월)

(1986. 01.=100)

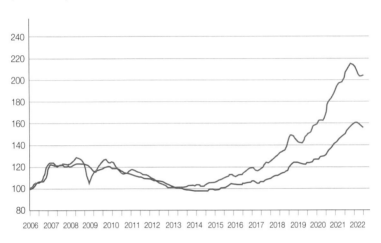

 실거래가
국민은행

한국은행, 국민은행, 한국부동산원 자료를 바탕으로 선대인경제연구소 작성로 돌아간다면 정점에서 각각 38.2%, 53.4%가량 하락해야 한다는 뜻이다. 그만큼 이론적으로 하락해야 하는 폭이 훨씬 더 깊어지는 것이다. 만약 이렇게 하락한다고 가정해본다면, 그동안 가격 거품이 심했던 지역의 개별 아파트 가격은 이보다 더 내려갈 가능성이 높다.

물론 이론적 수치일 뿐, 현실에서는 향후 금리 수준이나 경기 흐름 등에 따라 양상이 다르게 나타날 것이다. 하지만 실질가격 기준으로 주택 가격 하락은 불가피할 것으로 보이며, 정점에서 바닥까지 도달하는 기간은 최소 5~6년 이상 걸릴 것으로 추론해볼 수 있다.

현재의 주택 가격은 물가 수준뿐만 아니라, 가계의 소득에 대비했을 때 살펴봐도 가늠해볼 수 있다. PIRPrice to Income Ratio는 말 그대로 주택 가격 대비 가계 소득의 비율을 나타낸다. 즉 평균적인 주택 가격이 평균적인 가계 소득에 대비해 몇 배인지를 나타내는 비율이다. 주택 사이클상 수도권의 주택 가격이 바닥권이었던 2013년 7월 기준으로, 서울의 중간 소득 계층의 소득에 비해 중간 수준의 주택 가격 PIR는 9.4배 정도였는데, 2021년 12월에는 19.0배까지 상승했다. 그만큼 소득에 비해 주택 가격이 크게 올랐다는 뜻이다. 만약 이 기준으로 주택 가격이 2013년 7월 수준까지 하락하려면 거의 반 토막이 나야 한다. 물론 그 사이에 가계 소득이 큰 폭으로 상승한다면 실제 주택 가격 하락폭은 줄어들 수 있다.

저금리와 과잉 유동성 vs 주택 공급 부족론

지금까지 국내 주택의 가격이 주택시장의 사이클에서 어디쯤 있는지, 그리고 주택의 가격이 얼마나 과도한 수준인지를 살펴보았다. 그러면 2014년 이후 집값은 왜 이렇게 치솟았을까? 이 이유를 제대로 이해해야 향후 주택시장의 흐름이 전개되는 과정에서 판단을 그르치지 않을 수 있다. 집값 상승기 때는 그럴듯해 보였지만 잘못된 논리를 바탕으로 향후 상황을 이해하면 낭패를 볼 수 있다.

집값 상승 이유에 대해 2가지 대립되는 의견이 있다. 하나는 주택 공급 부족 때문이라는 주장이고, 다른 하나는 저금리와 과잉 유동성에 기반한 가수요의 연동 때문이라고 보는 시각이다. 전자는 아파트 분양 광고에 의존하는 언론, 건설업계와 부동산업계, 갭 투기를 부추긴 상당수 유튜버들, 부동산 재테크 전문가들이다. 이들을 통칭 '부동산 세력'이라 말할 수 있겠다. 오랜 기간에 걸쳐 주택 가격이 상승했기에 이들 세력의 설명을 많은 사람들이 믿고 있다. 하지만 공급 부족 때문에 집값이 올랐다는 건 전적으로 틀린 설명이다.

만약 주택 공급 부족 때문이라면 주택 보급률이 서로 다른 지역의 집값이 연동해서 움직이며, 이미 주택 보급률이 높은 지방의 집값도 상승했다는 사실을 설명할 수 없다. 무엇보다 주택 공급 부족 때문에 집값이 올랐다면 지금처럼 집값이 떨어지는 건 공급 과잉 때문이어야 한다. 그런데 불과 얼마 전까지 대다수 언론들이 계속 주택공급이 부족하다고 기사를 냈다.

같은 논리라면 지금은 주택 공급이 넘쳐나서 집값이 떨어진다고 주장해야 한다. 1년 전까지 집값이 급등했다가 1년 후에는 싸늘하게 식는 현상이 과연 주택 공급의 변화가 극심하게 일어났기 때문인가. 또한 지난 10년간 수백만 호의 주택이 공급되고 주택 보급률이 꾸준히 올랐음에도 집값은 계속 오르는 데 반해, 자가 보유율(자기 집을 소유한 비율)은 제자리걸음을 지속하고 있다. 심지어 서울의 자가 보유율은 오히려 뒷걸음쳤다.

실상이 이렇다면 주택을 공급하는 이유가 무엇인가. 결국 공급되는 주택의 상당수가 실수요자가 아닌 다주택자에게 돌아간다는 사실을 증명할 뿐이다. 만약 주택 공급 부족으로 집값이 오른다면 박근혜 정부가 2014년 하반기부터 분양시장 규제와 재건축 규제를 풀어 공급을 대폭 늘린다고 했을 때 집값은 떨어졌어야 했다. 하지만 오히려 수도권의 주택 가격은 분양 아파트와 재건축 가격을 중심으로 오히려 그때부터 가파르게 올랐다.

공급이 부족해서 집값이 뛴 게 아니라는 단적인 증거가 있다. 그림 3-5-1과 그림 3-5-2에서 보는 것처럼 서울과 수도권의 착공 및 준공 물량은 수도권 주택 하락기였던 2011~2014년에 비해 줄어들기는커녕 대체로 늘어났다. 특히 그림 3-6-1에서 보는 것처럼 경기도의 경우 건설업체들이 주택 분양 전에 받는 주택 인허가가 사상 최대 규모로 이뤄졌다. 대한건설협회가 집계한 건설업체들의 주거용 건축 수주액 추이를 보면 2015년 이후 부동산 경기의 호조에 따라 수주액이 급증했음을 알 수 있다.(그림 3-6-2 참조)

특히 주거용 건축 수주액은 주택 경기에 곧바로 반응하기 때문에 박근

그림 3-5-1 : 연도별 서울 및 수도권 주택 착공 실적 추이

(수도권 : 만 호)   (서울 : 만 호)

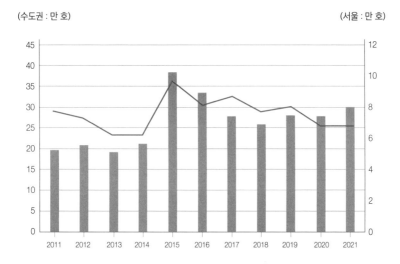

■■■ 수도권
■■■ 서울

국토교통부 자료를 바탕으로 선대인경제연구소 작성

대한민국 위기와 기회의 시간

그림 3-5-2 : 연도별 서울 및 수도권 주택 준공 실적 추이

(수도권 : 만 호)   (서울 : 만 호)

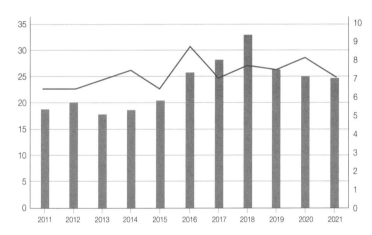

■■■ 수도권
■■■ 서울

국토교통부 자료를 바탕으로 선대인경제연구소 작성

그림 3-6-1 : 수도권 시도별 주택 인허가 물량 추이
(1990~2021년)

(단위 : 만 호)

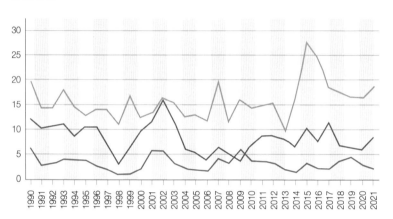

■■■ 서울
■■■ 인천
■■■ 경기

국토교통부와 대한건설협회 자료를 바탕으로 선대인경제연구소 작성

대한민국 위기와 기회의 시간

그림 3-6-2 : 건설업계의 주거용 건축 수주액 추이

(단위 : 만 호)

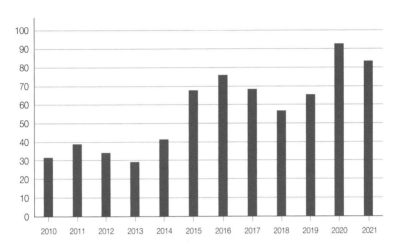

국토교통부와 대한건설협회 자료를 바탕으로 선대인경제연구소 작성

혜 정부가 수도권을 중심으로 부동산 경기를 끌어올린 2015~2016년과 코로나 시기인 2020~2021년에 급증했음을 알 수 있다. 수주액의 증가는 향후 주택 공급 증가로 이어지게 되어 있어, 앞으로 몇 년간은 주택 공급이 계속 늘어날 가능성이 높다. 1부에서 설명한 '채찍 효과'가 주택시장에도 적용되는데, 투기적 가수요에 반응해 늘어난 공급이 주택시장이 싸늘하게 식은 뒤에도 한동안 밀려들 가능성이 높다.

이처럼 부동산 세력의 주장은 전혀 사실에 부합하지 않는다. 주택 공급이 부족해 집값이 오른다고 설명하지만, 실상은 집값이 오를 때 공급이 늘어나고 집값이 하락할 때 공급이 줄어드는 것이다. 그것이 '채찍 효과'가 설명하는 건설업체들의 전형적인 반응이기도 하다. 수도권 주택 가격 하락기에는 주택 공급이 오히려 위축됐고, 수도권 주택 가격 상승기에는 주택 공급이 늘어났다. 대한건설협회의 자료에 따르면 건설업체들의 부채 비율은 주택시장 침체기의 끝자락이던 2015년 148.7%였으나, 이후 빠르게 하락해 2020년에는 107.3%가 되었다. 이 기간 동안 가계부채는 폭증했다. 건설부채를 가계부채로 이전하는 과정으로 볼 수 있다. 거꾸로 영업이익률은 2015년 0.6%에서 2017년 5.9%까지 빠르게 상승했다가 2020년에도 4.6% 수준을 유지하고 있다. 이처럼 주택시장이 상승세일 때 건설업체들이 주택 공급을 늘리는 것인데도 부동산 세력은 이를 정반대로 설명한다.

절대적인 공급량뿐만 아니라 인구수에 대비한 상대적인 공급량은 더 많이 늘어났다. 수도권 인구 증가 폭을 보자. 2000년 36만 명을 넘었다가 가장 최근인 2021년에는 6만 명 수준까지 줄었다. 대다수 언론에서 주장했듯이 최근 몇 년간의 주택 수요가 실수요였다면, 수도권 인구 증가 규모에 대비해봤을 때 실수요의 원천 자체가 6분의 1 수준으로 급감한 것이다. 주택건설 인허가실적, 착공실적, 준공실적 등 어떤 기준으로 봐도 서울과 수도권의 주택 공급이 그 이전 시기에 비해 줄어들기보다 오히려 늘어났다.

실제 인구 증가에 비해 아파트 입주 물량이 늘어난 수치를 비교한 그림 3-7-1, 그림 3-7-2를 살펴보자. 오히려 수도권 집값이 하락세이거나 본격적인 반등이 이뤄지지 않았던 2011~2015년 사이에 인구 증가 폭에 비해 아파트 입주 물량이 많지 않았다. 반면 수도권 집값이 상승세였던 2016년 이후에는 아파트 입주 물량이 확연히 늘어났다. 범위를 서울로 국한하면, 서울의 인구는 갈수록 감소 폭이 커지는데 아파트 입주 물량은 2015년 이전보다 더 늘어났음을 확인할 수 있다.

이처럼 기본적인 사실을 확인해보면 주택 공급 부족 때문에 집값이 상승한 게 아님을 알 수 있다. 이를 다르게 표현하기도 한다. '사람들의 높아진 눈높이에 맞는 주택이 부족하다, 지난번 주택 하락 사이클에서 부족했던 공급을 채우는 것이다, 사람들이 정말 살고 싶어하는 서울 강남 등 특정 지역에는 공급이 부족하다'는 논리다. 이런 주장은 2000년대 초중반 집값 상승 사이클에도 똑같이 나왔다. 그러나 지난번 사이클에서 집값은 변곡점을 지나고 난 뒤 일정 시점 이후에는 수도권의 주택 공급이 줄어드는데도 계속 하락세를 이어갔다. 그럴 수밖에 없는 게 주택시장 침체로 기존의 주택도 안 팔려서 미분양이 쌓이고 있는데 주택 공급이 늘어날리 만무하다. 앞으로도 비슷한 양상이 재현될 가능성이 농후하다.

그림 3-7-1 : 수도권 주택 수급 추이

(만 호/ 만 명)

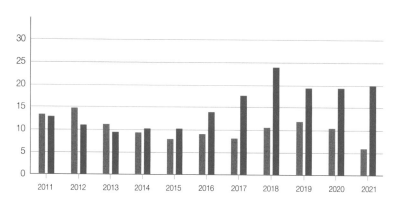

- 인구 증가
- 아파트 입주

그림 3-7-2 : 서울 주택 수급 추이

(만 호/ 만 명)

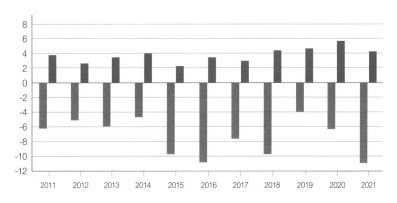

■■■■ 인구 증가
■■■■ 아파트 입주

통계청 가구추계 자료와 부동산R114 자료를 바탕으로 선대인경제연구소 작성

주택 공급 부족론의 문제는 집값이 계속 오르는 이유가 저금리와 과잉 유동성 때문이라고 생각하지 않게 만들고, 금리가 오르거나 유동성이 축소되면서 집값이 내려갈 수 있는 상황을 아예 생각하지 못하게 하는 것이다. 이러면 주택 매수에 관심이 없던 사람들도 무리하게 빚을 내어 매수하게 된다. 투자 또는 투기 관점의 가수요가 크게 증가하는 것이다.

그림 3-8은 매수 우위 지수를 보여준다. 매수 우위 지수는 주택시장 침체가 지속되는 기간에는 수치가 하락했다가 주택시장이 활황을 띠면 그에 비례해 올라간다. 또한 투기 심리에 따라 많이 좌우되므로 그때그때 매우 변덕스럽게 요동친다. 매수 우위 지수에서 드러나는 것처럼 어떤 이유에서든 주택을 매수하려는 가수요를 주택 공급으로 해결할 수 있을까.

주택은 아무리 짧게 잡아도 공급하는 데에 최소 몇 년이 걸린다. 특정 지역에 공급을 무한정 늘릴 수도 없다. 즉, 투기적 가수요를 제어하지 못하면 아무리 공급을 적극적으로 늘려도 그 수요를 따라갈 수가 없다.

이를 두고 '이쪽 지역에는 한동안 공급이 부족할 것 같으니 지금 매수해두면 좋을 것이다'라는 식으로 설파하고, 많은 이들이 실제로 사재기를 하면 자기충족적인 예언처럼 집값이 오를 수밖에 없다. 그러다가 주택시장이 확 꺾이면 매수 우위 지수가 확 내려간다. 가수요가 가라앉으면서 갑자기 수요가 확 줄어드는 것처럼 보이는 것이다. 주택시장 상승기 때 분양만 하면 엄청난 청약 경쟁률이 일어나다가 갑자기 청약 경쟁률이 수직 낙하하는 현상이 이것이다. 실수요는 가수요처럼 변덕스럽게 극과 극을 왔다 갔다 하지 않는다. 즉, 이런 식의 가수요를 잡지 않고서는 주택을 아무리 공급해봐야 부족하게 느껴질 수밖에 없다.

그림 3-8 : 매수 우위 지수 추이(2000년 1월~2022년 5월)

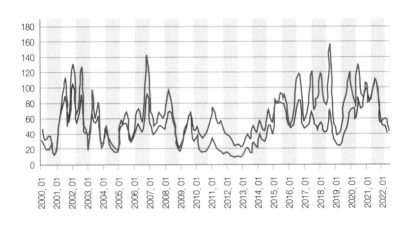

전국
서울

국민은행 자료를 바탕으로 선대인경제연구소 작성

앞에서 충분히 설명했지만 집값 상승의 근본적인 배경은 저금리와 과잉 유동성 때문이다. 만약 정부가 대출 규제 등을 통해 유동성을 적절히 통제했다면 투기적 가수요를 막고 집값이 지나치게 급등하는 것도 어느 정도 막을 수 있었을 것이다. 그런데 박근혜 정부는 가수요를 막기는커녕 오히려 부동산 투기를 부추기는 정책을 썼고, 문재인 정부는 유동성 관리에 실패함으로써 부동산 폭등을 허용했다.

그런데 왜 언론과 전문가는 계속 공급 부족을 이야기할까. 기본적으로 대다수 언론들이 아파트 분양 광고에 이해관계가 있기 때문이다. 부동산 전문가들도 사실은 건설업체에게 연구 프로젝트를 받거나, 건설 자본이 설립한 연구기관 또는 부동산 가격이 뛰어야 돈을 버는 부동산 펀드를 운영하는 증권사에 재직하고 있다. 부동산 유튜버나 유명 강사 대부분은 다주택자여서 집값이 오르는 게 본인에게 이익이다.

재테크와 투자의 관점에서 집을 구입하는 사람들은 이런 주장을 통해 돈을 벌겠지만, 사실 왜곡으로 인해 한국 경제의 가장 큰 위험 요인인 부동산 거품과 가계부채 폭증 현상이 생겼다. 앞으로 미래의 부를 만들어내야 할 젊은이들이 무리하게 부동산 매수에 뛰어들어 빚더미에 앉게 된 데에는 이들의 책임도 크다.

영끌족은 어떻게 탄생했나

부동산 매수에 뛰어들지 여부는 개인의 선택이고, 그 결과에 스스로 책임을 지는 것이다 하지만 집값이 계속 급등하면 '나만 집을 못 산 바보가 되나'라는 불안과 '나도 돈 좀 벌어야지'라는 탐욕에 휩싸이게 된다. 이로 인해 코로나 시기에 젊은 층의 '묻지마 매수'가 급증했음은 주지의 사실이다. 이들은 소득이나 자금 여력이 기성 세대에 비해 대체로 낮은 편이다. 당연히 전세보증금과 대출을 포함한 레버리지를 과도하게 동원해 집을 살 수밖에 없었다.

코로나 시기에 이들의 행태가 어땠는지 살펴보자. 2019년 1월부터 2022년 2월까지 서울과 전국의 아파트 매매 거래를 연령대별로 살펴본 그림 3-9-1과 그림 3-9-2를 살펴보자. 참고로 이 데이터는 2019년부터 집계가 시작돼 그 이전과 비교해볼 수는 없다. 하지만 코로나 사태 이전과 이후의 흐름을 비교해보면 영끌족들이 얼마나 주택 매수에 공격적으로 나섰는지 알 수 있다.

일반적으로 주택시장의 주력 수요 연령은 첫 집을 마련하는 30대 후반에서 40대 전반, 그리고 돈을 벌어 자금 여력을 축적한 뒤 집을 넓혀가거나 한 채를 더 구입하는 50대 후반이다. 그런데 그림 3-9-1를 보면 코로나 이후 30대의 매매 비중이 굉장히 높아졌음을 알 수 있다. 30대가 차지하는 비중은 2019년 무렵에는 25% 정도였는데, 코로나 폭등기 2020년 중반부터는 35~40% 수준으로 늘어났다.

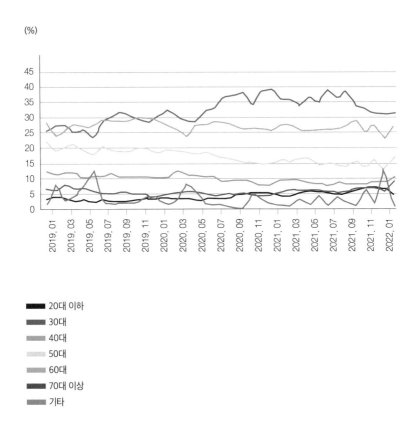

그림 3-9-1 : 서울 연령대별 아파트 매매 거래 비중
(호수 기준/2019년 1월~2022년 2월)

(%)

- 20대 이하
- 30대
- 40대
- 50대
- 60대
- 70대 이상
- 기타

대한민국 위기와 기회의 시간

그림 3-9-2 : 전국 연령대별 아파트 매매 거래 비중
(호수 기준/2019년 1월~2022년 2월)

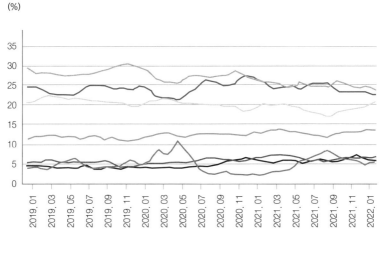

(%)

20대 이하
30대
40대
50대
60대
70대 이상
기타

국토교통부 자료를 바탕으로 선대인경제연구소 작성

이 영끌족들은 자금 여력이 많지 않다 보니 자신의 소득 수준을 훌쩍 뛰어넘는 레버리지를 동원해 주택 매수에 나섰다. 대출은 물론 마이너스 통장, 부모에게 받은 '부담부 증여'나 친인척 등에게서 자금을 빌려 집을 샀다. 때문에 영끌족들이 주택을 매수하면서 동원한 레버리지는 다른 연령대에 비해 통계에 모두 잡히지 않는다.

그럼에도 불구하고 통계에 나타나는 것만으로도 이들은 예년에 비해 훨씬 더 많은 부채를 동원해 주택을 매수했다. 그림 3-10-1, 그림 3-10-2는 가계금융복지조사 통계에서 연령대별 자산 및 부채 규모 추이를 살펴본 것이다. 가장 최근에 조사된 2021년의 자산 및 부채 규모가 10년 전인 2011년 그리고 문재인 정부 출범 첫 해인 2017년에 비해 얼마나 증가했는지 분석해보았다. 그 결과 2011년과 2017년에 비해 30대의 자산 규모가 다른 연령대에 비해 훨씬 가파르게 증가했음을 알 수 있다.

2011년에 2억 733만 원이었던 30대의 자산 규모는 2017년 2억 8,824만 원을 거쳐 2021년에는 4억 17만 원에 이르렀다. 10년 만에 30대의 자산 규모가 93.0% 증가해 거의 2배가량으로 늘어난 것이다. 전체 연령대의 자산이 같은 기간에 68.8% 늘어난 것에 비해서도 훨씬 가파르게 늘어났다. 같은 기간 30대의 부채 증가 속도는 더 빠르다. 2011년 4,609만 원이었던 30대의 부채 규모는 2017년 6,920만 원, 2021년에는 1억 1,190만 원으로 증가했다. 2011년에 비해 142.8%나 부채가 증가했는데, 전체 가구의 부채 증가율이 69.1%인 것에 비해 2배가 넘는다. 국내 가계 자산의 약 75% 정도를 부동산이 차지하기 때문에 그만큼 30대가 빚을 잔뜩 내 부동산 매수에 적극 나섰음을 보여주는 증거다. 이에 대해 비교 기간 동안 국내 부동산 가격이 큰 폭으로 뛰었기 때문에 부동산을 보유하는 것만으로도 자산 규모가 크게 늘어났다고 반론할 수 있다. 그러나 기존에 자산을 더 많이 보유하고 있던 40, 50대보다 30대의 자산 규모 증가율이 더 크다는 점에 주목하자. 그만큼 30대가 매우 공격적인 주택 매수에 나섰음을 보여준다.

그러면 다른 연령대가 아닌 30대를 중심으로 영끌족의 주택 매수 열풍은 왜 일어난 것일까. 보통 연령대별로 살아온 궤적에 따라서 체감하는 경제 흐름이 있다. 예를 들어 현재 70대 이상 세대는 보릿고개를 넘어 한국 경제의 고도성장을 경험했지만, 15%를 넘는 고금리와 고물가 시기도 겪어보았다. 그렇기 때문에 부동산 소유에 대한 집착이 강하면서도, 동시에 고금리 시절의 어려움과 과도한 빚의 부담도 알고 있다. 40~50대는 사회생활 초기에 외환위기나 2008년 글로벌 금융위기를 몸소 겪었다. 경제 위기와 환율 변동에 대한 민감도가 높다. 이 같은 경험들은 그 세대의 투자나 저축하는 비중, 리스크를 감수하는 태도 등에 큰 영향을 미친다.

UC버클리대학교의 경제학자 울리케 M. 맬멘디어Ulrike M. Malmendier 교수와 스탠퍼드대학교의 스테판 나겔Stefan Nagel 교수가 2009년 공동 발표한 논문 「공황 세대 : 거시경제 경험이 위험 감수 행태에 어떻게 영향을 미치는가?Depression babies: Do macroeconomic experiences affect risk-taking」에 등장하는 내용 중 하나를 살펴보자. 자신들의 일생에 걸쳐서 주식 투자 수익률이 낮았던 세대들은 금융 리스크를 감수하려는 경향이 약했고, 주식 투자에 참여하는 비율이 낮다. 또한 주식 투자를 하더라도 자신의 전체 유동자산에서 차지하는 비중이 낮았다.

그림 3-10-1 : 연령대별 자산 규모 비교

(천만 원)

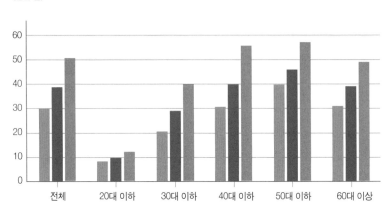

- 2011년
- 2017년
- 2021년

가계금융복지조사 자료를 바탕으로 선대인경제연구소 작성

대한민국 위기와 기회의 시간

그림 3-10-2 : 연령대별 부채 규모 비교

(천만 원)

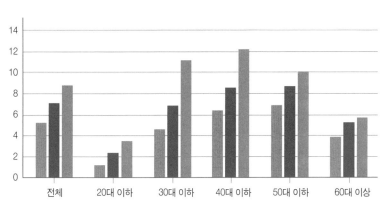

가계금융복지조사 자료를 바탕으로 선대인경제연구소 작성

이 논문에서는 최근의 투자 수익에 관한 경험이 사람들에게 상대적으로 큰 영향을 미치지만, 사회생활 초기의 경험 또한 수십 년 후까지 상당히 강한 영향을 미치는 것으로 추정했다. 예를 들면, 미국에서 주식 투자 수익률이 저조했던 1970년대에 뒤이은 1980년대에는 젊은 가구의 주식 투자 참여율이 낮았던 반면, 1990년대 초반부터 주식 투자가 붐을 이루자 1990년대 후반에는 젊은이들의 주식 투자 참여율이 높았다는 것이다.

이는 한국의 30대 영끌족 상황을 설명하는 데에도 적용된다. 지금의 30대는 어떤 경제적 환경에서 살아왔을까. 1998년의 외환위기는 너무 어릴 때 겪어 경제적으로 어떤 의미인지 잘 모르고 지났다. 2008년 금융위기도 경제적 독립을 하기 전에 겪었을 사람들이 대부분이다. 반면 이 세대가 본격적으로 사회생활을 시작한 이래로 최근까지 금리는 계속 낮은 상태였고, 집값은 2014년 이후 오르기만 했다. 이들 입장에서는 저금리 상태에서 빚을 내서 집을 사두면 오르는 것이 너무 당연했다.

이들의 경제적 태도는 또래가 어떤 선택을 했느냐에 따라 자산 격차가 엄청나게 나는 것을 보고 더욱 강화됐을 가능성이 높다. 내가 인터뷰한 상당수의 30대들은 주변 지인이 결혼할 때 집을 샀던 경우와 그렇지 않은 경우 결과가 어떻게 달라졌는지에 대한 증언을 많이 했다. 결혼할 때 무리해서라도 빚을 내서 집을 샀던 친구들은 집값이 최소 몇억 원씩 크게 오른 반면, 전세나 반전세로 시작한 친구들은 상대적 박탈감에 시달리는 것을 생생하게 목격한 것이다. 그러니 빚을 내서라도 신혼집을 자가로 마련하는 게 당연한 선택이었던 것이다.

이런 상황에서 코로나 사태가 터지면서 가뜩이나 낮은 금리는 더욱 낮아졌고 시중에 유동성은 엄청나게 풀렸다. 2019년 주택 가격이 잠시 하락했으나, 곧 코로나 사태 초기를 거치며 다시 오르는 것을 보면서 '집값은 일시적인 조정만 있을 뿐 계속 오르는 것'이라는 생각이 더 확고해졌다. 부동산 유튜버, 공중파 방송조차 부동산 투자 노하우를 알려주는 프로그램들을 편성했다. 영끌 투자는 광기 같은 열풍으로 번져갔다. 자금이 없어도 '묻지마 청약'을 하는 게 기본이고, 자금 마련은 그다음에 생각하는 게 당연한 흐름이 됐다. 아무도 집값 상승세가 꺾이고 금리가 갑자기 뛸 거라고는 생각하지 않았다. 그런 상황은 자신들이 경험해온 경제 흐름에서는 있을 수 없는 일이기 때문이다.

30대 이하의 젊은 세대는 교육 수준이 부모 세대에 비해 전반적으로 상당히 높다. 풍족한 경제 환경에서 태어나고 자랐지만, 저성장 시대를 거쳐왔기에 그들의 부모 세대가 가졌던 경제적 기회는 많은 부분 닫힌 상태다. 즉, 자신의 경제적 위치에 대한 기대 수준은 높아져 있지만 기대를 충족해줄 만큼 경제적 기회는 크지 않다. 그러다 보니 직장에서 열심히 일한다고 성공할 가능성이 높지 않다는 생각이 자리 잡고 있다.

인터뷰에 응한 한 30대는 "은행에서 저금리로 돈을 빌려서 투자하면 일찌감치 경제적 자유를 누릴 수 있는데 왜 군이 고생하며 일하느냐 하는 생각이 널리 퍼져 있다"고 말했다. 직장을 다니지 않고 자본이 일하게 하는 투자를 통해 '경제적 자유'를 성취하는 것을 삶의 모델처럼 생각한다.

실제로 인터뷰에 응한 30대들은 이구동성으로 "친구들과 모이면 코인과 주식으로 돈을 모아서 어떻게 경제적 자유를 이룰까, 집을 살까, 이런 얘기들이 단골 주제였다"고 했다. 이들은 사교육 중심의 경쟁적 교육 제도에서 성장해온 탓에 어떻게 해서든 다른 사람보다 내가 더 앞서야 한다는 의식도 강하다. 누가 코인으로 돈을 벌어 은퇴했다, 누가 집을 사서 몇 억 원이 올랐다, 이런 얘기를 들으면 '내가 뭐가 못나서 이렇게 바보처럼 일만 하고 살아야 해' 같은 심리가 훨씬 더 강력하게 발동한다. 이것이 많은 30대들이 주식과 코인 그리고 부동산 투자 행렬에 뛰어든 요인이다.

사실 모든 버블기에는 사회 전반에 이런 흐름이 생긴다. 땀 흘려 일하는 것에 대한 경시와 '쉬운 돈easy money'를 빌려 쉽게 돈 버는 것에 대한 추구, 그리고 자본이 스스로 돈을 버는 시스템의 구축 등에 대한 관심은 늘 버블기에 증폭됐다. 대표적으로 '경제적 자유' 열풍의 선구자처럼 여겨지는 로버트 기요사키Robert Kiyosaki의 『부자 아빠, 가난한 아빠』가 한국에서 선풍적인 인기를 끈 것도 외환위기 이후 주가와 부동산 가격이 급등한 시기였다. 그러나 버블이 커지면 그 이후에는 불황도 찾아온다. 이를 대변하듯 "불황이 올 것을 예상했다. 『부자 아빠, 가난한 아빠』가 베스트셀러 목록에 다시 올라왔기 때문이다"라는 글이 최근 SNS에 올라온 것을 보기도 했다.

그러나 영끌족의 이런 행태를 단지 세대 경험적 요인으로만 설명해서는 부족하다. 집값을 안정시켜서 젊은 층의 불안감을 불식시키기보다 이들에게 대출하기 좋은 조건을 만들어준 정부와 정치권, 그리고 이들의 주택 매수를 자극한 부동산 세력에게도 책임을 묻지 않을 수 없다.

윤석열 정부에서 집값은?

윤석열 정부 기간 동안 주택시장은 어떻게 움직일까. 폭등했던 부동산시장은 2021년 하반기 이후 서서히 가라앉고 있다. 윤석열 대통령 취임 즈음에 잠시 주택시장의 하락세가 멈추는 듯 했으나, 하락세는 다시 이어졌다. 중간에 기복은 있겠지만, 하락세는 최소 4~5년 이상 길어질 가능성이 높다. 이명박, 박근혜 정부와 마찬가지로 윤석열 정부도 집값이 하향 안정화되기를 바라지는 않는다. 각종 부동산 규제와 대출 규제를 완화하려는 경향이 뚜렷하다. 정부가 각종 부동산 부양책을 지속하면 주택시장이 반등하지 않겠냐는 사람들이 있다. 하지만 그럴 가능성은 낮다. 2008년 금융위기 이후에 이명박 정부의 거듭된 부동산 부양책에도 불구하고 큰 흐름에서 줄곧 하락했듯이, 윤석열 정부 시기는 그때와 비슷할 가능성이 높다.

아이러니하게도 정권별로 유동성 사이클의 흐름이 맞물리면서 민주당 계열 정부에서는 대체로 집값이 오르고, 국민의힘 계열 정부에서는 집값이 하락하는 흐름이 전개되고 있다. 이런 흐름이 각 정부의 정책으로만 나타나는 것은 아니다. 기본적으로 노무현 정부, 문재인 정부 시기에 주택 가격이 오른 이유의 많은 부분은 저금리와 글로벌 과잉 유동성의 영향에 있다. 그만큼 집값 상승을 막기 힘든 여건이었던 것은 분명하다. 그렇기에 노무현 정부나 문재인 정부는 일관된 대출 규제 등을 통해 현명하게 정책을 펴면서 주택 가격 상승폭이나 가계부채 증가폭을 상당 부분 줄였어야 했다.

이는 플라자 합의 당시 화폐 가치 절상 압력에 노출된 일본과 독일이 각자의 정책 대응에 따라 그 결과가 크게 달라진 데서 알 수 있다. 당시 일본은 부동산 버블이 꺼지면서 오래 지속되는 큰 충격을 받았다. 독일도 화폐가치 절상에 따른 충격을 받기는 했지만, 현명한 정책 대응으로 일정 시기동안 경기 부진에 시달리는 정도에서 그칠 수 있었다. 아무리 정부가 잘 운영하려고 해도 경제 사이클의 압력은 워낙 크기 때문에 그 압력에서 완전히 벗어나서 경제를 운용할 수는 없다. 마찬가지로 윤석열 정부에서도 최선을 다해 부동산시장을 떠받치려고 하겠지만 성공하기는 힘들 것이다.

금리와 가계부채는 어떤 영향을 줄까

향후 주택 가격이 하락할 가능성이 높은 이유는 금리와 가계부채 문제 때문이다. 미 연준이 2022년 연말까지 3% 중반까지 금리를 올린다면 한국역시 단기적으로는 최소 그 정도 수준까지 금리를 올려야 할 가능성이 높다. 2008년 금융위기 이후 한국은행은 기준금리 인상에 소극적인 행태를 보여왔지만, 사실 한국은 미 연준보다 1%가량 금리를 더 올리는 것이 맞다. 하지만 한국은행으로서는 가파르게 뛰는 물가도 잡아야 하지만, 과도한 가계부채와 소상공인대출 부담이 급증해 발생하는 충격도 막아야 하는 고민이 있다.

어쨌든 2022년 연말까지 한국은행이 3% 수준까지 기준금리를 인상하게 되면 주택담보대출 금리도 현재 4~6% 수준에서 1%p 정도 더 올라갈 가능성이 높다. 2020년 시중금리가 최저 수준일 때 신규 취급액 기준

주택담보대출 금리가 1.5%~2%밖에 되지 않았다. 지금은 금리가 이미 3.5%를 넘어섰다. 2020년 최저 금리 수준에서 대출을 받은 사람들의 이자 부담이 2배 가까이 늘어난 상황이다.

예를 들어 150~200만 원 정도의 이자를 감당할 수 있다고 생각해 빚을 냈던 사람들의 원리금 부담이 300~400만 원까지 늘어나면 어떻게 될까. 내가 인터뷰한 사람들 가운데는 이미 직장에서 받는 월급은 모두 주택담보대출 이자를 갚는 데 써야 하기 때문에 부업을 해서 생활비를 벌고 있는 사람도 있었다.

이런 이유로 금리가 올라가면 빚을 많이 끌어 쓴 영끌족들을 중심으로 집을 내놓으면서 집값이 점차 떨어질 가능성이 높다. 정부가 각종 대출 규제를 풀고, 재건축이나 재개발 규제를 풀어서 부동산 부양책을 내놓는다 해도 한계가 있을 수밖에 없다. 금리가 낮고 집값이 오를 때에는 사람들이 빚을 내서라도 집을 산다. 그러나 금리가 오르면 사람들이 빚을 내서 집을 사고 싶어도 금리 부담 때문에 주저하게 된다.

게다가 주택 가격이 한껏 높은 상태에서 코로나 시기에 추가로 더 폭등했기 때문에 이 시기에 주택을 구입한 사람들은 훨씬 더 많은 대출을 냈다. 반기별로 서울의 주택 거래 한 건이 일어날 때 주택담보대출이 평균적으로 얼마나 늘어났는지 분석해보았다. 코로나 이전 시기에는 주택 거래 한 건당 평균 5,000만 원가량 늘어났으나, 코로나 시기에는 1억 6,000~2억 4,000만 원 수준으로 늘어났다. 코로나 이전 시기에 비해 약 3~5배가량 늘어난 것이다. 집값은 올랐고, 상대적으로 소득 여력이 부족한 사람들이 뒤늦게 집을 샀기 때문에 평균 대출액이 늘었다. 이때 말하는 주택담보대출 증가액은 해당 기간에 새로 발생한 대출에서 기존 대출 상환액을 뺀 금액이다. 따라서 실제 주택 거래 한 건당 발생한 주택 담보대출 규모는 이보다 훨씬 클 것이다.

이처럼 코로나 시기에 영끌족들이 주택 구입에 대거 뛰어들면서 향후 3～4년치의 부동산 수요가 이미 소진된 상황이다. 부양책에 따라 일시적 혹은 국지적으로 집값이 오를 수 있겠지만 계속되는 상승세가 나타나기는 힘들다. 이미 많은 사람들이 부동산시장의 리스크를 인식하고 있는 단계이기 때문에 웬만큼 규제를 풀어준다고 해도 주택 가격이 한동안 다시 상승하기는 어렵다.

일부에서는 미국이 금리를 올리고 있지만, 인플레가 웬만큼 잡히고 금리 인상으로 경기가 위축되면 다시 금리를 빠르게 내리지 않겠느냐는 전망도 한다. 저금리 상태가 되면 집값이 다시 뛰지 않겠느냐는 것이다. 논리적으로 보이지만 현재로선 가능성이 매우 낮은 시나리오에 속한다.

1부에서 설명한 것처럼 미국의 상황이 중요한데, 현재 미국은 경기 침체가 온다고 해도 2008년 금융위기와 같은 상황까지 발생할 가능성이 낮다. 따라서 미 연준이 2008년 금융위기 때나 코로나 때처럼 금리를 0% 수준으로 다시 내리는 시나리오를 상상하기는 어렵다. 또한 급등한 물가 수준은 다시 몇 년간에 걸쳐 점진적으로 하락할 가능성이 높다. 때문에 매우 심각한 수준의 경기 침체가 오지 않는 한 미 연준은 최소한 2% 이상의 중립금리 수준을 유지할 가능성이 현재로서는 높다.

연준으로서는 경기 침체가 더 깊어질 때를 대비하기 위해서라도 일정 수준의 금리를 유지해야 하기 때문이다. 따라서 미 연준 금리가 3～4%

수준까지 올랐다 2% 수준으로 하락한다 해도, 그 정도 수준의 금리가 상당 기간 유지되는 한 한국의 기준금리도 그 이하로 떨어질 가능성은 낮다. 물론 부동산 버블 붕괴가 매우 가파르게 진행되고 그 충격이 예상보다 너무 크면 금리를 낮출 가능성도 있다.

그러나 기본적으로 주택담보대출 금리가 현 수준 정도에서 상당 기간 지속될 가능성을 염두에 둬야 한다. 그리고 주택 가격이 과도하게 오른 상태에서 부채를 많이 동원했기 때문에 이 정도의 금리만 유지되어도 버티지 못하는 가계들이 속출할 수 있다.

집값에 영향을 주는 다른 요인도 있는데, 그중 극성을 부렸던 갭 투기가 갈수록 어려워진다는 점도 큰 영향을 줄 것이다. 갭 투기는 저금리, 매매가 상승, 전세가 상승이라는 삼박자가 고루 갖춰져야 지속될 수 있는데, 이 삼박자가 한꺼번에 무너지고 있기 때문이다.

전세가는 어떻게 될까. 전세가도 점차 하락할 가능성이 높다. 전세가의 하락은 매매가의 하락보다도 갭 투기에 더 악조건이다. 그림 3-11에서 보는 것처럼 2011년 7월에 각각 55.2%, 47.1%였던 매매가 대비 전세가 비율은 점차 상승하기 시작해 2016년 중반 무렵에 정점을 찍었다. 이어 매매가가 계속 가파르게 오르는 반면 전세가 상승이 이를 따라가지 못하자 이 비율은 점점 하락하기 시작했다.

임대차 3법이 시행되기 시작한 2020년 중반 무렵 전세가가 단기간에 뛰면서 이 비율은 잠시 올라가기도 했으나 이후 다시 하락했다. 이 비율은 2022년 6월 현재 각각 63.1%와 58.1%로 내려왔다. 수도권을 중심으로 갭 투기가 성행하던 2015년 하반기 무렵 서울의 이 비율이 60%가량

그림 3-11 : 매매가 대비 전세가 비율 추이
(2011년 6월~2022년 2월)

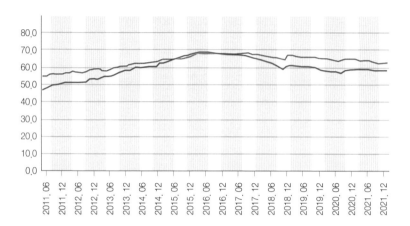

■■■ 전국
■■■ 서울

국민은행 자료를 바탕으로 선대인경제연구소 작성

대한민국 위기와 기회의 시간

이었는데, 갭 투기가 성행하기 이전 수준으로 떨어진 셈이다. 더구나 당시에는 매매가 대비 전세가 비율이 계속 상승하는 추세였으나, 이제는 거꾸로 하락하는 추세를 보이고 있어 매수자들이 낙관적 기대감을 갖기 어렵다. 전세를 지렛대로 삼는 갭 투기 여건이 악화돼 집값을 밀어 올릴 가능성이 크게 줄어든 셈이다.

이런 현상은 지난 하락 사이클에서도 발생했다. 외환위기 이후 매매가에 비해 실수요 중심의 전세가가 가파르게 상승하면서 매매가 대비 전세가 비율이 상승했으나, 집값 상승세가 한풀 꺾인 2003년부터 이 비율은 하락하기 시작했다. 이후 이 비율은 수도권을 중심으로 집값이 상승하면서 일정 수준을 유지했으나, 2006년 말 주택 가격이 정점을 찍은 뒤에는 단기간에 가파르게 하락했다. 최근과 같은 갭 투기 수준까지는 아니었지만, 당시에도 전세를 지렛대로 삼은 다주택 투기가 성행했기 때문에 전세가 비율 하락으로 주택 매수세가 위축됐음은 물론이다.

이처럼 폭과 속도의 문제일 뿐 시간이 지날수록 주택시장은 큰 흐름에서 하락세가 지속될 가능성이 높다. 향후 주택시장 흐름은 2008년 또는 2009년 이후 이명박 정부부터 박근혜 정부 전반기까지 벌어졌던 현상을 비슷하게 닮아갈 가능성이 높다. 따라서 향후 5년간 주택시장의 흐름을 알고 싶다면 지난 하락 사이클에서 주택시장에 어떤 일이 벌어졌는지를 살펴보는 게 큰 도움이 될 것이다. 다만 주택 가격 하락이 진행되는 지역별 순서와 구체적인 양상은 지난번 하락과 상당히 달라질 수 있으니, 이 부분을 중요하게 살펴봐야 한다.

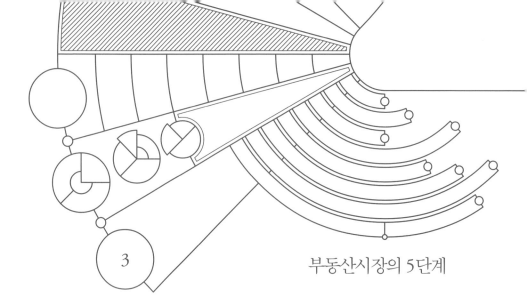

1단계: 부동산 스태그플레이션

그러면 앞으로 주택시장 사이클은 어떻게 진행될까. 향후 국내 주택시장은 5단계를 거치면서 하락세가 지속될 가능성이 높다. 편의상 5단계로 나누었지만, 이 단계들은 모두 뚜렷하게 구분되지 않고 서로 중첩되어영향을 주고받으며 진행될 수 있다. 특히 2 ~ 4단계는 시기적으로 중첩되거나 비슷한 현상이 동시에 나타날 가능성이 상대적으로 높다. 이미 일부 지역에서는 여기서 설명하는 여러 현상들이 한꺼번에 나타나고 있기도 하다. 그럼에도 불구하고 단계를 나눈 것은 각 단계별로 두드러지는 양상을 설명하기 위한 목적이 크다는 점을 염두에 두고 살펴보자.

　1단계는 가격은 여전히 높은 수준에서 유지되는 가운데 거래량이 급감하면서 주택시장 침체가 지속되는 스태그플레이션 단계이다. 2021년 하반기부터 시작된 부동산 스태그플레이션 현상이 짧으면 2022년 말 또는 2023년 상반기까지 지속될 가능성이 있다. 부동산 스태그플레이션은 주택시장이 상승 사이클에서 하락 사이클로 전환하는 변곡점에서 주로 발생한다. 주택시장 사이클의 변곡점에서 매수자와 매도자 간의 이해관계와 향후 전망에 대한 시각이 다르기 때문에 생겨난다.

우선 코로나 시기에 막차를 탄 영끌족들은 급증한 빚 부담이 어떻게든 해소되지 않을까 하는 기대감으로 한동안 버틸 것이다. 정부가 집값을 끌어 올리지 않을까라는 기대감도 작용한다. 이런 상황에서 잠재적 매수자와 매도자 간의 힘겨루기가 일어난다. 잠재적 매수자 입장에서 보면 집값은 여전히 너무 높은데 원하는 수준으로 내려오지 않는다. 거꾸로 매도자들도 빚을 내서 집을 샀는데 돈을 벌지는 못할망정 최소한 손해 보고 팔지 않겠다는 생각으로 버틴다. 정부의 부양책이 지속될 수록 잠재적 매수자와 매도자의 기대치가 어긋나면서 거래 부진이 큰 흐름에서 지속될 가능성이 높다. 부동산 스태그플레이션은 당장 겪게 될 단계이기 때문에 더 구체적으로 살펴보자.

1. 마지막 불꽃 이후 차갑게 식은 시장

현재의 주택 가격이 정점을 찍고 하락 사이클의 초입에 들어섰음을 단적으로 보여주는 것이 '마지막 불꽃 현상'이다. 나는 부동산 버블 막바지에 투기 광풍이 거세게 몰아친 뒤 시장이 차갑게 식는 현상을 이렇게 표현한다. 2006년 말에도 이런 현상이 있었다. 그림 3-12에서 보는 것처럼 노무현 정부 후반 2005년부터 수도권을 중심으로 들썩이던 주택 가격은 2006년 '버블 세븐' 지역을 중심으로 4월과 10월, 두 차례에 걸쳐 폭등했다. 단기간 폭등 이후 너무 높아진 주택 가격에 집을 사줄 수 있는 수요층이 고갈되면서, 가격 상승률이 둔화되고 거래가 뚝 끊어지는 흐름이 나타났다.

이번 코로나 폭등기는 지난 주택시장 사이클 고점 때와는 달리 수도권뿐만 아니라 전국에서 동시에 집값이 폭등하는 현상이 나타났다. 그만큼 지난 사이클 고점 때에 비해 버블의 규모가 훨씬 더 커지고 지역적으로도 확대됐다고 볼 수 있다. 그림 3-12과 그림 3-13을 보면 알 수 있듯이 부동산 사이클의 마지막 단계에서 폭발하듯이 주택 가격이 급등하는 양상이 나타났다.

이는 우연이 아니다. 부동산 버블의 막바지에는 너나 할 것 없이 주택시장 상승세에 배팅하는 분위기가 형성되기 때문이다. 촛불이 꺼지기 전에 마지막 불꽃을 크게 피우듯, 버블의 막바지에 집값이 급등하면서 거래량이 급증하는 것이 일반적이다. 불꽃이 다 타버린 다음에는 시장의 흥분이 가라앉으면서, 주택 가격이 너무 올라버렸다는 사실을 많은 사람들이 깨닫기 시작하고 시장이 차갑게 식는다.

**그림 3-12 : 서울 주택 가격 주간 상승률 추이
(2004년 1월 5일~2007년 2월 19일)**

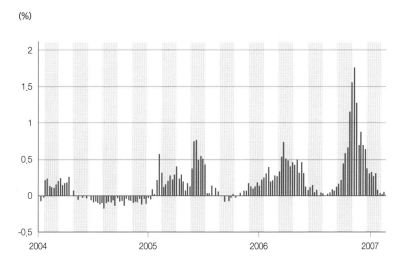

국민은행 자료를 바탕으로 선대인경제연구소 작성

그림 3-13 : 전국 주택 가격 주간 상승률 추이
(2014년 1월 6일~2022년 3월 7일)

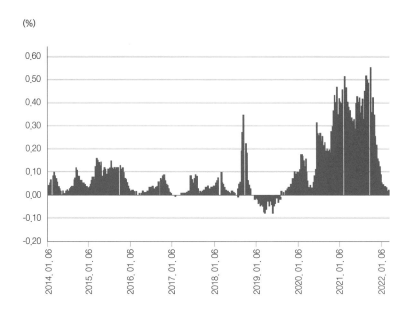

국민은행 자료를 바탕으로 선대인경제연구소 작성

대한민국 위기와 기회의 시간

2. 투기적 가수요의 소멸로 주택 거래량 급감과 미분양 급증

이렇게 투기적 가수요가 급격히 줄면서 무한정 있을 것 같던 주택 수요가 갑자기 사라지는 것처럼 보인다. 이에 따라 그림 3-14에서 보는 것처럼 코로나 시기에 전국적으로 급증했던 주택 매매 거래량이 2021년 8월 이후 급감하는 현상이 나타나고 있다. 그런데 이런 현상은 2006년 말 주택 가격이 폭등한 이후에도 똑같이 나타났다. 2006년 하반기에 수도권을 중심으로 주택 거래량이 급증한 이후에 다시 급감하면서, 박근혜 정부의 '빚내서 집 사라' 정책이 본격화하기 전까지는 구조적 침체 기간을 벗어나지 못했다. 구조적인 침체 기간 중에도 주택 거래량이 일정한 범위 안에서 늘었다 줄었다를 반복한다. 이를 두고 언론들은 주택 경기가 회복되는 신호라고 보도하지만 시장은 금방 쉽게 회복되지 않는다. 이번에도 폭등세가 끝난 뒤 주택 거래량이 급감한 상태에서 구조적 침체기의 초기 국면이 진행되고 있는 것이다.

이와 더불어 아파트 분양 현장에서 청약 미달 사태가 속출하고 미분양 물량이 빠르게 증가하기 시작한다. 이는 주택시장 사이클 하락 초기에 나타나는 전형적인 현상이다. 2007~2008년 무렵에도 이 같은 기사들이 쏟아졌다. 앞으로 시장이 기복을 그리며 조금씩 분양 열기가 다시 생겨나는 시기나 지역도 있겠지만, 큰 흐름에서 청약시장도 약세를 벗어나기 어렵다. 경쟁률이 하락하고 미달 사태가 벌어져도 미분양이 금방 급증하는 것은 아니다.

보통 청약 미달 사태가 벌어져도 건설업체들은 바로 지자체에 신고하

그림 3-14 : 전국 주택 매매 거래량 추이
(2006년 1월~2022년 5월)

(십만 호)

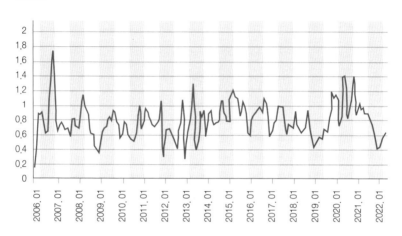

국토교통부 자료를 바탕으로 선대인경제연구소 작성

대한민국 위기와 기회의 시간

지 않고, 최대한 분양 대행업체 등을 통해 판촉 활동을 벌인다. 그러다 분양을 하기 어렵다고 판단돼야 지자체에 신고한다. 그러면 이를 집계해 국토교통부는 미분양 물량을 월별로 발표한다. 실제 시장의 미분양 물량과 통계상의 미분량 물량 사이에 상당한 차이가 발생한다.

특히 통계상으로 미분양 물량이 증가하는 시점은 청약 미달 사태가 벌어진 뒤에도 최소 몇 개월에서 길게는 1년가량이 지나서다. 그럼에도 불구하고 2022년 5월 기준 수도권 미분양 물량은 3,563호로 전월 대비 20% 증가했다. 주택시장에 가수요가 사라지는 현상이 반영되기 시작하는 것이다.

2단계: 갭 투기와 영끌 투자 집중 지역을 주의하자

2단계가 이전 하락사이클과 가장 다른 지점이다. 2006년 말 주택시장 사이클이 고점을 찍고 하락할 때는 부동산 버블이 심각했던 서울 강남 등 핵심 지역의 가격이 정체로 접어든 뒤 하락하기 시작했다. 하지만 이번에는 코로나 시기에 영끌족과 갭 투기족이 폭등을 주도한 지역부터 주택 가격이 먼저 하락할 가능성이 높다.

금리 인상의 충격이 이 집단에 가장 즉각적 영향을 미칠 것으로 보이기 때문이다. 이미 영끌족 매수와 갭 투기가 성행했던 경기도, 서울 강북의 아파트 가격이 떨어지고 있다는 보도가 쏟아지고 있다. 주택시장 흐름을 보면 서울 핵심 지역들은 코로나 시기 이전, 2019년에 이미 가격이 많이 오른 상태였다. 해당 지역의 주택을 사줄 만한 자금력을 갖춘 수요층이 많이 줄었다. 이로 인해 상대적으로 코로나 시기에도 거래량이 크게 급증하지 않았다.

이 때문에 코로나 시기에는 서울 핵심 지역보다 서울 강북 등 일부 지역과 경기도 및 인천 지역으로 매수가 더 많이 몰리면서 주택 가격이 급등했다. 그림 3-15를 통해 수도권 시도별 아파트 매매 거래량 추이를 살펴보자. 서울의 거래량은 2020년 7월 이후로는 이미 지속적으로 줄어들고 있었다. 반면 경기도와 인천 지역에서는 금리가 다시 하락하고 문재인 정부가 부양책 기조로 전환한 2019년 하반기부터 거래량이 폭증하기 시작해, 2021년 상반기까지 예년보다 큰 폭으로 증가한 거래량을 기록했다. 코로나 시기 집값 상승을 주도했던 영끌족 매수가 집중된 곳이다.

때문에 이들 지역부터 가장 먼저 주택 가격 하락세를 겪을 가능성이 높다. 그림 3-16, 그림 3-17, 그림 3-18은 서울, 경기, 인천 지역 시군구별로 2020년 1분기 대비 2021년 4분기까지 아파트 실거래가 상승률을 나타낸 것이다. 이를 보면 코로나 시기에 경기도와 인천 지역이 서울 지역보다 주택 가격 상승률이 더 가팔랐음을 알 수 있다. 특히 경기도의 오산시, 남양주시, 안산 상록구와 단원구, 용인 기흥구, 시흥시, 의왕시, 남양주시, 양주시, 화성시 등에서 주택 가격 하락이 초기에 가장 가파르게 일어날 가능성이 크다. 인천의 경우 송도 신도시가 있는 연수구, 그리고 서울에서는 그동안 덜 올랐다가 코로나 시기에 급등했던 노원구, 도봉구, 중랑구, 강북구 등의 주택 가격 하락이 상대적으로 빠를 것으로 추정된다.

코로나 시기에는 2003년 이후 처음으로 전국적으로 집값이 동시에 폭

그림 3-15 : 수도권 시도별 아파트 매매 거래량 추이

(×10,000)

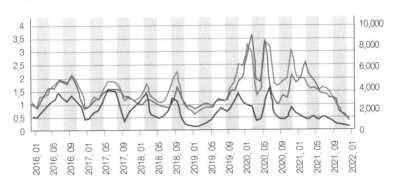

■■■ 서울
▨▨▨ 경기
▨▨▨ 인천

아파트 실거래가 지수 자료를 바탕으로 선대인경제연구소 작성

그림 3-16 : 서울 구별 아파트 가격 상승률
(2020년 1분기 대비 2021년 4분기)

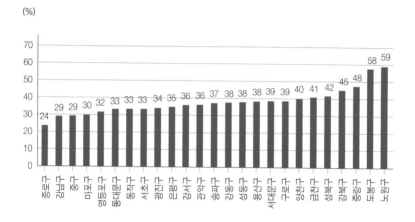

(%)

아파트 실거래가 지수 자료를 바탕으로 선대인경제연구소 작성

대한민국 위기와 기회의 시간

그림 3-17 : 경기도 지역별 아파트 가격 상승률
(2020년 1분기 대비 2021년 4분기)

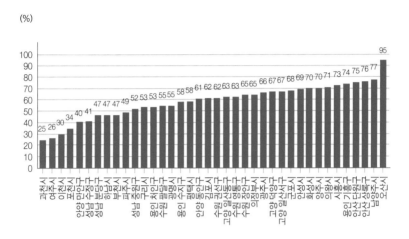

(%)

아파트 실거래가 지수 자료를 바탕으로 선대인경제연구소 작성

그림 3-18 : 인천 구별 아파트 가격 상승률
(2020년 1분기 대비 2021년 4분기)

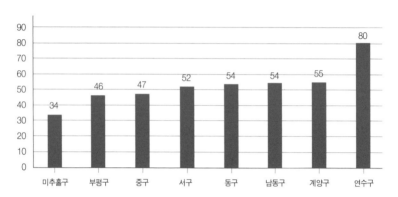

(%)

아파트 실거래가 지수 자료를 바탕으로 선대인경제연구소 작성

대한민국 위기와 기회의 시간

등했다는 특징이 있다. 이는 코로나 시기에 그만큼 유동성이 풀려 있었다는 뜻이기도 하지만, 수도권의 원정 투기 세력들이 지방까지 공략하면서 집값 상승을 주도했기 때문이다. 그림 3-19에서 보는 것처럼 전국적으로 외지인들이 주택을 매수한 비중은 2014년 무렵 20% 전후 수준에서 이 시기에 30~35% 수준까지 상승했다. 이 시기에 집값이 뛴 곳은 다른 지역의 원정 투기 수요에 힘입은 바가 크다. 이런 특성을 감안하면 2008년 금융위기 이후에는 서울과 지방의 주택 가격이 다소 별개로 움직였지만, 이번 하락 사이클에서는 적어도 2단계까지는 전국적으로 집값이 대체로 연동해 움직일 가능성도 높다.

3단계: 서울 강남은 얼마나 빠질까

3단계에서는 서울 강남과 성남시 분당 등 핵심 지역의 주택 가격도 본격 하락할 가능성이 높다. 이는 '강남불패'라는 통념과 정반대되기 때문에 집값 상승기 때의 생각에 젖어 있는 사람들이라면 받아들이기 힘들 것이다. 하지만 데이터를 분석해보면 그럴 가능성이 높다. 지난 주택시장 사이클도 고점을 찍은 이후에도 서울 강남 지역의 주택 가격이 다른 지역보다 먼저 빠졌고, 낙폭 또한 컸다. 그림 3-20과 그림 3-21에서 보는 것처럼 서울 강남 지역 아파트의 실거래 흐름을 확인해보면 당시 주택 가격이 6~7년간에 걸쳐서 매우 큰 폭으로 빠졌음을 확인할 수 있다.

만약 코로나 폭등기의 영끌족 현상만 없었더라면 이전 하락 사이클 때

그림 3-19 : 외지인의 주택 매매 거래 비중
(2006년 1월~2022년 5월)

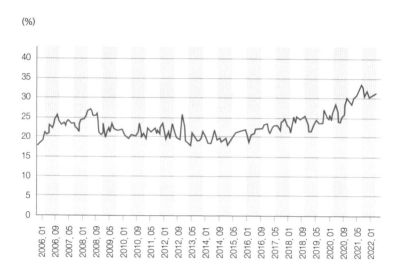

(%)

국토교통부 자료를 바탕으로 선대인경제연구소 작성

대한민국 위기와 기회의 시간

그림 3-20 : 서울 강남구 도곡동 도곡렉슬 1

(억 원)

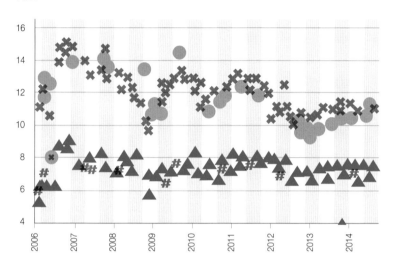

▲ 59.98m²
59.99m²
● 84.92m²
✖ 85m²

국토교통부 실거래가 공개 시스템 자료를 바탕으로 선대인경제연구소 작성

그림 3-21 : 서울 송파구 잠실동 주공 5단지

(억 원)

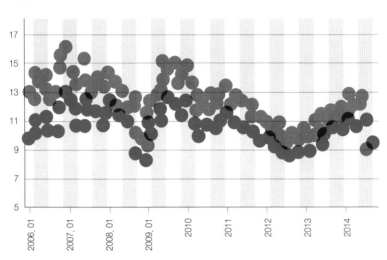

● 76m²
● 82m²

국토교통부 실거래가 공개 시스템 자료를 바탕으로 선대인경제연구소 작성

대한민국 위기와 기회의 시간

처럼 서울 강남 등 핵심 지역부터 가격이 하락할 가능성이 높았다. 실제로 2018년 9·13대책이 나온 이후 강남 등 핵심 지역부터 집값이 하락하며 주택 거래가 위축됐다. 2018년 12월 시점에 아파트 매매 거래량을 전년 대비 증감율로 나타낸 그림 3-22를 보면 가격이 급등했던 동작구, 강남구, 양천구, 영등포구, 마포구, 서초구 등의 순으로 거래량이 감소했다.

이와 함께 2018년 11월 첫째 주 대비 12주가 지난 시점에서 서울 구별 아파트 시세 증감률을 살펴봐도 그림 3-23에서 보는 것처럼 강남구, 송파구, 서초구, 양천구, 마포구, 용산구 등의 시세 하락 폭이 가장 컸다.

'강남불패'만이 아니라 강남 집값은 빠져도 다른 지역보다 덜 빠진다는 '강남덜패'도 장기적으로 보면 틀릴 가능성이 높다. 봉우리가 높으면 골도 깊은 법이다. 주택 가격이 많이 치솟았으면 그만큼 많이 빠질 가능성이 높다. 서울 강남 지역이라고 예외는 아닐 것이다. 물론 지난 주택시장 사이클에 비하면 서울 강남의 선호도가 더 높아진 것 또한 사실이기에 강남 지역의 절대 가격 수준 자체는 여전히 상대적으로 높게 유지될 것이다. 하지만 한 지역 안에서의 변동폭은 적지 않을 것이다.

만약 강남 등 핵심 지역 집값이 빠지면 수도권을 중심으로 주택 가격이 한 단계 더 내려갈 수 있다. 서울 강남 지역은 수도권 주택 가격, 더 나아가 전국 주택 가격의 기준점 역할을 하기 때문이다. 서울 강남 지역에 대한 접근성에 따라, 또는 서울 강남 지역의 인프라 수준과 비교해서 그동안 집값이 형성됐기 때문이다. 2단계와 3단계는 향후 2~3년 안에 발생할 가능성이 높으며 이 두 과정을 거치며 주택 가격은 꽤 큰 폭으로 조정될 것이다.

그림 3-22 : 서울 구별 아파트 매매 거래량 증감률
(2018년 12월/전년 동기 대비)

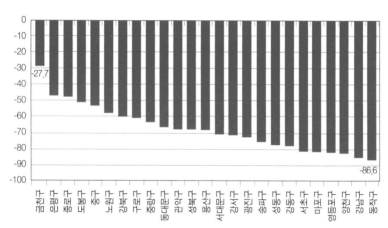

(%)

국토교통부 자료를 바탕으로 선대인경제연구소 작성

대한민국 위기와 기회의 시간

그림 3-23 : 서울 구별 아파트 시세 증감률
(2018년 11월 5일 대비 12주 변동율)

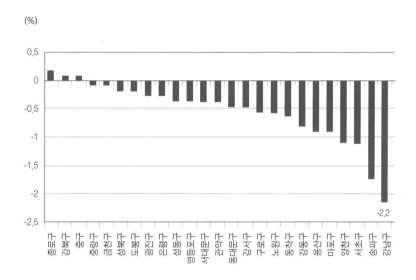

(%)

아파트 실거래가지수 자료를 바탕으로 선대인경제연구소 작성

4단계: 하우스푸어와 영끌족 불황

2단계와 3단계가 마무리되면서부터는 상대적으로 완만하지만 지속적 하락세가 진행되는 4단계로 접어들 것으로 보인다. 4단계에서는 과도한 부채 부담을 이기지 못한 가구들이 점점 늘어나면서 부채 디플레이션 효과가 부동산시장에 지속적으로 영향을 미친다. 이때는 이를 악물고 버티던 고부채 가계들이 더 이상 버티지 못해 매물을 내놓거나 금융업체로부터 집을 차압당하는 경우가 발생한다. 1~3단계를 거치며 역전세난과 깡통전세, 하우스푸어, 금융권의 주택담보대출 관련 부실채권 증가 등의 문제가 심해지는 단계로 볼 수 있다.

우선 역전세난과 깡통전세 문제를 살펴보자. 보통 전세가는 주택의 실수요를 대변한다고 본다. 무엇이 전세 가격을 좌우하는가에 대해서는 논란이 많지만, 결국 전세 가격을 끌어올리는 가장 강력한 동인은 주택 매매가의 상승이다. 당연히 집값 상승기 때는 매매가에 맞춰 전세 가격이 올라간다. 더구나 박근혜 정부와 문재인 정부를 거치며 어마어마하게 늘어난 전세자금대출은 전세 가격을 계속 밀어 올렸다. 반면 주택 매매가가 하락하는 구간에서는 전세가가 상대적으로 더 빨리 떨어진다.

그러면 어떤 현상이 벌어질까. 이전에는 세입자가 전세가를 계속 올려주었고, 올라오는 전세보증금을 이용해 소비를 하거나 다른 주택을 사거나 다른 곳에 투자하는 데 썼다. 전세가가 지속적으로 오르는 상황이었기 때문에 이렇게 하더라도 아무런 문제가 없었다. 오히려 집주인들은 가만히 앉아서 공돈이 생긴 것처럼 착각할 정도였다. 하지만 매매가가 하락하는 가운데 전세가가 몇 년간 지속적으로 하락하면 어느 단계에서는 2년 전, 4년 전보다 더 낮은 전세가가 형성될 수 있다.

그 경우에는 집주인이 자신의 현금을 보태서 전세보증금을 빼줘야 하는 상황이 발생한다. 집주인이 이런 상황을 잘 대비하고 있으면 다행이지만, 오랫동안 지속된 주택 가격 상승세에 대비가 안 된 집주인이 더 많을 것이다. 상승 사이클 때는 전세가 상승이 집주인에게 여분의 현금을 제공했지만 이 단계에서는 현금이 계속 축나는 것이다. 이 과정에서 전세보증금 반환과 관련된 분쟁이 속출할 것이다.

일부에서는 임대차 3법이 도입된 지 2년이 지난 2022년 하반기 전세 재계약 시점에 전세가가 더 올라갈 것이라 예측하는 사람들도 있다. 하지만 그림 3-11에서 본 것처럼 임대차 3법에 따른 전세가 상승 현상은 일시적인 상황에 그쳤을 뿐이고, 재계약 당시의 전세가는 당장의 주택시장 약세 흐름을 따라갈 가능성이 높다.

이뿐만 아니라 부채 부담이 큰 집주인들은 현금 확보를 위해 빨리 집을 팔아야 한다. 이때는 가격을 내려서 매물을 내놓게 되는데, 이런 상황에서 세입자에게 전세가를 올려받기가 힘들게 된다. 집주인들의 협상력이 상대적으로 약화되면 오히려 역전세난이 발생할 수 있다.

또한 그동안 지방 아파트나 수도권의 연립주택과 빌라 등의 경우 매매가와 전세가가 거의 차이가 나지 않는 사례가 많았다. 그래서 이들을 대상으로 한 갭 투기가 들끓었던 것이다. 이런 경우 매매가가 기존의 전세가 아래로 추락하는 '깡통전세' '깡통주택'이 속출할 수 있다. 최근 몇 년간 갭 투기가 워낙 성행했기 때문에 깡통전세 문제가 예전 하락 사이클 때보다 훨씬 더 광범위하게 일어날 수 있다. 갭 투기가 성행한 지역의 주택들이 특히나 위험하다. 갭 투기자들의 대출 연체나 의도적인 대출 상환 포기와 맞물리면, 세입자들이 전세금을 되찾지 못하는 사례가 증가할 수 있다. 상당히 심각한 사회 문제가 될 수 있다.

갭 투기자 가운데에는 몇십 채씩 집을 매수한 사람들이 꽤 많다. 집값이 오를 때는 그 사람들이 돈을 더 크게 벌지만, 떨어지면 손실 폭이 훨씬 커지는 극단적인 레버리지 효과가 발생한다. 예를 들어 전세보증금과 은행대출 등을 이용해서 지방의 3억 원짜리 집도 불과 몇천만 원 이내의 자금으로 집을 살 수 있었다. 이게 한두 채가 아니라 10채라면 평가 차액의 총액이 5억 원에 이르는 것이다.

반면 매매가와 전세가가 동시에 떨어지는데, 이 차이가 벌어지면 문제가 심각해진다. 예를 들어 예전에는 매매와 전세의 차이가 2,000만 원 정도였는데, 5,000만 원 정도로 벌어지게 되면 갭 투기자는 3,000만 원을 더 돌려줘야 한다. 그런데 현금 여력이 없고, 은행에서 더 이상 자금을 빌리기도 어렵고, 빌린다 하더라도 여러 채 이상 갭 투기한 사람들의 경우에는 금리 부담이 매우 커진다.

자금을 융통하기 위해 집을 팔려 해도 거래가 잘 안 되고, 팔더라도 오히려 손해를 보고 팔아야 하는 상황이 적지 않게 생겨날 수 있다. 이런 상황이 지속되면 무리하게 갭 투기를 한 사람들은 결국 대출금을 상환하지 못하고 집을 차압당하거나 신용불량자가 될 수도 있다. 더 큰 문제는 그런 갭 투기자들을 집주인으로 둔 세입자들이 소중한 전세보증금을 돌려받지 못한다는 것이다. 따라서 집주인이 갭 투기자로 보인다면 조심해야 한다.

이 단계에서는 하우스푸어 문제도 심각해질 것이다. 하우스푸어란 무리하게 빚을 내 산 집의 가격은 계속 떨어지는데, 빚에 쪼들려 생활비를 극도로 줄여 빈곤층처럼 살게 되는 경우를 말한다. 하우스푸어는 지난번 하락기인 2011~2012년 무렵에 큰 사회적 문제가 됐다. 특히 2020년~2021년에 고점 근처에서 주택을 매수한 영끌족들이 하우스푸어가 될 가능성이 높다. 2년 동안 수도권 주택이 약 60만 건 정도 거래됐는데, 앞에서 살펴본 코로나 시기 아파트 매수자들의 부채 실태로 미뤄보건대, 수도권에서는 무리하게 매수한 사람들의 비율이 최소한 60% 정도여서 36만 가구 정도는 될 것이다.

2년 동안 전국 기준으로는 주택이 약 150만 건가량 거래됐으니, 보수적으로 잡아도 절반 정도인 약 70만 가구 정도가 굉장히 무리하게 집을 산 사람들로 추정된다. 코로나 사태 이전에도 무리하게 집을 산 사람들이 많지만, 비교적 빠른 시일 안에 주택 가격이 매수 가격보다 낮아질 수 있는 코로나 시기 단 2년의 거래량만 한정해도 이 정도다.

하우스푸어들이 양산되면 '영끌족 불황'과 '영끌족 저출산'이 발생할 수 있다. 영끌족들이 대출 원리금 상환에 가계 자금과 소득을 최우선적으로 쓰고 생활비는 극도로 줄이게 되어 내수 침체가 올 수 있다는 의미이다. 이른바 가계 수준의 '대차대조표 불황'이라고 할 수 있다. 대차대조표 불황은 일본의 기업과 가계가 부동산 버블이 무너질 때 발생한 현상이다. 자산 가격은 하락하는 반면 부채는 그대로 남아 부채를 상환하는 데에 자금을 최우선으로 쓰는 바람에, 기업의 투자가 줄고 가계 소비가 줄면서 발생한 불황을 의미한다.

영끌족 가운데 상당수가 이미 부채를 갚기 위해 극도로 생활비를 아끼는 행태를 보이고 있다. 소득은 충분치 않은데 빚은 잔뜩 냈다. 원리금을 같이 상환하느라 300~400만 원을 은행에 매월 내야 한다. 부부가 합산해 1억 원 이상의 소득이 있다 해도 실수령액은 월 700만 원이 안 될 것이다. 여기서 300~400만 원을 대출 이자와 원리금 상환에 쓰게 되면 생활이 빠듯해진다. 부부의 합산 소득이 1억 원을 넘으면 다행이지만, 이보다 소득 수준이 낮은 가구도 매우 많다. 이렇게 되면 한창 소비할 연령대의 가계가 소비를 극단적으로 줄여 내수 침체가 오고 경기를 위축시키는 요인이 될 수 있다.

유동성 과잉 시기에 가계부채를 잔뜩 부풀려 한국 경제가 실제 실력 이상으로 추가적인 내수 성장을 했다고 하면, 이제는 가계부채로 내수 위축 효과가 발생하는 것이다. 영끌족 중에는 버티다 못해 신용불량자로 전락할 사람도 있을 것이다. 안타까운 일이지만 자신이 선택한 일이기에 그 결과에 대한 책임도 져야 한다. 이들 가계가 대차대조표를 복구하려면 얼마나 걸릴까. 최소 10년 이상이 걸릴 것이다. 자신들이 매수한 주택 가격이 몇억 원씩 하락한다면 이들 가구가 고를 수 있는 선택은 2가지다. 계속 허리띠를 졸라매고 부채를 줄이는 데 진력하는 것이 하나다. 다른 하나는 부채를 상환하다가 결국 주택을 던지고 새로 출발하는 것이다. 어느 경우가 됐든 이들로 인해 촉발된 내수 침체와 주택 매도 행렬로 인해 주택 가격은 몇 년간 꾸준한 하락세를 보일 가능성이 높다. 이런 흐름이 4단계에

대한민국 위기와 기회의 시간

서 가장 뚜렷하게 나타나는 현상이 될 것이다.

'영끌족 불황'과 함께 '영끌족 저출산' 현상까지 생겨날 것으로 전망된다. 한국은 코로나 폭등기 이전에도 집값이 너무 오른 반면 소득은 부족한 많은 젊은이들이 결혼을 미루면서 세계에서 가장 낮은 출생률을 계속 경신하고 있었다. 신혼 보금자리를 마련하기 위해 결혼을 미루거나 아예 포기하는 경우도 많았다. 이렇게 결혼이 늦어지면서 30대 초중반에 첫 아이를 가지게 되고, 사회적으로 노동 시간이 길고, 양육과 보육 환경이 열악한 상황에서 둘째까지 가지기 어려운 상황이었다. 이런 와중에 코로나 시기에 집값이 폭등하고 젊은 층이 대거 영끌 매수에 가담했다. 영끌 한 신혼 부부들은 빚을 갚느라 쓸 돈이 없어서 아이 낳기를 꺼리거나 미루게 될 것이다. 앞으로 '영끌족 저출산' 현상이 발생할 것이 충분히 예상된다. 또한 한 단계 더 높아진 집값에 부담을 느낀 미혼 젊은이들은 더더욱 결혼을 미루거나 아예 포기하게 될 것이다. 이런 선택들이 쌓이면서 한국의 저출생 문제는 최악의 수준으로 치달을 수 있다. 한국전쟁의 폐허에서 시작해 선진국 반열에 오른 기적과 같은 나라에서 한편으로는 스스로 절멸하기로 작정한 듯한 디스토피아적 상황이 연출되는 것이다.

5단계: 뒤늦은 주택 공급과 인구 충격의 만남

4단계까지 모두 거치는 데에 최소 4~5년 이상이 걸릴 것으로 예상된다. 하지만 4~5년이 지난다고 해서 과거처럼 가파른 상승세가 나타나는 시기로 돌아가기는 어려울 것으로 전망된다. 4~5년 후가 되면 생산가능인구가 한 해에 30~40만 명씩 줄어드는 시기에 진입하게 된다. 평균 가구원 수가 2.6명가량이므로 한 해에 가만히 있어도 주택 수요가 10~15만 호 가량 줄어드는 시기로 접어들게 되는 것이다.

불과 10여 년 전까지는 생산가능인구가 증가해 한 해 주택 수요가 10~15만 호씩 늘어나던 시기가 있었다. 이제는 정반대 양상이 전개된다. 특히 30대 후반과 40대 전반, 그리고 50대 후반의 주력 주택 수요 연령대 가구 수가 2024년부터 급감하기 시작한다. 통계청 장래 가구 추계에 따르면, 이들 연령대 가구 수가 2021년에는 약 1.2만 가구 줄어드는 데 그쳤지만, 2024년에는 10.8만 가구, 2026년에는 19.2만 가구까지 줄어드는 것으로 나타난다.

이미 주택 수요에 가장 큰 영향을 미치는 연령대 가구가 미래 수요를 상당히 소진한 상태에서 2024년부터는 숫자 자체가 급감하게 된다. 이것이 주택시장 하락 4단계와 맞물려 주택시장 침체가 장기화할 수도 있다. 주요 주택 수요 연령대 인구의 감소 시기와 주택의 공급자 역할을 하는 노령 세대가 증가하는 시기가 맞물리는 등 인구구조가 주택시장에 미칠 영향에 대해서는 뒤에서 자세히 설명하겠다.

반면 이 시기 주택 공급은 오히려 뒤늦게 증가할 수 있다. '주택 공급 부족론'이라는 대다수 언론들의 왜곡 보도 때문에 추진된 수도권 3기 신도시 사업의 입주 물량이 본격적으로 쏟아지는 시기가 2026~2027년 무렵이다. 물론 주택시장 침체에 따라 3기 신도시 사업 물량은 일정 부분 조정될 것이다.

나는 앞으로 공급 과잉 양상이 뚜렷해질 것으로 보아, 비상임이사로 있는 경기주택도시공사에 향후 3기 신도시 사업 추진 재점검을 요구한 바 있다. 하지만 3기 신도시 사업을 주도하는 LH공사나 경기주택도시공사도 기본적으로는 기업이다. 공기업이라 해도 일감이 있어야 한다. 정부가 주도하는 주택 사업인 만큼 부동산 경기가 극단적인 최악의 수준에 머물지 않는다면 대체로 일정한 수익은 남길 수 있다. 그러니 정부 차원의 과감한 결단이 있지 않는 한 이들 사업은 그대로 추진될 가능성이 높다. 뿐만 아니라 윤석열 정부는 임기 내 주택 250만 호를 공급하겠다고 공언했다. 2022년 현재 2,078만 가구인 나라에서 12%가 넘는 물량의 주택을 5년 동안 공급할 수 있다면 확실히 주택 가격을 안정시킬 수 있을 것이다.

　그런데 정책 발표 이후부터 실제 주택 공급까지 걸리는 기간을 감안하면 이번 주택시장 하락 사이클의 가장 바닥 구간에서 주택 공급이 본격화할 가능성이 높다. 주택 가격의 하향 안정화를 바라는 사람이지만, 이런 막무가내식 주택 공급은 엄청난 자원 낭비다. 더구나 주택시장이 조정을 거치고 일정하게 반등할 수 있는 시점에 인구 충격과 함께 공급 충격이 일어나면 국내 주택시장을 장기 침체로 끌고 갈 수 있기 때문에 바람직하지 않다고 판단된다.

　이 과정에서 정부가 제대로 대응하지 못하면 경우에 따라 부동산이 폭락하면서 금융 시스템 위기를 초래할 가능성도 배제할 수 없다. 이미 여러 전문가들이 이 위험한 시나리오의 가능성을 이야기하고 있다.

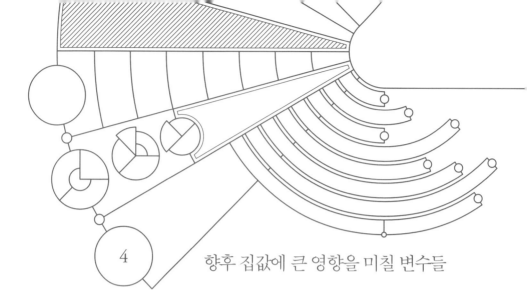

향후 집값에 큰 영향을 미칠 변수들

금리에 주목하라

국내 주택시장이 어떤 식으로 하락할지, 그 과정에서 어떤 현상들이 나타날지 전망해보았다. 이러한 전망은 경제 흐름의 전개에 따라 구체적인 양상이 달라질 수 있다. 가능성은 낮지만 어떤 이유에서든 미 연준이 다시 초저금리와 양적완화 기조로 돌아간다면 이러한 시나리오는 완전히 달라질 수 있다.

이처럼 어떤 전망이든 향후 상황 전개에 따라 얼마든지 달라질 수 있음을 염두에 두어야 한다. 이런 점을 감안해 여기에서는 독자들이 상황 변화에 따라 스스로 판단을 조정할 수 있도록 향후 주택시장 흐름에 가장 큰 영향을 미칠 변수들을 소개한다.

대한민국 위기와 기회의 시간

우선 집값에 가장 큰 영향을 미칠 변수는 당연히 금리와 양적긴축 추이다. 그다음은 대출 규제를 어느 정도 완화할지, 주택 공급을 언제 얼마나 공급할지, 국내 경기의 흐름이 중요하다고 판단된다.

금리와 양적긴축을 가장 중요하게 봐야 하는 이유는 앞에서 설명한 그대로 지금껏 집값이 오른 가장 큰 이유가 저금리와 과잉 유동성이었기 때문이다. 미 연준이 언제 어떤 속도로 금리를 올리고 양적긴축을 진행할지에 따라서 글로벌 유동성의 축소 정도와 속도가 달라질 것이다. 그 영향을 한국도 고스란히 받을 가능성이 높다. 국내 가계부채가 극도로 늘어난 상태라서 다른 어떤 나라보다 영향을 받는 정도가 높기 때문에 이에 특히 주목해야 한다.

집값이 오르려면 집을 사려는 수요가 있어야 한다. 그런데 유효수요effective demand는 집을 사려는 의사willing to pay뿐만 아니라 구매력able to pay이 뒷받침돼야 한다. 국내 언론이나 일부 부동산 전문가 가운데는 구매력이 뒷받침되지 않고 욕구만 있는 상태want를 유효수요로 포장하는 경우들이 많다. 이를 잘 구분해서 이해해야 한다. 대다수 사람들이 벤츠, BMW, 포르쉐와 같은 고급차를 사고 싶어 하지만, 모두 그런 고급차를 살 구매력이 있지는 않다. 마찬가지로 많은 사람들이 서울 강남 지역에 살고 싶어도 높아진 집값을 감당할 수 있는 구매력이 있는 사람들은 제한적이다.

그런데 많은 언론에서 강남 아파트를 사고 싶어 하는 욕구를 유효수요인 것처럼 포장하는 경우가 너무 많다. 기본적으로 유효수요가 늘어나려면 사람들의 소득이 늘어나는 것이 정상적인 경로다. 그런데 소득은 단기간에 가파르게 늘지 않기 때문에 상승 사이클에서 사람들이 빚으로 부족한 자금을 조달하는 것이다. 앞으로도 대출 규제가 느슨한지 엄격한지에 따라 주택 수요, 가수요가 상당한 영향을 받는다. 엄격한 대출 규제가 금리와 유동성 과잉 상황을 어느 정도 제어해주기는 하지만, 금리 효과를 완전히 상쇄하기는 힘들다.

반면 느슨한 대출 규제가 금리 인상과 유동성 축소 상황을 일정하게 완충할 수는 있겠지만, 금리 인상 효과를 역시 모두 상쇄할 수는 없다. 특히 하락 사이클에서는 대출 규제를 완화해도 집값 상승에 대한 기대감이 많이 사라져 실제로 대규모 주택 매수와 집값 상승으로 이어지기는 어려울 것이다.

그다음으로 중요한 변수는 주택 공급이다. 앞에서 설명했듯이 기본적으로 주택 공급 때문에 집값이 오르고 내렸던 것은 아니다. 주택 공급이 영향을 미치더라도 주로 입주 시점에 국지적으로 영향을 미친다. 대표적으로 2018년 말 서울 송파구에 헬리오시티라는 대단지 아파트가 입주할 때 주변 지역의 매매가와 전세가가 일시적으로 약세를 보인 적이 있다. 하지만 1만 세대에 육박하는 대단지 아파트가 들어서도 그것이 지속적인 효과를 내지는 못했다.

주택 공급은 시장이 하락 사이클에 들어간 상태에서 충격을 줄 수 있다. 3기 신도시 정책과 정부의 250만 호 공급 계획의 상당 부분이 진행된다면 상당히 큰 물량 충격이 있을 수 있다. 그런 면에서 이들 사업들이 계획대로 추진될 것인지 여부를 잘 살펴보자.

국내 경기도 중요한 변수다. 금리 인상과 양적긴축에 따라 국내 내수는 상당 기간 위축될 것으로 보인다. 코로나로 억눌렸던 소비 수요가 일정하게 분출될 수 있으나, 가계의 부채 상환 부담을 충분히 상쇄하기 어렵다고 판단된다. 이런 가운데 한국 산업과 기업이 얼마나 선방하느냐에 따라 한국 경제의 충격 흡수 여력이 달라질 것으로 보인다. 예를 들어 주택시장이 가라앉았더라도 국내 수출 산업이 비교적 잘 버텨준다면 부동산 하락의 충격을 완화할 수 있을 것이다. 반면 국내 수출이 곤두박질친다면 부동산시장의 하락 속도가 더 빨라질 수도 있다.

인구구조 변화와 부동산

인구구조 변화는 단기적인 주택시장 흐름에 바로 영향을 미치는 변수는 아니지만, 장기적으로는 국내 주택시장에 가장 크고 지속적인 영향을 미칠 것이다. 인구구조는 수십 년 전에 이미 정해지기 때문에 변수가 아니라 상수에 가깝다. 2016년부터 15~64세 사이의 생산가능인구가 감소하고, 2020년부터 전체 자연인구가 감소한다. 이는 정해져 있는 미래다.

　상식적으로는 인구가 줄면 주택 수요가 줄어드니 당연히 집값이 하락한다. 그런데 2014년 이후 주택 가격이 계속 올랐기 때문에 인구가 감소해도 집값에 큰 영향이 없다는 주장이 많이 퍼져 있다. 과연 그럴까.

　지금도 인구가 감소하고 있지만 본격적으로 감소하는 단계에 아직 들어가지 않았다. 생산가능인구가 줄어들기 시작한 것은 불과 몇 년 전이고, 감소 폭도 그동안 연간 몇만 명 수준으로 크지 않았다. 게다가 많은 이들이 가계부채를 일으켜서 몇 년치 미래 수요를 앞당겨 부동산을 소비했기에 몇 만 명 정도의 인구 감소 효과는 쉽게 상쇄하고도 남았다.

단적으로 코로나 부채 폭발 시기인 2020년 연간 아파트 매매 거래량은 93.4만 건이었는데, 이는 2006년 집계 이래 가장 많은 거래량이었다. 이전 3년간(2017~2019년) 거래량은 평균 57.3만 건 정도였다. 사람들이 앞다퉈 빚을 끌어와 집을 사는 바람에 예년에 비해 36만 호 이상 많은 거래량이 일어난 것이다. 생산가능인구가 5만 명가량 줄어든다고 해도 평균 가구원 수를 2.5명 정도로 잡는다면 2만 호 정도의 수요가 줄어든다. 그러니 부동산 광풍이 몰아치면 인구가 몇 만 명이 줄어드는 정도로는 별다른 영향을 미치지 못한다.

하지만 인구구조 변화의 효과는 지속적으로 누적된다. 한두 해는 몰라도 주택 수요 연령대 인구가 줄고 주택을 공급하는 역할을 하는 노후세대 인구가 늘어나는 흐름이 10년, 20년 이상 누적되면 앞으로 어떻게 될까. 주택 수요 연령대를 모두 포함하고 있는 50대 이하 가구 수 추이를 나타낸 그림 3-24를 살펴보자. 통계청의 장래 가구 추계에 따르면 50대 이하 가구 수는 2016년에 처음 8,776가구가 감소한 뒤 이후 2021년에는 15.8만 가구 가량 감소하는 것으로 나타났다. 이런 감소세는 매년 10~25만 가구 정도가 향후 수십 년 동안 이어지게 된다. 매년 10만, 20만 가구씩 줄어드는 것도 주택 수요 측면에서 상당한 위축 효과를 준다. 이보다 더 중요한 것은 주택을 매수해 줄 수요층 자체가 장기에 걸쳐 누적적으로 증발해버린다는 것이다. 실제로 50대 이하 연령대 가구 수는 정점을 기록한 2017년 1,377만 가구였으나 2027년에는 1,267만 가구, 2032년에는

그림 3-24 : 50대 이하 추계 가구 수 추이
(2000~2047년)

(백만 : 가구 수)   (십만 : 증감 수)

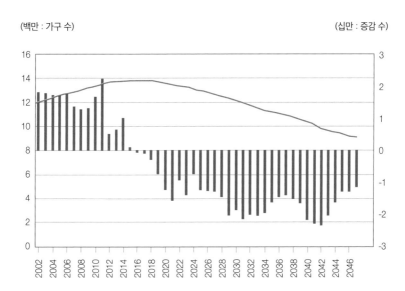

■■■ 증감
■■■ 가구 수

통계청 가구추계 자료를 바탕으로 선대인경제연구소 작성

1,172만 가구로 줄어든다. 50대 이하 가구 수가 정점인 시기부터 10년 만에 110만 가구, 15년 만에 200만 가구 이상 줄어드는 것이다. 지금부터 25년 후인 2047년에는 이 가구 수가 913만 가구로 줄어든다. 장기적으로 주택을 매수해줄 수 있는 수요의 원천 자체가 줄어드는 것이 인구구조 변화의 가장 큰 영향이다. 이처럼 장기적인 인구 감소의 효과는 쉽게 넘을 수 없는 장벽이 된다.

인구구조 변화와 주택시장의 관계를 더 자세히 살펴보자. 이번에는 주택시장에서 가장 강력한 매수 연령대인 30대 후반, 40대 전반, 50대 전반, 이 세 연령대의 향후 가구 수 추이를 살펴보자. 데이터를 분석해보면 그림 3-25에서 보는 것처럼 물결을 치듯이 오르락내리락하면서도 크게 보면 계속 줄어든다. 큰 흐름에서는 줄어들지만 2~3년간은 특정 연령대 인구가 늘어나는 시기도 있다.

일례로 문재인 정부 후반 시기에 40대 전반과 50대 전반의 가구 수는 오히려 늘어났다. 그런데 향후 몇 년 동안은 이 연령대가 가파르게 줄어드는 시기로 진입한다. 그림 3-26에서 보듯이 주택 가격 하락 압력이 강한 상황에서 인구구조 측면에서도 집을 살 사람들이 줄어드는 시기로 들어가는 것이다. 향후 3~4년 후부터가 주택 수요 연령대 가구 감소에 따른 영향이 주택시장에 나타나는 1차 시기가 될 것으로 전망된다. 그리고 그 효과는 시간이 갈수록 점점 더 선명해질 가능성이 높다.

반면 65세 이상 가구 수는 그림 3-27에서 보는 것처럼 향후 가파르게 늘어난다. 2022년 한 해 25.1만 가구가 증가하고, 2026년에는 한 해에만 34.5만 가구가 증가하는 등 향후 5년간 증가세가 매우 가파르다. 이들 65

그림 3-25 : 주요 주택 매수 연령대별 가구 수
(2000~2047년)

(백만)

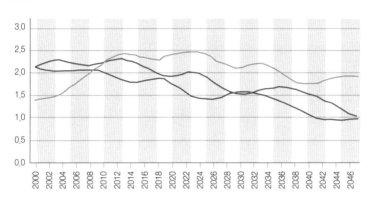

■■■■ 35~39세
■■■■ 40~44세
■■■■ 50~54세

통계청 가구추계 자료를 바탕으로 선대인경제연구소 작성

그림 3-26 : 주요 주택 매수 연령대 가구 수 통합 증감

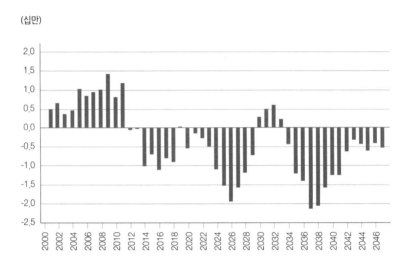

(십만)

통계청 가구추계 자료를 바탕으로 선대인경제연구소 작성

대한민국 위기와 기회의 시간

그림 3-27 : 65세 이상 추계 가구 수 추이(2000~2047년)

(백만 : 가구 수)   (십만 : 증감 수)

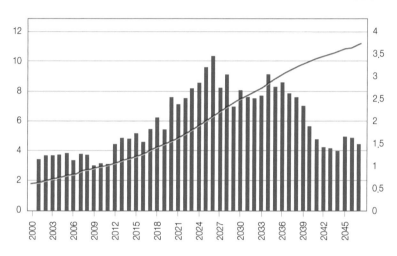

■■ 증감
▨▨ 가구 수

통계청 가구추계 자료를 바탕으로 선대인경제연구소 작성

세 이상 노령가구는 전체적으로는 주택의 순공급자 역할을 한다. 즉 노후를 준비하면서 주택을 팔거나 줄여가는 세대다. 이는 그림 3-10-1에서 보는 것처럼 연령대별 자산 규모가 50대까지 늘어났다가 60대 이상에서 큰 폭으로 줄어드는 것에서 뚜렷이 드러난다. 때문에 65세 이상 연령대 가구 수가 늘어날수록 주택 수급 측면에서는 오히려 공급이 늘어나는 효과가 발생한다. 기존에는 주택건설업체가 주택을 건설하는 물량만 공급이라고 생각했는데, 앞으로는 노후세대가 노후자금 마련을 위해 매물로 내놓거나 상속하는 주택 역시 주요한 주택 공급원이 된다.

이렇게 살펴보면 인구구조 변화가 주택시장에 미칠 영향은 분명한데도 이를 부정하고 '집값이 오른다'는 쪽으로 몰아가는 주장이 많다. 예를 들어 향후 인구가 감소하면 수요가 줄어 집값 하락 요인이 될 거라는 주장을 호도하기 위해, 주택 수요는 인구가 아니라 가구 수가 결정한다고 주장한다. 1인가구 수가 늘어나기 때문에 향후에도 수요는 계속 늘어나서 주택 가격이 오를 수밖에 없다는 식이다. 가구 수가 늘어나는 것은 맞지만, 앞에서 본 것처럼 가구 수를 연령대별로 나눠서 살펴보면 주택 수요 연령대 가구 수는 줄어드는 반면 공급 연령대 가구 수가 늘고 있다. 그리고 늘어나는 가구 수의 거의 대부분이 1인가구 혹은 2인가구다. 그런데 1인가구의 소득 여력은 2인가구 이상 평균 소득의 40~45% 전후에 불과하다. 1인가구의 대부분이 독거노인이거나 아직은 소득 여력이 부족한 젊은 세대다. 이들이 매매용 또는 투자용 아파트의 유효수요라고 보기 어렵다. 이들은 대체로 연립, 빌라, 오피스텔 등의 임차 수요자에 가깝다고 봐야 한다.

65세 이상 노령세대 가구 수가 늘어나는 사실 자체를 부정할 수 없다 보니 이들을 공급이 아닌 수요 연령대로 왜곡하려는 시도도 나온다.《조선일보》가 2016년에 보도한 "빗나간 정설定說… 5060 주택 구매 급증"이라는 기사가 대표적이다. 오래전 기사이긴 하지만, 유명한 경제 저술가가 그의 책에서 인구 노령화가 진행돼도 주택 수요가 위축되지 않는다는 근거로 인용하면서 사람들에게 널리 알려져 있기에 이 기사를 소개한다. 그 논리를 한번 살펴보면 이렇다.

해당 기사는 한국감정원 부동산연구원이 작성한 「최근 5년간 연령대별 아파트 구입자 변화」 보고서를 인용하면서 "2015년 아파트 구입자 중 60세 이상은 11만 2,036명으로 2011년(7만 1,254명)보다 57.2% 급증했다. 같은 기간 아파트 구입자가 가장 많이 증가한 연령층은 55~59세로 58.1%가 증가했다"고 썼다.

이 기사는 심각한 왜곡이다. 우선 기사의 바탕이 되는 보고서에 문제가 있다. 이 기사에서 비교하는 해당 시기(2011~2015년)에 20대는 11.1만 명, 30대는 43.5만 명, 40대는 6.6만 명 줄어든 데 반해 50대는 104.8만 명, 60대는 73.5만 명이나 늘어났다. 전체 인구 가운데 50, 60대 인구가 크게 늘었으니 그들 가운데 자금이 있는 사람 중심으로 아파트를 추가로 살 수 있는 숫자도 늘어난 것으로 집계될 수밖에 없다.

50, 60대의 아파트 구입 비중이 늘었다는 사실은 그 연령대의 인구 수가 늘어난 것으로 설명할 수 있다. 즉, 기본적으로 모수가 늘었기 때문인데 이는 언급하지 않고 아파트 구입자의 연령대 비중 증가율만 이전 시기와 비교해 보여주면서 5060 인구가 알고 보니 집을 사는 수요층이더라는

식으로 주장하는 것은 비논리적이다.

더구나 앞에서 그림 3-10-1에서 본 것처럼 50대 인구는 40대 인구에 비해 자산 규모가 늘어나는 세대이기 때문에 기존에도 주택 매수 연령대였다. 따라서 '50, 60대'를 한데 묶어서 설명하는 것은 논리적으로 문제가 있다. 이 기사의 주장이 맞으려면 원래 주택 매수 연령대인 50대는 제외해야 한다. 그리고 60대에 대해서도 아파트를 매수한 비중이 예전보다 늘어났다는 것만 소개할 것이 아니라 이 세대의 인구 자체가 늘어난 것에 비해 매수 비중이 더 늘어났는지, 그리고 그 세대 전체에서 주택을 파는 사람들이 주택을 사는 사람들의 수를 초과하지 않았는지를 살펴야 한다.

하지만 이런 정보는 기사에 나오지 않았다. 이런 식이면 어떤 시기에 주택을 매도한 40대의 비중이 늘어났다는 사실만을 근거로 '40대, 주택 매도 세대로 전환' 식의 제목을 뽑을 수도 있다. 하지만 그림 3-10-1에서 이미 보았듯이 이 보도가 나온 2016년 10월 이후인 2017년부터 2021년까지 연령대별 자산 규모 추이를 보면 60대 이상의 자산 규모가 50대에 비해 줄어드는 추세에 아무런 변화가 없다.

이런 식의 보도와 주장이 이어지면서 노령화에도 불구하고 주택시장은 영향받지 않는다는 통념이 자리 잡게 되고, 부동산 대세 상승의 논거로 폭넓게 활용됐다. 비단 이 한 사례뿐만 아니라 언론이 엉터리 논리를 일삼는 일부 전문가들을 검증하기는커녕 오히려 확대 재생산하는 상황은 너무나 흔하다. 그리고 이런 논리가 거대한 '부동산 불패신화'의 자양분이 됐다.

흔히 과거 일본이 부동산 버블이 붕괴하면서 심각한 복합 불황에 빠진 직접적인 이유로 인구구조 문제를 든다. 우선 일본은 기업과 가계, 금융업계가 함께 부동산 투기에 가담한 결과, 부동산 버블이 터졌을 때 그 파장이 워낙 클 수밖에 없었다. 하지만 인구구조 문제가 버블 붕괴 후 일본의 복합 불황을 초래한 직접적인 요인은 아니었다. 다만 복합 불황의 여파가 길어지는 가운데 인구구조 문제가 이후 일본 주택시장이 장기 침체에 빠지게 하는 데에 큰 영향을 미쳤다. 한국도 이제 인구구조 충격이 본격화하는 시기로 접어들고 있다. 생산가능인구의 감소와 노령인구 증가의 속도는 지금까지 노령화가 세계에서 가장 빨랐던 일본을 능가하고 있다. 부동산 세력은 스페인 등 많은 유럽 국가들에서 인구가 감소해도 주택시장이 장기 침체에 빠지지 않았다고 주장한다. 그들 나라는 1980년대 일본처럼 극도로 심각한 부동산 버블이 없었고, 생산가능인구 감소와 노령화 속도가 그렇게 빠르지 않았다. 그런데 한국은 일본보다 인구구조 변화 속도가 더 빠르다는 점에서 경각심을 가져야 한다. 대학에 진학하는 연령이 줄어서 대학의 구조조정과 통폐합이 가속화되고 있는데, 장기적 추세로 볼 때 주택시장만 아무런 영향이 없는 상황이 계속될 수 있을까.

이에 대해 지방 인구는 줄지만 수도권 인구는 늘어나니 주택 수요가 유지될 것이라는 주장이 있다. 그 연장선에서 수도권의 '똘똘한 한 채'에 대한 수요는 계속 증가할 것이라는 주장이 이어진다. 그림 3-28을 보자. 수도권 안에서도 인천은 현상 유지, 서울은 인구 순유출 흐름을 보이고 있고 경기도만 인구가 순유입되고 있다. 전체적으로 수도권 인구는 계속 늘어나는 추세이다. 학업과 취업을 위해 서울로 온 20대 인구가 주로 수도권으로 유입된다. 이들이 사람들이 학업을 마치고 직장을 다니면서도 계속 수도권에 머문다. 전 지역을 보면 서울을 포함한 수도권 주택시장이

그림 3-28 : 수도권 시도별 순유입 추이

(만 명)

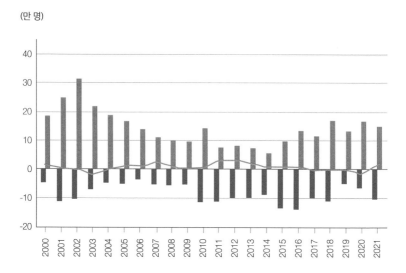

■■■ 서울특별시
■■■ 경기도
■■■ 인천광역시

통계청 인구이동통계 자료를 바탕으로 선대인경제연구소 작성

강한 이유 가운데 하나임은 분명하다. 서울의 인구가 매년 감소한다고 해도 서울과 인접한 경기도와 인천 지역은 큰 틀에서 같은 권역으로 봐야 한다. 새로 유입된 인구가 서울에 머물고 싶어도 주택 가격이 너무 비싸기 때문에 경기도와 인천 지역에 주거지를 마련하는 경향이 강하다.

그런데 수도권의 인구 유입이 언제까지 지속될 수 있을까. 그림 3-29에서 보는 것처럼 수도권에서도 자연인구 증가폭이 급속도로 줄어 2021년에는 불과 3,700명 증가에 그쳤다. 감소세로 전환하기 직전이다. 사회적 이동에 따른 수도권 인구 순유입도 2002년에는 21만 명에 육박했으나 2015년까지는 -3.3만 명으로 오히려 감소했다. 그런데 2016년부터 다시 인구 순유입 추세가 증가세로 돌아서 코로나 시기에는 8.8만 명까지 증가한다. 이를 두고 수도권 인구는 계속 늘어나니 수도권 집값은 계속 오를 것이라는 주장이 공고하다.

하지만 이는 일시적인 흐름일 가능성이 높다. 수도권 인구가 늘어나 수도권 집값이 강세를 띠었다기보다는, 거꾸로 수도권 집값이 가파르게 상승했기 때문에 수도권으로 인구가 몰렸을 가능성이 있다. 실제로 수도권 주택시장이 상대적으로 침체됐던 2010년부터 2015년까지는 수도권 인구 순유입은 줄어들었다.

그러다가 수도권의 주택 가격 상승세가 확연해진 시점부터 수도권 인구 순유입이 증가했다. 이는 시장이 상승세를 탈 때 주식시장에서 시장 주도주로 매수세가 몰리는 현상과 비슷하다. 지방에서 자금력이 있는 사람이나 서울과 지방에 부동산을 여러 채 가진 사람이 수도권 주택 매수로 몰리면서 생긴 현상일 가능성이 높다.

그림 3-29 : 수도권 인구 증가 추이

(십만 명)

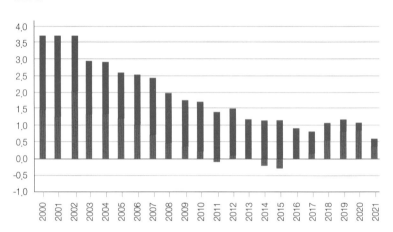

■ 자연 인구 증가
■ 사회 순유입

통계청 국내 인구이동통계 및 인구동향 조사 자료를 바탕으로 선대인경제연구소 작성

　　　　　　　　　　　　　　대한민국 위기와 기회의 시간

수도권은 상대적으로 규제가 강했다. 이 때문에 지방의 주택을 정리하면서 주소를 수도권 안으로 옮기는 경향이 일어났다. 그것이 바로 최근 몇 년간 수도권 인구 순유입의 증가로 나타난 것이다. 이를 뒷받침하는 근거는 인구 순유입이 집중되는 경기도의 연령대별 순유입 인구 추이를 보면 알 수 있다. 그림 3-30에서 보는 것처럼 전통적으로 수도권 인구 순유입이 가장 많은 연령대는 20대였다. 그런데 수도권의 주택 가격이 상승세를 보이기 시작한 2014년 이후 30대와 40대의 순유입이 상대적으로 가파르게 증가했다. 코로나 시기에 30대 영끌족들이 경기도로 몰렸던 사실에서도 알 수 있듯이 30대와 40대는 20대와는 달리 주택 매수를 위해 주거지를 이전한 경우일 가능성이 높다. 이는 인구가 늘어서 수도권 주택 가격이 뛴 것이 아니라 가격이 뛰니 인구가 유입된 것으로 봐야 한다.

이렇게 볼 때 이미 수도권 자연인구는 감소세로 전환하기 직전이다. 여기에 더해 코로나 시기의 집값 폭등세가 마무리되면서 수도권의 사회적 순유입도 둔화되는 추세로 전환할 가능성이 높다. 아마도 수도권 주택시장이 하락세를 지속한다면 순유입 인구도 과거 2013년 무렵처럼 오히려 마이너스로 전환할 가능성이 높다. 그러니 수도권 주택 가격이 계속 상승할 것이라는 주장은 설득력이 약하다.

한편 수도권이 이렇다면 지방의 주택시장은 시간이 갈수록 인구 충격의 여파가 더 강해질 것이다. 일본에서는 '지방 소멸' 현상을 이미 겪고 있다. 한국에서도 빠르게 지방 소멸 현상이 발생하고 있다. 내가 자란 경북 경산의 포도 재배 단지의 경우 꽤 소득이 높은 농촌 지역임에도 불구하고, 이 마을 인구의 80% 이상이 70대 이상 노령층이다. 청년층은 거의

그림 3-30 : 연령대별 경기도 인구 순유입 추이

(만 명)

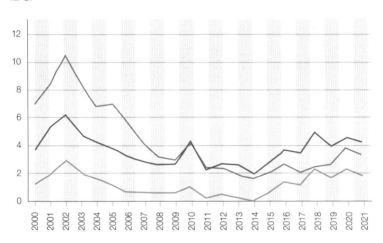

■■■ 20대
■■■ 30대
■■■ 40대

통계청 국내인구이동통계 자료를 바탕으로 선대인경제연구소 작성

대한민국 위기와 기회의 시간

없어서 50~60대가 청년회 회장을 맡고 있다. 아마 10~20년 정도 더 지나면 이 마을에 남아 있는 사람들이 드물 것이다. 대부분 농촌 마을이 현재 이런 상태다.

정도의 차이는 있지만 중소도시도 양상은 비슷하다. 작은 중소도시의 구도심은 이제는 사람 구경조차 힘들고 활력이 떨어지는 곳도 많다. 특히 중소도시의 외곽에 신도시처럼 대규모 신규 아파트를 짓는 일이 벌어져 왔는데, 이런 식으로 중소도시의 원심력이 커지면 커질수록 기존 도심의 공동화 및 인구 감소 현상은 가속화된다.

이렇게 되면 결국 돈을 벌 수 있고 직장을 가질 수 있는 데가 수도권이라고 생각해 지역 사람들이 수도권으로 올라오게 된다. 이 현상이 이미 창원시, 공주시, 포항시와 같은 중견급 도시에 닥치고 있다. 코로나 시기에 유동성이 폭증하기 전까지 2010년대 중반 이후 대부분 도 단위 지역은 그림 3-31-1, 그림 3-31-2에 나타낸 충남이나 전북의 사례처럼 집값이 하락하거나 약세를 보이고 있었다.

코로나 시기에 수도권의 원정 투기 수요 등이 가세하면서 일시적으로 집값이 급등했지만, 향후 이런 도 단위 지역의 주택 가격은 일부 개발 호재가 있는 지역을 제외하고는 지속적인 하락 추세가 강해질 것이다. 시간이 지날수록 대구, 부산, 광주, 대전, 울산과 같은 지방 광역시의 주택시장도 점차 유사한 압력에 직면할 것이다.

그림 3-31-1 : 연도별 아파트 가격 상승률(충남)

(%)

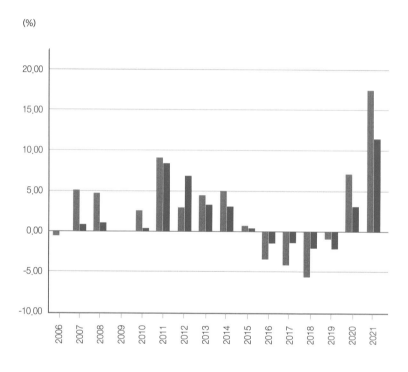

실거래가
국민은행

아파트 실거래가지수 및 국민은행 자료를 바탕으로 선대인경제연구소 작성

그림 3-31-2 : 연도별 아파트 가격 상승률(전북)

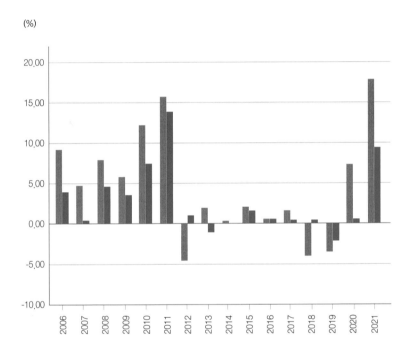

(%)

실거래가
국민은행

아파트 실거래가지수 및 국민은행 자료를 바탕으로 선대인경제연구소 작성

부동산발 금융위기는 올 것인가

부동산 문제를 집중적으로 다루는 이유는 금융위기 가능성이 있기 때문이다. 산더미 같은 가계부채로 부동산 거품을 잔뜩 부풀린 결과 부동산시장이 매우 위태로워졌음은 이미 알아보았다. 그런데 이것이 부동산시장의 위험으로 끝나지 않고 금융시스템 위기로 연결될 수 있다. 2008년 금융위기 당시에도 국내 은행들은 매우 위태로운 고비를 겨우 넘겼다. 그런데 그때 비해 가계부채가 2.6배나 늘어나 있다. 자칫하면 금융시스템에 큰 충격이 발생할 수 있다. 만약 충격이 발생하면 금융업체들은 대출을 최대한 빨리 회수하는 한편 금리를 더 빠른 속도로 올리게 된다. 이러면 부채 부담이 높은 가계들의 연체율이 가파르게 높아질 수 있다. 가계부채를 고리로 해서 금융시스템과 부동산 가격 하락이 연쇄적으로 악순환에 빠져들면, 실물경제마저 끌어내릴 수 있다. 한국의 가계부채 문제가 심각하다는 건 국내 금융업체가 그만큼 리스크에 노출돼 있다는 뜻이기 때문이다.

여기서 2008년 글로벌 금융위기 당시를 간략히 살펴보자. 국내 금융업체들은 2000년대 내내 부동산 가격이 가파르게 오르자 이에 편승해 주택담보대출을 대폭 확대했다. 국내 은행들은 2005년부터 은행에 돈을 맡기는 고객들의 예수금을 뛰어넘는 규모로 주택담보대출을 내줬다. 과거에 은행에 저축하던 사람들이 거꾸로 금융권에서 앞다퉈 돈을 빌려 집을 샀고, 금융업체들은 이를 바탕으로 사상 최대 실적을 올렸다.

대출해줄 자금이 부족해지자 금융업체들은 고객 예수금 외에 양도성 예금증서 발행, 보유채권 매각, 외화 차입 등을 통해 대출을 늘렸다. 특히 국내 시중은행뿐만 아니라 글로벌 저금리 상황을 이용해 국내에 진출한 외국계 은행도 주택담보대출 영업에 열을 올렸다. 이에 따라 2007년 국내 예금은행의 총대출액은 777조 원이었으나, 총 예금액은 580조 원에 그쳤다. 은행은 기본적으로 저금하는 사람들의 자금 범위 안에서 대출을 해야 정상이지만, 이를 훌쩍 넘어 과도하게 대출한 것이었다. 이는 부동산 버블기였던 1980년대 후반 일본의 은행들이 총예금액을 뛰어넘어 과도하게 대출을 내주었던 행태와 닮았다.

　이런 상황에서 2005년 이후 국내외 기준금리가 오르는 가운데 은행도 자금을 조달하기 위해 예금금리뿐만 아니라 양도성예금증서 등 시장형 금융상품의 조달금리도 계속 올려야 했다. 은행 입장에서는 이율이 낮은 금리를 조달해 높은 금리로 대출해줘야 수익성이 좋아진다. 그러려면 이율이 낮은, 즉 자금 조달 원가를 낮춰야 하는데 갈수록 조달 원가가 높아지게 된 것이다. 평균적인 자금 조달 비용이 커지면, 당연히 은행 또한 대출금리를 더 높일 수밖에 없다. 당연히 대출받은 가계의 금리 부담도 커지게 됐다. 이런 상황에서 자칫 내외부의 충격이 발생할 경우 금융시스템 위기로 비화될 수 있었다.

　실제로 2008년 글로벌 금융위기가 발생하면서 외국계 달러 자금이 앞다퉈 국내에서 빠져나가면서 시장금리는 더욱 가파르게 치솟았다. 대출해줄 자금이 빠듯한 상황에서 외국계 자금이 빠져나가자 국내 은행들은 극심한 자금 부족에 시달렸다. 은행권이 유동성 위기에 내몰렸다.

상황이 악화하자 글로벌 신용평가사들이 국내 신용 등급을 하향 조정했다. 국내 금리는 더욱 치솟았고 달러 유출이 더욱 가속화하는 악순환이 발생했다. 국내 경제 상황만 생각하면 금리를 내려야 했지만, 외국인들의 달러 자금 유출 속도를 늦추기 위해 기준금리를 낮출 수도 없었다. 다행히 당시 한국은행이 미국과 통화 스와프를 체결하는 한편 이명박 정부가 은행권에 대규모 구제금융을 제공하면서 위기를 진정시킬 수 있었다.

당시 한국의 금융위기가 진정될 수 있었던 배경은 미 연준이 제로 수준까지 빠른 속도로 금리를 내린 영향이 컸다. 미 연준이 금리를 내리자 한국은행도 비로소 기준금리를 따라 내리면서 국내 금융업체와 업계 및 가계도 진정될 수 있었다.

그런데 현재는 어떨까. 고객 예탁금에 대비한 총대출금의 비율을 예금 대비 대출액의 비율, 즉 예대율이라고 한다. 한국은행이 발표하는 통계상에는 양도성예금증서 등 시장형 채권상품을 통해 조달한 자금도 수신자금에 포함하고 있어서, 순수하게 고객 예탁금에 대비한 대출액 비율을 따로 볼 필요가 있다.

이를 그림 3-32에서 한국은행 통계상의 예대율과 함께 예대율2로 나타내보자. 예대율 추이를 보면 2008년 금융위기 당시 국내에 진출한 외국계 은행들의 자금이 빠져나가면서 예대율2는 한때 135% 수준까지 치솟았다. 그 같은 예대율이 금융위기 이후 어느 정도 진정되면서 110%대까지 하락했으나, 최근까지도 여전히 100%를 넘고 있다. 이번에도 대출의 대부분이 2000년대 금융위기 직전처럼 부동산시장에 들어갔음은 물론이다. 급성 위기가 발생했던 금융위기 당시보다는 예대율이 많이 하락하지 않았느냐고 볼 수도 있다. 하지만 2000년대 초반에 비해서는 여전히 높은 수준이라는 점에서 우려를 거둘 수 없는 상황이다.

더구나 어떤 이유에서든 은행에서 자금이 빠져나가는 상황이 발생하면 은행이 유동성 위기를 맞게 된다. 가장 큰 문제는 은행이 예탁금은 단기로 조달하는 비중이 높지만, 대출은 장기로 운용하는 비중이 높다는 것이다. 자금 운용의 만기 미스 매치가 심각해질 수 있다.

은행의 예수금을 만기별 비중을 살펴보면 최근으로 올수록 6개월 미만과 1년 미만 여수신의 비중이 상당히 커져서 거의 40%에 육박하고 있다. 일반적으로 1년 미만의 예금은 적용하는 예금금리가 낮다. 은행이 경기나 시장 상황이 계속 좋을 것으로 가정해 가급적 금리가 낮은 자금을 조달하려고 단기예금 비중을 적극적으로 늘린 것으로 추정된다.

반면 상대적으로 1년 이상 만기가 긴 예수금 비중은 2008년 금융위기 당시보다 더 줄어들어 있다. 은행이 안정적으로 자금을 대출해주기 위해서는 상대적으로 만기가 긴 예수금의 비중이 높아야 한다. 그런데 이처럼 1년 이내의 단기성 수신자금이 많다는 것은, 만약 경제 상황이 불안하다고 판단되면 곧바로 자금을 뺄 잠재적 자금 규모가 그만큼 크다는 뜻이다. 이른바 '뱅크 런bank run(거래 은행에서 사람들이 한꺼번에 예금을 인출하는 현상)'에 훨씬 더 취약한 구조라는 뜻이다.

은행이 받은 예수금은 단기자금이 많은데, 이를 받아서 은행은 대부분 만기가 최소한 10년 이상으로 긴 주택담보대출로 빌려주고 있다는 것이 핵심이다. 신용대출의 경우에도 만기가 보통 1~2년을 넘는다. 물론 2008년 금융위기 이후 정부 차원에서 주택담보대출의 많은 부분에 대해

그림 3-32 : 국내 시중은행 예대율 추이

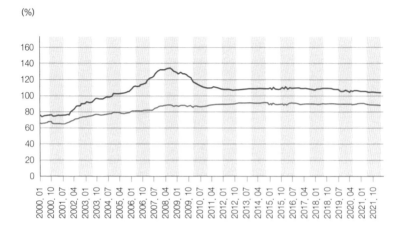

(%)

■■■ 예대율
■■■ 예대율2

한국은행 경제통계시스템 데이터를 바탕으로 선대인경제연구소 작성

대한민국 위기와 기회의 시간

주택금융공사 등 공적 금융기관이 보증을 서고 있다. 이 때문에 시중은행이 도덕적 해이에 빠져 더 과도하게 주택담보대출을 실행한 측면도 강하다.

어쨌든 정부 지원으로 부실 연체에 대한 은행의 부담이 줄었다고 해도, 당장 일어나게 될 유동성 문제는 은행에서 해결해야 할 수밖에 없다. 앞으로 금리가 올라가면서 은행의 자금 조달 비용도 올라갈 수밖에 없다. 당연히 은행 입장에서는 대출금리도 따라 올릴 수밖에 없다. 자금 조달 비용이 올라가는데 이를 대출금리에 반영하지 않는다면 은행이 마진 margin을 줄이면서 그 비용을 감당해야 한다. 국민의힘 의원들이 가계부채 부담을 줄여준다는 취지로 은행권에 마진 축소를 요구하고 있는데, 당장은 대출금리가 줄어들 수 있지만, 은행의 수익성이 떨어져 향후 비상시에 충격에 더 취약한 구조가 될 수 있다.

은행은 지금 안전한가

문제가 하나 더 있다. 2008년 금융위기 당시에 국내 시중은행은 저금리의 외국계 자금을 빌려와 부동산시장에 대규모로 자금을 공급했다. 그러다가 금융위기가 터지면서 외국계 자금이 앞다퉈 빠져나가자 유동성 위기를 맞으며 경제 전반에 경색을 불렀다. 국내 은행들은 금융위기 직후에는 이를 줄였다가 저금리와 양적완화 기간이 길어지고 부동산시장이 활황세를 보이자 다시 늘리기 시작했다. 이를 보여주는 것이 그림 3-33-1에서 나타낸 예금취급기관의 대외채무 추이다.

여기에서 보는 것처럼 예금취급기관의 대외채무는 수도권 주택시장이 침체 양상을 보이던 시기에는 정체되거나 줄어드는 흐름을 보였다. 그러다 박근혜 정부의 '빚내서 집 사라' 정책이 본격화된 2016년부터 증가해 코로나 시기를 거치며 급증했다. 가장 최근 수치인 2022년 1분기에는 2008년 금융위기 정점 때 기록한 2,206억 달러보다 더 높은 2,624억 달러를 기록했다. 다행스러운 점은 2008년 금융위기 때에 비해 1년 안에 상환해야 하는 단기대외채무가 조금 작다는 것이다. 또한 그림 3-33-2에서 보는 것처럼 예금취급기관의 대외채무에서 대외채권을 뺀 순대외채무는 2008년 금융위기 정점 당시에 비해서는 많이 줄어있는 상태라는 것도 다행이다.

하지만 2008년 금융위기 때도 크지 않았던 대외채무가 금융위기 직전 한두 해만에 급격히 늘었다는 점을 생각하면, 2008년과 같은 미국발 경제위기가 발생할 가능성은 낮다 해도 상황을 예의주시해야 한다.

국내에서는 거의 유일하게 한국은행이 외환보유고 형태로 순대외채권을 가지고 있는데, 이 외환보유고가 정점이던 2021년 10월의 4,692억달러에서 불과 8개월 만인 2022년 6월에 309억 달러 이상 줄어들었다. 이렇게 가파르게 외환보유고가 줄어드는 것은 외환위기 때, 2008년 금융위기 초기에도 있었던 현상이다.

이는 국내 주식시장 등에서 외국계 자금이 빠르게 이탈하면서 한국은행이 환율 방어를 위해 외환보유고를 빠르게 소진하고 있다는 증거다. 지금까지는 국내 증시에 들어와 있던 외국계 자금들이 주로 빠져나가고 있지만, 혹시라도 국내 가계부채 문제가 심각해져 금융업체들의 자금을 회

그림 3-33-1 : 예금취급기관의 장단기 대외채무 추이

(억 달러)

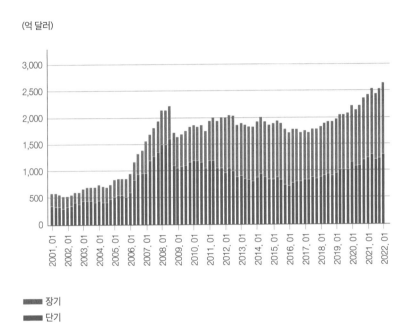

한국은행 경제통계시스템 데이터를 바탕으로 선대인경제연구소 작성

그림 3-33-2 : 예금취급기관의 장단기 순대외채권 추이

(억 달러)

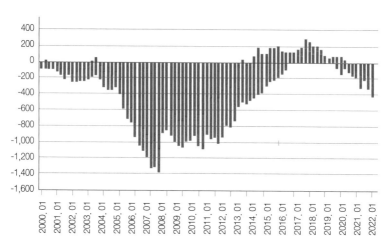

■■■ 장기
■■■ 단기

한국은행 경제통계시스템 데이터를 바탕으로 선대인경제연구소 작성

　　　　　　　　　　　　　대한민국 위기와 기회의 시간

수해 빠져나간다면 상황은 빠르게 악화할 수 있으니, 사태를 예민하게 지켜볼 필요가 있다.

만약 금융위기 충격이 발생하면 어떻게 될까. 이를 대비해 국내 금융권이 대손충당금을 충분히 쌓고 있을까. 그렇지 않다. 그림 3-34에서 보는 것처럼 한국의 충당금 적립률은 세계에서 가장 낮은 수준이다. 그런데 부실채권 비율을 나타내는 고정이하여신 비율이 낮다는 이유로 한국 금융당국은 충당금 적립률을 이렇게 낮은 상태로 방치해왔다.

은행권의 연체율은 후행적으로 뒤늦게 증가하는 경향이 있다. 2008년 금융위기 이후 국내 주택시장이 하락세를 보일 때도 그런 흐름을 나타냈다. 수도권 주택시장이 하락세로 접어든 이후 2～3년 정도 지난 2011년부터 이 문제가 본격적으로 대두되기 시작한 것이다. 국내 주택시장이 앞으로 최소 4～5년 이상의 하락 추세를 보인다면 국내 금융권의 부실채권 비율이 높아지게 된다. 그 경우 은행권은 뒤늦게 대규모 대손충당금을 쌓아야 하는 상황에 몰릴 수 있다. 이런 상황이 비교적 완만한 속도로 발생한다면 은행권의 수익성이 악화되는 정도에 그치겠지만, 급성으로 발생한다면 금융위기로 치달을 리스크가 있다.

금융위기 발생 가능성과 관련해 현재 국내 은행들의 부실채권 비중이 낮다는 이유로 별 문제가 없다는 주장이 있다. 하지만 앞에서도 말했듯이 부실채권은 부동산시장의 하락세와 대출 연체가 상당히 진행된 상태에서 후행적으로 증가한다는 사실을 염두에 둔다면, 이 주장을 경계해야 한다.

이번에는 미국발 금융위기가 발생할 가능성이 낮다는 점은 다행이다. 따라서 현재로는 상대적으로 외국계 자금의 급속한 유출 가능성이 낮다.

그림 3-34 : 주요 국가별 충당금 적립률과
고정이하여신 비율

충당금 적립금(%)

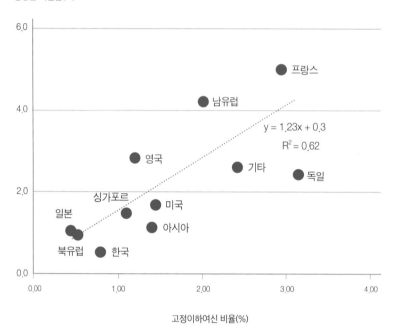

고정이하여신 비율(%)

키움증권 「은행의 위기 대응능력 평가와 전망」(2022년 4월) 보고서에서 인용

대한민국 위기와 기회의 시간

그런데 역으로 생각하면 2008년 때처럼 미국이 심각한 금융위기를 겪을 가능성이 낮기 때문에 저금리로 다시 돌아갈 가능성 또한 낮다. 미국은 일정 수준의 금리를 유지할 것이다. 그러면 한국도 계속 2% 이상의 기준금리를 유지해야 하는데, 이에 따라 가계의 부채 부담과 부실화 가능성이 커지게 된다.

금융위기의 가능성을 경고하는 일은 전혀 달갑지 않다. 그러나 이 가능성을 검토하는 이유는 금융위기 상황에 처하지 않도록 예방하고, 건강한 경제 구조를 만들기 위함이다. 한번 위기가 발생하면 치러야 할 사회경제적 비용이 너무나 크다. 다행히 부동산시장 하락이 금융위기로 이어지지 않는다 해도 부동산 거품으로 인한 자산 격차, 이에 따른 사회적 위화감, 광범위한 도덕적 해이, 그리고 내수 침체와 근로 의욕 상실 등의 사회적 문제를 반드시 해결해가야 한다.

정부는 위험 상황이 발생하지 않도록 부동산 거품을 점진적으로 줄이고, 지나친 가계부채 증가에 의존하지 않는 건전한 경제 구조를 구축해야 한다. 자산경제와 생산경제의 균형 잡힌 성장을 도모해야만 새로운 경제 사이클 시기를 잘 이겨내고, 한국 경제가 튼튼해질 수 있다.

새 정부의 부동산 정책이 위험한 이유

새로 출범한 윤석열 정부의 부동산 정책 방향과 시장에 미칠 효과에 대한 궁금증이 클 것이다. 앞에서 말했듯이 윤석열 정부의 정책 기조와 방향은 분명하다. 규제 완화와 공급 확대가 주요 기조다. 특히 대출 규제와 재개발 재건축 규제 완화를 적극적으로 추진할 것으로 보인다. 이런 기조들은 겉으로는 주택시장 선진화나 주거 안정을 내세우지만, 대부분 부동산 기득권 세력들이 요구하던 내용을 수용한 것이다.

우선 부동산 관련한 각종 세금 부담을 줄이는 방향을 잡았다. 부동산 보유세율은 한국이 세계에서 가장 낮은 편에 속한다. 통념과 달리 부동산 세력의 거센 저항 때문에 문재인 정부에서 집값 상승분만큼도 공시지가와 주택 공시가격을 올리지 못했다. 그런데 윤석열 정부는 이 보유세 부담을 다시 낮추려 한다. 특히 보유세를 매길 때 표준으로 삼는 공정시장가액 비율을 인하할 계획이다.

현재 공시가격도 시세를 충분히 반영하지 못하고 있다. 공동주택은 시세의 70% 수준에 못 미치고, 토지 공시지가는 30~50% 수준이다. 고가 단독주택이나 기업의 업무용 건물도 공시가격이 30%~50% 수준인 경우가 많다. 그런데 여기에 할인율을 추가로 적용해주는 게 공정시장가액 비율이다. 과세 표준 자체가 낮은데, 여기서 추가로 할인해주는 것이다.

공정시장가액 비율이라고 이름을 붙였지만, 이름과 달리 부동산 부자들의 세금 부담을 줄여주는 제도이므로 전혀 공정하지 않은 셈이다. 이명박 정부 때 보유세 부담을 줄이기 위해 이 제도를 도입했다가 문재인 정부에서 단계적으로 철폐했는데, 재도입하겠다는 것이다.

이 밖에 보유세 과표기준은 원래 한 해 전의 공시가격을 토대로 정하는데, 이 기준을 2022년에는 그보다 한 해 전인 2020년 가격을 기준으로 삼겠다고 하고 있다. 2021년에 주택 가격은 큰 폭으로 올랐는데 세금에서 그 상승분을 전혀 반영하지 않겠다는 것이다.

사실 부동산 세제가 집값에 미치는 영향은 크지 않다. 보유세는 부동산시장이 투기에 내성을 가지게 하는 장기적이고 제도적인 틀이기는 하지만 그 자체로 집값이 오르거나 내리지 않는다. 한국보다 보유세 부담이 10배 이상 높은 미국 LA와 같은 곳의 집값은 뛰지 말아야 하는데, 그곳도 시세가 오른다. 더구나 한국처럼 보유세 부담이 크지 않은 곳에서는 100~200만 원 세금을 더 낸다고 해서 부동산 투기를 하려는 사람들이 집을 안 사지 않는다.

하지만 부동산 보유세는 조세 형평성을 기하고 부동산이라는 제한된 자원을 효율적으로 활용하기 위해 올리는 것이 기본 방향이다. 큰 부담이 아닌 보유세를 다시 내릴 이유가 전혀 없다.

또한 윤석열 정부는 문재인 정부에서 도입한 양도소득세 중과 적용을 한시적으로 1년간 배제하기로 했다. '매물 잠김' 효과를 푸는 명목으로 다주택자들의 세금을 줄여주겠다는 것이다. 사실 집값이 계속 오를거라 생각하면 다주택자든 아니든 집을 쉽게 내놓지 않을 것이다. 그런데 집값이 더 떨어지기 전에 지금이라도 집을 팔자는 분위기가 형성되면 매물이 크게 늘어나 집값 하락 요인이 될 수 있다. 제도 시행 이후 시장에서는 매물이 쌓이면서 집값이 하락하는 게 현실이 되고 있다.

결국 주택시장에 상대적으로 영향을 많이 미칠 정책은 대출 규제와 1기 신도시 및 서울 구도심을 중심으로 한 재개발 재건축 규제 완화다. 먼저 대출 규제를 보자. 윤석열 정부 들어서도 DSR규제는 일단 큰 틀의 훼손 없이 2022년 7월부터 강화된 2단계 방안이 시행에 들어갔다. 이에 따라 은행권의 경우 총 대출액이 2억 원을 넘을 경우 연간 원리금 상환액이 연 소득의 40%, 2금융권의 경우 50%를 넘길 수 없게 됐다. 또한 개인별 DSR 규제 대상도 총 대출액 1억 원 초과 차주로 확대됐다.

윤석열 정부가 DSR 규제를 손보는 대신 찾은 우회로는, DSR 비율은 유지하되 차주가 대출을 빌릴 수 있는 기간을 최장 50년까지 늘리는 방안이었다. 그런데 이는 대출할 국민에게 너무 무책임한 태도다. 50년 동안 빚을 상환한다는 건 은행의 노예로 평생 빚만 갚으며 살라는 이야기와 다름없기 때문이다. 한편 윤석열 정부는 생애 최초 주택 구매자에 한해 LTV를 80%까지 완화하겠다고 했다. 이 역시 '실수요자 지원'이라는 명목 아래 과도한 부담을 지게 한다는 점에서 무책임한 정책 방향이다.

어쨌든 이런 50년 상환이나 LTV 한도 완화 정책이 나와도 현재 시장 분위기에서 주택 가격에 영향을 미치기는 어렵다. 이미 코로나 시기까지 거치며 집을 살 수 있는 많은 수요층이 고갈된 상황이기 때문이다.

일부 부동산 유튜버들은 이렇게 대출 기한을 늘려주는 지금이 빚내서 집 사기 좋은 때라는 주장을 한다. 그러나 현재로는 집값을 계속 떠받치기가 매우 어렵다.

마지막으로 1기 신도시 재개발 규제 완화를 살펴보자. 각종 개발 공약에 관한 한 국민의힘과 민주당은 사실 큰 차이가 없는데, 이 정책도 윤석열 정부와 민주당이 협력해 추진할 것으로 보인다. 2022년 6월 지방선거에서 국민의힘과 민주당은 경쟁적으로 이 정책을 강력히 추진하겠다고 공약했다.

1기 신도시를 재개발해 새로운 주택 공급을 늘리겠다는 것이다. 이 소식이 나오고 나서 1기 신도시 집값은 대체로 강세를 보였다. 즉, 주택 안정을 위해 주택 공급을 늘이는 게 아닌 것이다. 국민의힘이든 민주당이든 이 정책이 집값을 띄울 것이라는 걸 알면서 눈 가리고 아웅 하는 것이다. 그동안 부동산 세력은 문재인 정부가 주택 공급을 막아서 집값이 뛴다고 했다. 그런데 이렇게 주택 공급이 늘어나는 방향으로 규제를 푼다면 집값이 떨어져야 당연하다. 그런데 이번에는 신도시 규제를 풀면 집값이 오를 거라고 주장한다. 예측이 맞고 틀리고를 떠나 최소한의 논리적 일관성도 없다. 무조건 '집값이 오른다'는 쪽으로 논리를 짜맞추기 때문이다.

어쨌든 1기 신도시든 서울 도심이든 주택 공급이라는 명목으로 규제는 상당 부분 풀릴 것이다. 용적률 및 층고, 동간 거리 규제 등이 크게 완화될 것이고 초과이익 환수제 및 개발을 위한 용지 규제 등을 모두 완화하는 방향으로 움직일 것이다. 이 정책들은 비교적 빠르게 추진될 수 있다. 특히 2024년 총선 이전에 큰 틀의 윤곽을 마련할 가능성이 높다. 윤석열 정부는 빠른 추진을 위해 '1기 신도시 특별법'을 만들어서 각종 규제를 일괄적으로 해결하겠다는 입장이다.

이 특별법이 제정되고 통과돼도 실제로 사업이 진행되기까지는 서울의 재개발 재건축 사업의 전례로 볼 때 15~20년씩 걸릴 것이다. 15년 정도 지나 재개발 사업이 추진되면 어떻게 될까. 1기 신도시 특별법은 규제를 풀어 주택 공급을 늘리겠다는 것인데, 인구가 본격적으로 위축돼 있는 시기에 주택 공급이 추가되는 것이다. 게다가 지금 추진되는 3기 신도시 정책의 공급 충격에 이어 추가로 공급 충격을 주게 될 가능성이 높다.

한편으로는 1기 신도시 재개발이 서울의 재건축보다 사업 추진이 더 힘든 이유가 있다. 서울에 1980년대에 지어진 아파트들은 상대적으로 저밀도 아파트다. 그러면 동간 거리를 축소하거나 용적률을 상향해주면서도 일정 수준의 쾌적성을 유지하면 재건축을 추진할 수 있다. 그런데 1기 신도시는 지을 때부터 20층 이상이고 심지어 30층짜리도 있다. 이 문제를 해결하기 위해 윤석열 정부는 신도시의 아파트 용적률을 300%씩, 역세권의 경우에는 500%까지 풀겠다는 방안을 내놓았는데, 이는 도시 계획상 거의 '괴물 도시'를 만들겠다는 셈이다.

사람들이 신도시를 선호하는 이유 중 하나가 쾌적성인데, 그런 쾌적성이 사라지는 것이다. 교통 인프라도 문제다. 지금도 기존 신도시 곳곳은 출퇴근 시간에는 길이 엄청나게 막힌다. 그런데 도시를 더 고밀도로 만들면 어떻게 될까. 병목현상 때문에 교통체증은 인구 증가 수준을 훨씬 뛰어넘어 심각해진다.

신도시의 스카이라인도 숨쉬기 힘들 정도로 빽빽한 콘크리트 행렬인데, 교통체증이 만성화되는 도시가 된다. 그런 삭막하고 답답한 도시가 주거지로서 매력 있을까. 1기 신도시 주민들이라면 재개발보다 광역 교통 대책을 더 적극적으로 추진해달라고 요구하는 것이 집값을 유지하는 데에 더 도움이 될 것이다.

앞으로 개인들은 부동산 문제에 대해 어떻게 판단해야 할까. 전망을 또렷이 하기는 쉽지 않다. 경제 사이클의 변동기에 어떤 요인들이 발생할지 예측하기 어렵다. 특히 정부의 금융 정책이 중요한 변수가 된다.

또한 부동산은 무거운 자산이기 때문에 매우 조심스럽게 다뤄야 한다. 부동산은 대다수 사람들에게 가장 큰 자산이다. 그런 자산을 팔아야 할지 사야 할지, 언제 어떻게 할지에 관한 판단을 내리려면 다양한 측면을 고루 살펴야 한다. 특히 부동산 하락기에는 자신이 거주하는 지역에 따라 양상이 매우 다르게 나타날 확률이 크기 때문이다.

단, 투자나 투기의 관점이 아니라 무리하지 않은 부담을 지고 자신의 보금자리를 마련하려는 사람들에게 필요한 내용들만 정리해보았다.

1. 지금은 어떤 경우든 무리하게 빚을 내서 집을 사지 말자. 나는 지금까지 집값이 오르나 내리나 시종일관 이렇게 말해왔다. 아무리 집값이 싸더라도 자신이 감당할 수 없는 수준의 자산을 구입하는 것은 그 자체로 위험한 행태라는 것이다. 남은 인생을 빚더미에 올라앉아 보내야 할 수도 있다. 외환위기 이전에 대우그룹을 포함해 수많은 기업들이 공중분해된 이유가 과도한 부채 때문이었듯이, 언제나 위기는 부채에서 오는데 가계 수준에서도 마찬가지다. 특히 지금처럼 주택시장의 하방 압력이 강한 상태에서는 무리하게 빚을 내

서 집을 사는 것은 경계해야 한다. 무리한 빚으로 집을 사면 사실상 은행에 월세를 사는 것과 다름없다. 집값이 올라갈 때는 빚을 갚으면서 저축한다는 생각이 들지 모르겠지만, 집값은 떨어지는데 생활이 힘들 정도의 빚을 갚고 있으면 엄청난 고통이다.

지난 주택시장 하락기 때 일부 하우스푸어들이 왜 극단적 선택까지 했을까. 빚을 절대 가볍게 생각하지 말자. 아직 자금이 축적되지 않고 소득 여력이 약한 이들은 더 기다려도 된다. 최근 몇 년처럼 집 값이 가파르게 상승해서 영원히 집을 못 사지 않을까 하는 두려움을 이제는 내려놓아도 된다. 향후에 집값이 다시 오른다 해도 코로나 시기처럼 집값이 빠르게 오를 가능성은 거의 없다고 판단된다. 한편 소득과 자금 여력이 충분한 사람은 구매를 말리지 않는다. 자신에게 집 한 채가 필요한 사람이 무리하지 않고 집을 사겠다는 것을 누가 말리겠는가. 이 또한 내가 시종일관 반복해온 말이다.

참고로 나는 '집값이 떨어질 테니 집을 팔라'고 말한 적이 없다. 일부에서 내 발언을 왜곡하는 경우가 있는데, 속지 말기 바란다. 다만 과도한 빚을 끌어안고 부동산을 여러 채 사 모은 사람의 경우, 가격이 하락하면 위험에 빠질 수 있다. 그 경우 부채 부담을 해소하는 차원에서 일정한 자산 정리는 필요할 것이다. 주식 투자에서도 상승장의 낙관적인 분위기에 젖어 과도한 레버리지를 사용한 사람이라면 리스크 관리 차원에서 레버리지 축소가 필요한 것과 마찬가지다. 부채가 많지 않아야 위기에 버틸 수 있다.

2. 새로운 경제 사이클의 흐름에 따라 주택시장의 방향이 뚜렷해지기 전에는 섣불리 움직이지 말자. 특히 미 연준의 금리 인상이 마무리된 뒤 미국과 국내 경기가 어떻게 흘러갈지 확인하기 전까지는 조심해야 한다. 그때까지는 자산시장에 불확실성과 위험도가 너무 커져 있는 상태다. 주식시장은 하락해도 반등 시기가 상당히 빠르고 금방 사고팔 수도 있지만, 부동산은 그렇지 않다. 이런 부동산시장의 특성을 감안해 현재의 불확실성과 변동성이 웬만큼 해소되기 전에는 최대한 신중하게 접근하자.

3. 외환위기 이후, 코로나 사태 직후와 같은 V자 반등을 가정하고 대응하지 말아야 한다. 일부 부동산 투기 세력들은 이번에도 주택시장이 V자 형태로 빠르게 반등한다고 주장하는데, 당시와 여건이 많이 다르다. 외환위기 때는 1980년대 후반의 집값 폭등세가 7년 이상의 조정을 거친 상태에서 집값이 추가로 하락한 상태였다.
주택 가격이 바닥 아래 지하까지 내려간 상태였기 때문에 외환위기가 웬만큼 극복되자 바로 반등할 수 있었다. 코로나 폭락 직후에는 초저금리와 유동성 폭발이 있었기에 집값이 폭등할 수 있었다. 2008년 금융위기 때도 서울 강남 집값은 6개월 만에 하락했다가 이듬해인 2009년 10월까지 가파르게 반등했다. 그때도 V자로 반등했지만 워낙 집값이 고점에 가까운 상태였기 때문에 그 압력을 이기지 못하고 이후 4~5년가량 하락 사이클에 접어들었던 것을 기억하자.

이번에도 일시적으로는 미국의 금리 인상 속도나 정부의 부양책 등에 따라 집값이 반등하는 국면이 나올 수 있다. 하지만 예전보다 훨씬 집값이 높은 수준인 상태에서 금리가 올라가고 유동성이 축소되는 사이클이 시작되고 있다. 단기적 반등은 몰라도 장기적인 반등은 어려운 여건이다.

4. 영끌족은 허리띠를 졸라매야 한다. 빚을 줄이는 것이 최우선이다. 정책적으로는 바람직하다고 생각하지 않지만, 빚 부담이 많은 사람이라면 안심전환대출이 시행될 때 적극적으로 활용하기 바란다. 당연히 조금이라도 이자율이 낮은 대출로 갈아타야 한다. 최대한 절약해 빚을 갚는 데에 자금을 써야 한다. 부동산 전문가라는 이들 중에 집값은 잠깐 조정이 올 뿐 결국은 장기적으로는 계속 상승한다고 말하는 사람들이 많다. 그럴 수 있겠지만 조정 기간이 4~5년 이상이 되면 어떻게 될까. 고점에 집을 산 사람들은 조정 기간 4~5년에 이어, 자신이 구입한 가격까지 집값이 반등하는 데에 훨씬 더 긴 세월이 걸릴 수도 있다. 어차피 갚아야 할 빚이다. 이 같은 개인의 선택이 모여 경제 전체로 보면 내수 침체를 초래하는 '절약의 역설'이 작동하겠지만, 개인 차원에서는 해야 할 일이다.

5. 집을 구입하려는 이들은 어떻게 해야 할까. 잠재적 매수자들은 코로나 시기에 갭 투기가 성행하거나 영끌족이 몰렸던 지역은 특히 조심하자. 이런 지역은 향후 집값이 가장 먼저 내려갈 수 있다. 진지하

게 구입할 의사가 있는 주택이라면 해당 아파트가 있는 단지의 등기부등본을 100장 정도 떼어보자. 등기부등본 한 장 열람시 700원이므로 100장이라고 해도 7만 원이다. 이때는 해당 단지의 실거래가 검색을 통해 코로나 시기에 주택 거래가 많이 이뤄진 동이나 층을 중심으로 살펴보는 게 좋다. 이를 통해 그 아파트를 매수한 사람들이 얼마나 빚을 많이 졌는지, 그리고 갭 투기를 했는지 감을 잡을 수 있을 것이다. 최소 몇억 원 이상 되는 집을 구입한다면 이 정도의 비용과 노력은 당연히 해야 할 것이다.

6. 언론의 부동산 선동 보도에 휘둘리지 말자. 장밋빛 전망을 설파하며 당장이라도 집을 사야 할 것처럼 분위기를 몰아가던 언론들의 태도가 불과 몇 달 만에 얼마나 돌변하는지는 쉽게 찾아볼 수 있다. 한국 언론들의 고질적 행태다. 집값이 오를 때는 계속 집값이 오를 것처럼 군불을 때고, 주택시장이 싸늘하게 식으면 정반대 방향으로 면피성 보도를 한다. 그러다 조금의 빌미가 생기면 다시 집값이 금방이라도 반등할 것처럼 부풀린다. 상승 사이클에서는 집값이 계속 오르기 때문에 문제가 없어 보이지만, 주택 사이클이 바뀐 상황에서 이런 설명을 곧이곧대로 믿으면 판단을 크게 그르칠 수 있다. 예를 들어 언론들은 향후 아파트 분양 물량이 줄어들어서 주택 가격이 뛸 것이라는 보도를 숱하게 내놓을 것이다. 주택시장 침체에 따라 공급이 위축되는 현상인데도, 향후 공급 물량이 줄어들어 집값이 뛸 테니 집을 구입하라는 식으로 보도한다. 과거 하락 사이클 때

도 이러했다. 앞으로는 언론의 보도 내용을 달라진 시장 흐름에 맞게 읽어내는 노력이 필요하다. 분양이 저조하다고 하면 향후 공급이 줄어 집값이 뛸 것이라 생각하기보다는, 갈수록 주택시장 침체가 심각해지는 징후라고 읽어야 한다.

7. 향후 주택시장이 침체로 접어들면 건설업체들은 잠재적 구매자들을 현혹할 텐데, 냉철한 분별력이 필요하다. 주택시장 침체로 미분양이 쌓이기 시작하면 대외적으로는 모두 완판됐다고 홍보하면서, 뒤로는 회사 보유분이나 잔여분을 특별 분양한다는 식의 활동을 벌인다. 회사 보유분이든 잔여분이든 결국 팔리지 않고 남아 있는 미분양 물량이다. 청약률과 계약률을 부풀리는 건 예사다. 이와 같은 행태는 국토부가 감시 감독해야 하나 기대하기 어렵다. 지난 부동산 하락기에 건설업체들은 심지어 '전세로 살아보고 선택하라'는 식으로까지 계약을 유도했다. 이번에도 이런 행태가 재연될 수 있다. 살아보고 선택하는 전세형 아파트에도 함정이 있다. 건설사에서는 전세형 아파트를 전세와 똑같은 것으로 광고하지만 실제로는 임대계약이 아닌 분양계약으로 이루어진다. 따라서 건설사는 입주자에게 20~30%의 계약금을 받고 나머지 분양금의 이자를 대납하는 조건으로 입주자 명의를 사용해서 금융권 대출을 받는 경우가 대부분이다. 쉽게 말해 분양 가격의 일부만 입주자가 계약금으로 내고 나머지 잔금은 은행대출로 해결하는 매매계약으로 추진하는 것이다. 여기에 입주 후 2~3년이 지나 입주자가 아파트를 사지 않겠다

고 하면 건설사가 계약금을 돌려줘야 하지만 여기에도 위험 요소가 있다. 만약 건설사 부실로 자금 여력이 없다면 입주자는 계약금을 돌려받지 못할 뿐 아니라 입주자 명의로 건설사가 대출받은 분양금도 입주자가 갚아야 한다. 건설업체들이 미분양 물량을 처리하기 위한 온갖 수를 부릴 때 냉철하게 따져야 한다. 무리하게 빚을 내지 않아도 되는지, 할인한다고 하지만 여전히 높은 가격대는 아닌지 등을 잘 살피자.

빚과 부동산, 어떻게 해결할까?

2부와 3부를 마무리하면서 앞으로 정부 차원에서 어떤 일을 해야 할지를 정리해보자. 부동산시장이 위태로운 상황에서 단번에 유동성을 확 줄이면 부동산 폭락으로 이어질 수 있기 때문에 조심해야 하지만, 계속 대출 규제를 완화해 더욱 위험한 상황으로 몰아가서도 안 된다. 현명한 정책적 줄타기가 필요하다. 그중 가계부채가 늘어나지 않는 제도적 환경과 대출 규제 방향에 대해서는 앞에서 설명했고, 큰 틀에서 5가지만 더 제안하고자 한다.

1. 무주택자 등에 대한 선심성 대출 지원 제한 실수요자를 지원한다는 명분 아래 청년층과 신혼부부, 무주택자에 대해 무분별하게 대출을 지원하고 대출 한도를 늘려주는 정책은 제한해야 한다. 소득 수준이나 자금 여력이 부족한 사람들인데 무리하게 빚을 내 집을 샀을

때 집값이 하락하면 큰 위험에 처할 수 있다. 역대 정부와 정치권은 집을 소유하게 해주겠다며 더 쉽게, 더 많은 빚을 내게 해줬다. 청년층과 신혼부부가 무리하게 빚을 내서라도 하루 빨리 자기 소유의 집을 가져야 하는가. 주택 가격이 천정부지로 뜀박질한다는 불안만 없어도 착실히 자금을 모아 적절한 시점에 주택을 사면 된다. 이들에게는 장기간 안정적으로 거주할 수 있는 공공임대주택 공급을 대폭 늘리는 것이 더 실질적인 도움이 된다. 정치권은 이런 사람들에게 대출이나 전세자금 지원을 늘리면서 '실수요 지원' '서민 주거 지원'이라고 하지만, 그것은 진정한 의미의 실수요 지원도 서민 주거 지원도 아니다. 서민들이 감당할 수 있도록 집값을 점진적으로 하향 안정화시키는 것이 실질적 지원이지, 결코 과도한 대출을 내게 해서 집을 사게 하는 게 아니다. 그런 점에서 정부는 부동산시장을 떠받치게 할 희생양을 만들게 아니라면 대출 규제를 우회적으로 계속 완화하려는 시도를 멈춰야 한다.

2. 전세자금대출 및 전세반환보증의 축소 지속적으로 전세시장에 유동성을 공급해 결과적으로 전세가를 뛰게 만들고, 갭 투기의 발판을 만들어준 전세자금대출도 축소해야 한다. 그림 3-35에서 보는 것처럼 2012년 23조 원 규모였던 전세자금대출 잔액은 박근혜 정부 말기였던 2016년 말에는 52조 원으로 2배 이상 늘었다. 그런데 이 잔액은 문재인 정부를 거치면서 2021년에는 184조 원까지 늘어났다. 문재인 정부 기간에만 전세자금 대출 규모가 대략 3.5배로

그림 3-35 : 전세자금대출 추이

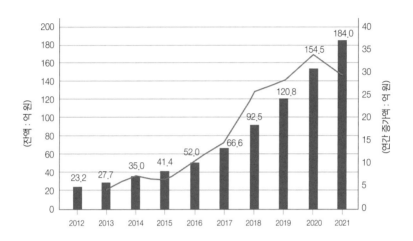

한국은행 자료 및 언론 보도 내용을 바탕으로 선대인경제연구소 작성

늘어났다. 공급이 단기간에 빠르게 증가하기 힘든 부동산시장에서 단기간에 유동성을 대규모로 늘리면 그에 비례해 전세가가 뛸 것은 자명하다. 이와 더불어 주택금융공사와 주택도시보증공사 등 공적 금융기관을 통해 전세대출에 대해 시세의 80~100% 수준까지 보증해주는 경우가 많았다. 심지어 전세가가 매매가에 육박하거나 넘어서는 경우에도 대출자들이 전세금반환보증 제도를 믿고 높은 전세가를 받아들였다. 그 결과 전세가는 더욱 치솟아 심지어 무갭 투기 또는 마이너스갭 투기까지 활개친 것이다. 따라서 전세자금대출 범위와 규모를 대폭 축소하고 전세금 반환보증 비율도 시세의 70% 이하 정도로 제한할 필요가 있다. 당장은 세입자들의 자금 융통을 어렵게 해서 원성을 살 수 있지만, 조금만 길게 보면 전세가를 안정시켜 세입자들을 진정으로 돕는 길이다. 전세가가 안정되면 집값도 더 한층 안정될 수 있다.

3. 한국은행의 독립성과 책임성 제고 주택시장 안정을 위해서는 적절한 통화 정책이 핵심이다. 이를 위해서는 한국은행의 독립성 보장이 중요하다. 많은 이들은 부동산 가격이 뛰면 전적으로 해당 시점의 정부에만 책임을 묻는 경향이 강하다. 특히 기득권 언론들의 주택 공급 부족론 프레임은 집값이 뛴 이유를 전적으로 주택 공급을 제대로 하지 못한 정부의 책임이라 몰아간다. 물론 정부는 각종 대출 규제와 적절한 공급 정책 등을 통해 가계부채 문제를 적절히 관리하면서 시장 과열을 제어해야 한다. 하지만 최근 집값이 상승한

근본적 원인이 과도한 저금리와 과잉 유동성 때문이라면 그 책임의 상당 부분은 한국은행에 있다. 과도한 저금리 정책을 오랫동안 지속한 한국은행은 엄중한 비판을 받아야 한다. 특히 전임 이주열 한국은행 총재가 재임한 8년 동안에 1, 2차 부채 폭증과 부동산 폭등이 모두 일어났다. 이주열 총재는 1차 부채 폭증 시기에 최경환 전 부총리 주도의 '빚내서 집 사라' 정책에 발맞춰 인위적인 저금리 정책을 지속해 집값 폭등의 단초를 제공했다. 코로나 시기에도 초저금리 정책을 지나치게 오래 고수해 집값 폭등을 초래했다.

한국은행이 정권의 눈치를 보지 않고 독립적인 통화 정책을 펼칠 수 있도록 하기 위해 한국은행 총재와 직원들의 급여를 기재부가 사실상 통제하고 있는 관행을 바꿔야 한다. 한국은행법의 규정에 따르면 한국은행은 매해 예산을 금융통화위원회 의결을 거쳐 확정할 수 있지만, '급여성 경비' 등 대통령령으로 정하는 예산에 대해서는 미리 기재부 장관의 승인을 받도록 되어 있다. 이로 인해 기재부는 한국은행 직원들의 임금을 통제하고 있다. 한국은행을 '기재부의 남대문 출장소'라고 하는 말이 나올 정도다. 그러니 많은 전문 인력들을 거느리고도 한국은행이 기재부와 정권에 휘둘리는 통화정책을 보이고 있는 것이다. 제도적 개혁도 필요하지만, 한국은행 스스로가 독립성을 확보하려는 노력이 중요하다.

4. 고위험 고부채 가구에 대한 부채 구조조정 프로그램 가동 당장은 앞에서 말한 제도적, 정책적 개혁보다 발등에 떨어진 불인 가계부

채와 부동산시장의 연착륙이 더 중요할 수 있다. 연착륙을 위해서는 부동산 폭락과 금융위기의 도화선 역할을 할 수 있는 '약한 고리'인 고부채 위험 가구의 채무를 재조정해 위기 가능성을 사전에 차단할 필요가 있다. 프린스턴대학교 아티프 미안Atif Mian과 시카고대학교 아미르 수피Amir Sufi 교수는 공저 『빚으로 지은 집』에서 부동산시장 폭락 시 경기가 악화되는 가장 주된 이유는 고부채 가구의 자산 손실로 소비가 줄고 경기가 추가로 악화되기 때문이라 주장한다. 금융시스템 위축에 따른 경기 악화 효과는 상대적으로 낮다는 것이다. 따라서 고부채 가구의 부채를 재조정하는 프로그램은 궁극적으로 경제 전체와 채권자, 채무자 모두를 위해 필요하다. 경기 침체 시 대응 방법 중에서도 재정 지출 확대보다 가계부채 재조정이 더 정밀하며, 효과가 더 큰 정책이라는 것이다. 이런 지적에 일리가 있다. 무리한 대출로 위기를 초래한 금융업체에 대규모 구제금융을 제공하는 일을 하면서, 고부채 가계들은 '나 몰라라' 하는 건 형평성에서도 효과적 측면에서도 맞지 않다. 물론 무리하게 빚을 내 부동산을 매수한 사람을 구제해주면 사회 전체적으로 광범위한 도덕적 해이를 초래할 수도 있다. 빚내서 집을 사 집값이 오르면 덕을 보고 집값이 하락할 경우에는 사회에 부담을 떠넘길 수 있다면, 빚내서 집을 사지 않는 사람만 바보가 되는 꼴이다. 사람들의 반발도 클 수 있다. 이러한 도덕적 해이를 최소화하면서 가계부채 구조조정을 유도하기 위해서는 엄격한 지원 과정이 필요하다. 나는 예전부터 '10만 공공재무 컨설턴트 양성'을 제안해왔다. 일정 기준

대한민국 위기와 기회의 시간

을 정해 고위험 부채 가구들 대상의 공공재무 컨설팅으로, 이를 위한 인력을 기초 지자체별로 대규모로 양성하고 관련 예산을 편성하는 것이다. 부채 다이어트를 원하는 가계가 신청하면 심사를 거쳐 컨설턴트들이 가구 컨설팅을 진행한다. 컨설턴트들이 제시할 수 있는 프로그램으로도 부채 문제를 해결하기 어려운 경우, 이들 가계에 대한 채무 재조정 요청을 진행하게 해야 한다. 가칭 '가계부채 재조정위원회'를 설립해 컨설턴트들이 요청한 건에 대해 심사를 거쳐, 금융업체들이 채무자에게 상환 스케줄과 원리금 규모, 이자 등을 재조정하게 하는 것이다. 이런 프로세스를 만든다면 고위험 고부채 가구의 엄청난 위험을 일정 부분 해소하고, 이들로 인해 부동산 가격 하락의 충격이 금융시스템 위기로 폭증하는 사태를 방지할 수 있을 것이다.

5. 공공임대주택 확대와 복지 확충 사람들이 주거 불안에 시달리지 않도록 공공임대주택을 획기적으로 늘려야 한다. 젊은이들이나 신혼부부들이 주택 매수 자금을 축적할 수 있는 충분한 기간(10~20년) 동안 안정적으로 거주할 수 있는 공공임대주택을 대규모로 공급해야 한다. 지난 집권 여당이었던 민주당은 2016년 총선 시기 국민연금을 활용한 공공임대주택 공급을 약속했다. 얼마든지 국민연금의 평균 수익률을 훼손하지 않으면서 장기간에 걸쳐서 주택을 공급할 수 있다. 또한 역대 정부가 막대한 국민주택기금을 쌓아놓고도 이를 활용하지 않고 LH공사 등 주택 공기업이 공공임대주택보다

는 분양 사업에 치중하는 관행도 바꿔야 한다. 그동안 주택 공기업들이 주변 시세보다 저렴하게 분양한 주택 공급 물량은 도리어 차익을 노리는 투기의 대상이 됐을 뿐 집값 안정에 거의 기여하지 못했다. 공공임대주택 공급과 더불어 협동조합주택 등 소셜 하우징 공급도 촉진하면 부동산 가격의 자동 조절 장치 역할을 할 수 있다. 이런 조치를 통해 젊은 층부터 노년층까지 부동산에 묶어두는 자금을 사용할 수 있게 해야 한다. 자금이 생산경제로 흐르면 내수 위축과 성장률 하락을 조금이라도 더 막을 수 있다. 큰 틀에서 OECD 국가 가운데 최저 수준인 복지 수준을 획기적으로 강화해야 한다. 한국은 보육과 교육, 노후복지, 주거복지 수준이 다른 경제 선진국에 비해 매우 낮다 보니 가계가 높은 보육비와 사교육비를 감당하고 있다. 이는 평생에 걸쳐서 안정적으로 일할 수 있는 정규 일자리가 줄어들고 전통적 가족 부양 관행이 급속히 해체되고 있는 상황에서 더욱 절실하다. 현재 거의 모든 국민이 노후 불안에 시달리고 있다 해도 과언이 아니다. 그리고 노후 대책을 위한 자구책으로 부동산에 투자하는 측면이 크다. 그러다 보니 가계부채가 증가하고 부동산 가격이 지속적으로 상승하는 것이다. 복지 수준을 획기적으로 강화해야 급속한 고령화 시대의 경제 위축과 부작용을 막을 수 있다. 과도한 포퓰리즘에 빠져 선심성으로 지르는 복지 공약이 아니라면, 복지 강화는 한국 경제를 건강하게 만드는 든든한 토대가 된다.

4. 기회는 어디에 있는가

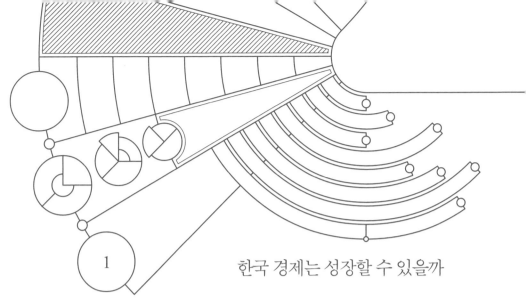

한국 경제는 성장할 수 있을까

위기 이후에 올 기회

이제까지 새로운 경제 사이클의 시작인 인플레이션과 금리 변동, 한국 경제의 가장 큰 리스크라고 할 수 있는 가계부채와 부동산 버블 문제를 살펴보았다. 부채와 부동산만 보면 한국은 굉장히 심각한 문제를 안고 있다. 하지만 세계 어디에 내놓아도 자랑할 만한 경제적 성과를 거둔 나라인 것도 분명하다. 한국은 70년 전 한국전쟁의 폐허에서 시작해, 아시아 최빈국에서 세계 10대 경제 규모를 자랑하는 수준까지 올라왔다. 제조업과 서비스업이 비교적 골고루 발전하고 반도체, IT, 2차전지, 자동차, 조선, 석유화학, 철강 등 첨단 산업과 선진화된 전통 제조업이 골고루 포진된 나라도 드물다. 이런 첨단 산업과 전통 제조업을 결합해 세계 경제와 산업의 변화에 기민하게 대응하는 역량도 탁월하다.

세계 경제가 유동성 긴축 사이클로 진입하는 지금, 한국의 경제와 산업도 일정 기간 상당한 위기를 맞을 게 분명하다. 경제에서 대외 교역이 차지하는 비중이 큰 만큼, 인플레이션과 금리 인상에 뒤이어 다가올 경기 침체의 그림자도 큰 부담이다. 이미 그 같은 조짐이 2022년 들어 점점 뚜렷해지고 있다. 2021년에 비해 수출 증가율이 큰 폭으로 둔화됐으며, 원자재 가격 급등으로 수입도 급증하면서 무역 수지도 적자를 기록하기 시작했다. 하지만 한국 경제는 '위기에 강하'다. 1998년 외환위기를 빠른 시간 안에 극복했음은 물론, 2008년 글로벌 금융위기를 스마트폰과 이른바 '차화정(자동차, 화학, 정유)'을 중심으로 빠르게 극복해낸 경험이 있다. 코로나 사태 때도 막대한 경제적 충격을 받았음에도 가장 강하고 빠르게 경제 상황이 반등한 나라 가운데 하나였다. 사전에 위기를 예방하고 위기에 내성을 갖는 구조까지 만들면 좋겠지만, 위기를 잘 극복하는 것은 쉽게 가지기 힘든 뛰어난 국가적 역량이다.

미국을 포함해 다수의 선진국들도 위기를 자주 겪는다. 그 위기를 겪고 나서 이전 상태를 회복하지 못하는 나라들도 많다. '잃어버린 20년'을 넘어 30년을 향해 가고 있는 일본이 대표적이다. 브라질, 아르헨티나, 터키, 필리핀 등 수십 년 전에는 우리보다 잘 살았지만 위기를 맞은 뒤 회복하지 못해서 쇠퇴한 나라들도 있다. 2011년 재정위기를 겪었던 이탈리아와 스페인, 그리스 등 남유럽 국가들은 이번 경제 사이클에서도 큰 타격을 입을 것으로 보인다.

한국은 앞에서 본 것처럼 부동산 거품이 꺼지면서 이와 연계된 가계부채 디플레이션이 심화하면 상당한 위기 국면으로 빠져들 수 있다. 하지만 일본과 달리 기업들이 부동산 투기에 적극적으로 뛰어들지는 않았다는 점에서 복합 불황을 겪을 가능성은 높지 않다. 물론 한국 경제도 유동성 긴축 사이클의 충격을 받을 것이다. 특히 한국의 가계는 향후 최소 4~5년 이상에 걸쳐 부채 디플레이션에 빠지며 큰 고통을 겪을 것이다. 그 기간 동안 건설업과 금융업을 비롯한 각종 내수 산업도 상당히 부진을 겪을 것이다. 세계적 유동성 긴축과 뒤이어 발생할 수 있는 경기 둔화 또는 경기 침체 여파로 수출 기업 역시 어려움을 겪을 것이다. 이 충격은 2023년에 집중될 것으로 보인다. 하지만 일정 고비가 지나면 가계와는 달리 한국의 산업과 기업은 경제적 충격을 상대적으로 잘 흡수하며 강한 회복탄력성을 보여줄 것으로 판단된다.

그 근거 중 하나는 국내 기업들의 자금력 비축과 경쟁력 강화다. 우선 국내 기업들은 코로나 시기에 큰 폭의 실적 증가를 통해 자금 여력을 비축했다. 2021년 금융업체를 제외한 코스피 상장 595개사의 실적은 전년 대비 19.8% 증가해 2,299조 원을 넘겼다. 영업이익과 순이익은 각각 73.6%와 106.6% 증가한 184.0조 원과 156.6조 원가량을 각각 기록했다. 2019년과 2020년의 코스피 상장사 영업이익 합산액인 211.4조 원에 육박하며, 순이익 합산액인 117조 원보다 40조 원가량 더 많았다.

경기 둔화 움직임에 따라 2021년 사상 최고 실적을 기록한 기업들 중 일부는 실적이 꺾이고 있다. 그러나 탄탄한 실적을 기록할 것으로 예상되는 기업도 많다. 2022년 상반기에도 삼성전자와 SK하이닉스는 성장률이 다소 둔화되는 조짐을 보였지만, 전년 동기 대비 영업이익이 각각 20%,

40% 넘게 증가했다. 무엇보다 코로나 시기에 벌어놓은 자금으로 많은 기업들이 향후 경기 침체기를 버틸 수 있는 체력을 일정하게 갖춘 것으로 판단된다.

보통 경기 침체나 위기를 겪고 나면 자금 여력과 경쟁력을 가진 기업을 중심으로 업계가 재편되거나 상위 기업의 시장점유율이 높아지는 현상이 나타난다. 그 재편 과정을 앞두고 이미 많은 국내 기업들이 미래의 성장 동력을 확보하기 위해 발 빠르게 나서고 있다.

기존에 구닥다리 전통 기업으로 여겨졌던 곳들도 코로나 시기에 확보한 자금을 바탕으로 사업 전환과 신산업 진출에 나서면서 한국 산업의 구조 변화를 예고하고 있다. 대표적으로 롯데정밀화학을 들 수 있다. 롯데정밀화학은 2021년 영업이익 2,445억 원, 순이익 5,731억 원을 기록했는데, 각각 전년 대비 75.6%, 188.3%나 증가한 실적이다. 큰 폭의 실적 증가로 마련한 자금을 바탕으로 롯데정밀화학은 친환경 고부가가치 소재인 셀룰로스 사업에 1,800억 원을 투자하고, 사우디 기업 아람코와 블루 암모니아 사업 연구 협력을 하는 등 신사업 분야에 적극 진출하고 있다. 아연 제련이라는 전통적인 사업을 주력으로 하는 고려아연의 경우에도 2021년 사상 최대 실적을 통해 확보한 자금을 신산업 진출에 쓰고 있다. LG화학과 함께 2차전지 양극재의 재료인 전구체 생산 합작회사를 설립하기로 했고, 자회사를 통해 배터리용 동박(전지박) 사업을 추진하고 있다. 기존의 장점을 바탕으로 신사업에 뛰어드는 기업들이 늘면 국내 산업 전체가 성장 기회를 얻을 것이다.

국내 최대 산업인 반도체 산업은 어떨까. 반도체 산업은 일정 기간 동안 등락을 반복하며 사이클을 그리는데 장기적으로는 우상향하고 있다. 온라인 플랫폼, 인공지능, 가상현실과 증강현실, 자율주행 등 향후 첨단기술 산업이 모두 반도체 없이는 실현될 수 없기 때문이다. 따라서 국내 반도체산업은 경기 침체 영향으로 서버향 반도체와 스마트폰 수요 등이 줄어들면서 실적 둔화를 겪을 수 있지만 향후 경기가 호전되면 이전보다 더 큰 실적 증가를 이어갈 것이다. 또한 국내 2차전지 산업은 2027년 정도에는 반도체 산업을 능가할 정도로 규모가 커질 수도 있다. 반도체 산업이 장기적으로 우상향하며 성장하는 가운데, 이를 능가하는 규모의 새로운 산업이 국내에서 성장하게 되는 것이다. 2차전지 산업은 향후 10∼20년간 매년 두 자릿수 이상의 가파른 성장을 지속할 가능성이 높다. 이 두 산업을 축으로 국내 경제는 상당히 활발한 성장을 이어갈 수 있다.

새로운 환경 규제 도입이 임박한 가운데 한국 기업들이 친환경 선박으로 각광받는 LNG선을 높은 선가에 수주하고 있는 점도 주목할 만하다. 고유가 현상은 조선업의 부활을 더욱 촉진할 것이고, 글로벌 경기 침체를 어느 정도 겪고 나면 2000년대 초중반 시기에 발주됐던 노후 선박의 교체 시기가 맞물리면서 4∼5년간의 슈퍼 사이클로 이어질 수 있다. 반도체와 2차전지 산업에 더해 세계 최고의 경쟁력을 가진 국내 조선업이 국내 산업을 더 끌어올릴 가능성이 높다. 역시 경기 침체의 여파를 넘기고 나면 차량용 반도체 부족으로 완성차 생산에 차질을 빚었던 현대와 기아차도 본격적인 성장세를 이어갈 수 있다. 특히 자체 구축한 전기차 전용 플랫폼에서 생산한 전기차 판매 비중이 늘면서 실적 증가를 이어갈 것으로 전망된다.

한국은 1998년 외환위기나 2008년 금융위기 이후에 매우 가파르게 성장하는 중국에 수출을 늘리면서 경제 충격을 크게 줄일 수 있었다. 이번에도 그 같은 혜택을 어느 정도는 누릴 수 있을 것으로 예상된다. 제로 코로나 정책에 따라 반복되는 락다운으로 2022년 상반기에는 중국 경제가 부진했으나, 중국 정부의 대대적인 경기 부양책으로 하반기부터는 경기가 상당 수준 회복될 것으로 예상된다. 그 과정에서 반도체 등을 비롯한 한국의 중간재 산업이 상당한 수혜를 볼 것으로 예상된다. 세계적으로 주식시장이 불안한 상황에서 이 시기에 중국에서 성장을 이어갈 2차전지나 신재생에너지 관련 기업에 투자하는 것이 좋은 대안이 될 수 있다.

또한 한국은 경제위기가 발생하면 환율이 빠르게 반응하며 올라가는 편인데, 수입 물가 상승으로 고통을 겪지만 수출 비중이 높은 한국 기업들의 실적이 증가해 큰 수혜를 받기도 한다. 즉, 1달러당 1,000원일 때 1억 달러어치 수출 물량은 1,000억 원이라는 원화 환산 실적으로 잡히지만, 환율이 1달러당 1,300원으로 올라가면 이 실적이 1,300억 원으로 증가하게 된다. 이 같은 환율 효과는 한국의 수출 기업들이 글로벌 경기 침체에 따라 입게 될 수출 부진 효과를 상당 부분 상쇄하는 역할을 한다. 수출 비중이 높은 한국 경제의 특성상 경제 충격을 줄여주는 '자동충격 흡수장치' 역할을 하는 셈이다. 1998년 외환위기나 2008년 글로벌 금융위기 이후에도 국내 수출 기업들은 환율 효과를 바탕으로 빠르게 실적을 회복해 충격을 상쇄하는 효과를 냈다.

한국경제에 리스크 요인이 없는 것은 아니다. 대표적으로 '청와대 리스크'를 들 수 있다. 윤석열 대통령은 검찰 조직 내의 경험뿐이라, 경제와 산업에 대한 이해가 낮을 수밖에 없다. 문재인 대통령도 경제 분야에서 역량을 발휘한 지도자는 아니었지만, 그러나 정치 경력에서 보면 국회 기획재정위에서 활동하고, 당대표 시절 경제 관련 세미나를 운영하기도 했다. 지금 청와대의 주요 인물들은 그와 같은 경력이나 국정 참여 경험도 부족하다. 한 국가의 행정 수반이 어떤가에 따라 경제는 지대한 영향을 받는다. 단적인 예로 현 청와대의 '중국 때리기'는 리스크가 크다. 홍콩까지 포함하면 한국의 대중 수출 비중이 32%나 되고 국내 반도체 산업의 중국 수출 비중이 60%에 이른다. 이런 상황에 청와대 경제수석이 '탈중국'을 외치면 경제적 불확실성이 큰 시기에 위험하다. 2008년 당시 환율이 치솟고 있을 때 강만수 기획재정부 장관이 환율 상승을 더욱 자극하는 발언을 해 위기가 증폭되었던 상황을 기억하자.

국내 산업과 기업이 이번 위기를 잘 넘길 가능성이 높고 일부 산업은 향후 성장 가능성이 크다면 가계가 해야 하는 선택도 비교적 뚜렷하다. 위기 때부터 다가올 기회를 준비하는 것이다. 향후 지속적으로 성장할 국내 기업에 주목하는 것이다.

1997년 이후 코스피지수 흐름을 나타낸 그림 4-1을 살펴보자. 이 그림을 보면 코스피지수는 외환위기, 닷컴 버블과 붕괴, 2008년 금융위기, 코로나 주가 폭락 등을 거치면서도 꾸준히 상승해왔다. 위기에 주가가 폭락했지만 이후에는 예외 없이 큰 폭으로 반등했다. 외환위기 당시에는 코스피지수가 1997년의 고점 대비 63%가량 하락했지만, 1년도 안 돼 닷컴 버블 열풍과 겹치며 큰 폭으로 반등했다. 이 기간에 코스피지수가 240% 상승했다는 것은 개별 종목 중에서 1년 만에 주가가 5배, 10배 올라간 종목도 속출했다. 엄청난 주가 버블로 유명했던 닷컴 버블은 2000년 말부

그림 4-1 : 1997년 이후 코스피지수

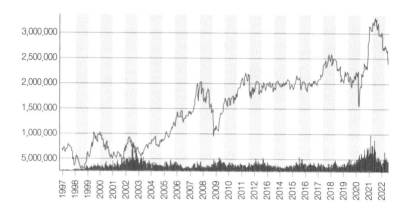

대한민국 위기와 기회의 시간

터 꺼지기 시작했지만, 2001년 9월 바닥을 찍고 다시 6개월여 동안 지수가 상승했다. 2008년 금융위기 당시에도 코스피지수는 55%가량 하락했으나 1년여 만에 반등해 이후 135%가량 상승했다. 가장 가까이는 코로나 폭락 이후 주가 급상승 시기가 있었다.

주식 투자 관점에서 보면 경제위기 이후에 큰 투자의 기회가 온다. 세계적인 유동성 긴축이 시작되면 경제적 충격으로 힘들겠지만, 위기에 대비하는 것뿐만 아니라 이후에 다가올 기회도 준비해야 한다. 어떻게 준비하느냐에 따라 기회의 시간을 어느 정도 내 것으로 만들 수 있을지가 결정된다.

주식 투자로 성공한 이들 중에는 투자를 본격적으로 시작한 시점에 주가 폭락을 겪고 이후 상승장에서 큰 수익을 낸 이들이 많다. 주가 폭락 이전에 투자 준비를 제대로 했기에 하락세에도 머물 수 있었고, 이후 반등 국면에서 큰 수익을 낼 수 있었던 것이다.

경제적 충격이 본격화되고 있는 당장은 긴장하고 경계하면서 투자에 임해야 한다. 많은 전문가들이 인플레이션과 금리 충격이 일정하게 주가에 반영되고 나면 2022년 하반기 몇 개월 동안에는 반등 랠리를 이어갈 가능성이 높다고 본다. 그러나 2022년 연말에 가까워질수록 경기 침체 우려가 다시 확산되면서 주가가 한 차례 더 하락할 가능성이 높다고 보고 있다. 이번 글로벌 금리 인상기에 진행되고 있는 주가 하락은 유동성 축소 사이클과 병행된다는 점에서 빠른 회복이 어려울 수 있다. 당연한 기본 시나리오다.

이와 같은 기본 시나리오를 바탕에 두고 있어야겠지만, 투자는 '개별 기업의 가치 대비 주가의 수준'을 판단하면서 진행해야 한다. 주가가 내리막길을 걸을 가능성이 높을 때는 시장에서 빠져나와 있다가 경제가 회복될 것으로 예상되는 시점부터 투자를 시작하라는 조언은 논리적으로는 맞아 보인다. 하지만 현실적으로는 그런 방식으로 개인이 수익을 내기 어렵다. 거시경제 예측에 기초한 주식 투자는 개인 투자자에게 적합하지 않으며, 그렇게 해서 진정으로 큰 부를 얻을 수도 없다.

새로운 경제 사이클을 맞아 언론 등을 통해 여러 투자 전문가의 조언이 들린다. 이 조언을 그대로 따라 하는 게 좋을까. 주식 투자의 전도사로 알려진 존 리 대표의 경우, 국내 주력 산업이 대부분 구조적 성장주라는 특징을 보였던 1990년대에 미국에서 '코리아 펀드'를 운영하면서 성공했다. 그의 경험은 현재 국내 주식시장에 그대로 적용하기보다는 수정해서 적용해야 한다. 좋은 기업의 주식을 가격에 상관없이 적립식으로 사는 것은 대규모 자산운용을 하는 입장에서는 괜찮지만, 개인에게 맞는 방법은 아니다. 가급적 좋은 주식을 최대한 낮은 가격일 때 매수해야 한다. 언제든 시장에 머물러야 하지만, 조정장과 약세장에서는 수익을 극대화하기 위해 현금과 주식의 비중을 그때그때 조정해야 한다. 이에 대해서는 뒤에서 자세히 설명한다.

세계 최대 헤지펀드 업체 회장인 레이 달리오Ray Dalio의 조언은 어떨까. 레이 달리오는 인플레이션이 심해지면 현금이 휴지 조각이 되고, 채권과 주식은 그보다 더한 쓰레기가 된다고 한다. 그의 말대로 평균적인 채권과 주식은 인플레이션을 방어하기 힘들 가능성이 높다. 하지만 개별 주식은 양상이 다를 수 있다. 주식 투자에 성공한 사람들은 조정장이나 약세장에서 오히려 좋은 주식을 낮은 가격에 매수해 추후 주가가 반등할 때 큰 수익을 올리곤 한다. 거시경제 흐름에 따라 자금을 전략적으로 배분하는 기관 투자자의 발언에 개인 투자자가 휘둘리면 안 된다.

레이 달리오는 실물자산에 투자하라고 하는데, 이를 국내 시장에 적용해 부동산 투자를 해야 한다고 생각하면 3부에서 설명했듯이 낭패를 볼수 있다. 개인적으로 부동산을 투자 관점에서 접근하지 않지만, 투자 관점에서도 결코 좋은 시기라고 보기 어렵다. 세계적 경기 침체 또는 둔화를 동반한 인플레이션이 왔을 때 부동산이 물가 상승률을 능가하는 실질가치를 지킨 경우는 없었다.

코인은 새로운 사이클에서 대부분 살아남기 힘들 텐데, 유일하게 살아남는 코인이 있다면 그것은 비트코인이 될 확률이 높다. 그러나 비트코인 가격이 코로나 시기 때의 고점을 회복할 가능성은 낮아 보인다.

이 밖에 거시경제 흐름을 설명하며 인플레이션을 이기는 방법을 소개하는 이들도 있다. 일정한 시점에 채권에 투자하라는 조언이 대표적이다. 왜 이와 같이 조언할까. 인플레이션이 정점을 찍고 금리 인상도 어느 정도 마무리되는 단계에 들어가면 이를 선반영한 국채 등 각종 채권 금리(수익률)가 도로 떨어지기 시작할 것이다. 그러면 채권 금리와 반대로 움직이는 채권 가격은 오르게 되니, 그때 채권에 투자하면 수익을 낼 수 있다는 것이다.

논리적인 것 같지만 개인이 실천하기에는 어려운 방법으로 보인다. 채권은 일반적으로 상당한 자금력을 가진 상태로 시장에 참여해야 의미 있는 수익을 거둘 수 있기 때문에 개인이 참여하기 어려운 시장이다. 대신 채권형 펀드나 ETF를 사는 방법이 있는데, 개인의 능력으로 채권 수익률의 향방과 투자 시기를 잘 가늠하기가 어렵다. 무엇보다 수익률이 결코 높지도 않다.

금이나 달러 등 외환에 투자하라는 이들도 있다. 금은 자산을 지키는 수단으로 오랫동안 그 가치를 인정받았다. 하지만 2019년 이후부터 몇 년간 이미 많이 오른 상황이라 큰 실익을 기대하기 어렵다. 게다가 수수료가 다른 투자 대상에 비해서 높은 편이다. 달러의 경우 미국의 금리 인상 사이클 때마다 강세를 보이는 경우가 많았기 때문에 역시 틀린 주장은 아니다. 하지만 이 글을 쓰고 있는 2022년 6월 말 원달러 환율이 이미 1,300원에 육박하고 있으므로 역시 실익을 볼 수 있는 시점이 아니다. 상당한 위기 상황이 아니면 원달러 환율이 1,300원을 넘어가는 경우가 드문데, 장기적 추세로 보면 환율이 더 상승하기보다는 하락할 여지가 더 많다. 금이나 외환은 적극적인 투자보다는 여유 자금이 있을 때 그 가치를 보존하고, 자산을 분산하는 방법으로 고려하는 게 좋을 듯하다.

현재 주식시장이 매우 좋지 않지만, 위기 이후의 기회를 활용해 의미 있는 부를 축적하고 싶다면 주식 투자가 가장 좋은 방법이라고 생각한다. '무슨 엉뚱한 소리냐'고 할 이들도 많을 것이다. 하지만 하락세일 때 적극적으로 참여하는 역발상 투자가 도리어 큰 수익을 안겨준다. 새로운 경제 사이클이 시작되고 공급망 이슈가 해소되는 국면에서 어떤 산업과 기업이 부상할 것인지, 그리고 경기 하락기에 적절한 투자법은 무엇인지 살펴보자. 다양한 종목들을 예시로 언급할 것이다. 설명을 위한 예시이니 이를 매수 권유로 이해하지 않기 바란다. 이익을 얻게 되든 손실을 보게 되든, 투자 결과에 대한 책임은 본인이 져야 한다는 점을 유념하기 바란다.

배터리 산업에서 기회를 보다

먼저 눈여겨볼 것은 2차전지 산업이다. 2차전지 산업은 신재생에너지 산업과 더불어 지구 온난화 문제를 해결하기 위해 지속적으로 성장할 수밖에 없는 메가트렌드 산업이다. 한국은 2차전지 산업에서 강한 산업 기반과 밸류체인 기업을 보유하고 있다. 2차전지 관련주의 주가가 많이 올라이미 보유하기에 늦은 것이 아니냐는 인식도 많다. 주가가 많이 오른 게사실이지만, 향후 10여 년 이상에 걸칠 지속적인 성장성을 감안하면 여전히 상승세가 클 분야다. 특히 2차전지 장비주 가운데에는 아직 기업가치를 제대로 평가받지 못한 기업들이 많다. 특히 3~4년간 2차전지 소재와장비 관련주의 수주와 실적이 모두 가파르게 성장할 가능성이 높기에 조정 국면을 잘 활용하면 좋을 것이다.

전기차는 주요국의 환경 규제 강화와 완성차 업체의 신모델 출시에 힘입어 미래 모빌리티(사람과 사물의 이동을 더욱 편리하게 만드는 이동 수단과 각종 서비스)의 핵심으로 자리 잡았다. 2020년과 2021년 전 세계 전기차 판매는 내연기관차 수요 감소에도 불구하고 가파르게 증가했다. 중국과 유럽에서는 월별 전기차 침투율이 20%를 넘어섰다. 특히 EU는 2035년까지 내연기관차의 생산과 판매를 중단하는 조치를 법제화하기로 했다. 이런 흐름에 따라 2021년 633만 대였던 전 세계 전기차 판매량은 2025년에는 1,900만 대를 기록하며 대중화 단계에 진입할 것으로 예상된다.

전기차의 대중화는 곧 배터리 수요의 증가를 의미한다. 전기차의 핵심 부품이 배터리이고, 더욱이 주행 거리를 늘이면 더 많은 배터리를 탑재해야 하기 때문이다. 그림 4-2에서 보듯이 2021년 전 세계 전기차 배터리 사용량은 전년 대비 102% 증가한 296GWh를 기록했으며, 2022년 1분기에만 전년 동기 대비 93% 증가한 95.1GWh를 기록했다. 이런 상황에서 글로벌 기술 경쟁력을 갖춘 한국의 배터리셀 업체들은 높은 성장세를 이어가고 있다. 국내 업체들은 급증하는 배터리 수요에 대응하기 위해 생산 확대에 적극적이다. 고성장 중인 배터리 시장을 선점하고, 규모의 경제를 실현해 원가 경쟁력을 확보하기 위해서다. 2022년 1분기 기준으로 수주 잔고가 300조 원 이상인 LG에너지솔루션은 생산 능력을 2021년 154GWh에서 2025년 520GWh로 3.4배 늘리며 가장 공격적인 투자에 나설 예정이다. SK온과 삼성SDI 역시 2025년까지 생산 능력을 각각 220GWh, 190GWh로 대폭 늘릴 것으로 전망된다.

한국 배터리 기업들이 적극적으로 투자를 확대하고 있는 지역은 미국이다. 미국은 반도체, 배터리 등 첨단 산업에서 중국을 제외한 공급망 구축에 나서고 있어 우방국인 한국에 유리한 상황이다. 경기 부양을 꾀하는 바이든 정부가 추진 중인 '더 나은 재건법 Build Back Better Act'을 통해 친환경 산업 활성화에 주력하는 점도 긍정적 요인이다. GM, 포드 등 미국 완성차 업체들은 수십조 원 규모의 투자 계획을 발표하며 전기차 생태계 구축에 박차를 가하고 있다. 이에 따라 2021년 61만 대였던 미국의 전기차 판매는 2025년에 330만 대로 5배 이상 증가할 전망으로, 배터리 수

그림 4-2 : 전 세계 전기차 배터리 사용량 추이

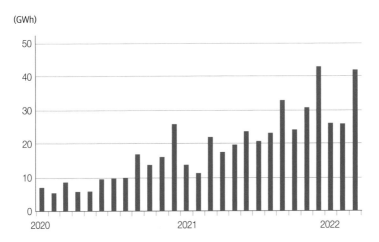

(GWh)

요가 늘어날 수밖에 없는 구조다. 더욱이 미국 완성차 업체들의 주력 전기차 모델은 F-150(포드), 허머(GM)와 같은 픽업트럭인데 이는 세단과 SUV에 비해 가격대가 높을 뿐 아니라 대용량 배터리 탑재가 필수여서 배터리 수요 증가에 긍정적이다.

에너지시장 조사 업체인 SNE리서치는 2024년까지 미국에서 전기차용 배터리 공급 부족 현상이 발생할 것이라고 전망했다. 그림 4-3에서 보듯이 2022년 전기차용 배터리 공급량은 93GWh로 수요량인 105GWh에 못 미친다. 2024년에는 공급량과 수요량이 각각 211GWh, 267GWh로 격차가 더 벌어진다.

이런 수요를 반영하듯이 국내 배터리셀 3사는 2025년까지 미국에 17.5조 원 규모의 투자를 앞두고 있다. 2025년까지 미국에 건설 예정인 배터리 생산설비 13개 가운데 11개를 이 3사가 진행한다. 미국 완성차 업체와 합작한 경우가 대부분인데, 양측의 이해관계가 맞아떨어졌기 때문이다. 국내 배터리셀 업체 입장에서는 미국을 비롯한 해외 시장에서 안정적인 수요를 확보할 수 있다. 미국 완성차 업체 입장에서는 배터리를 직접 생산하는 것보다 기술력을 갖춘 한국 배터리셀 업체와 합작법인을 세우는 게 비용과 생산 효율 면에서 훨씬 유리하다.

이 업체들은 유럽 시장 공략도 강화하고 있다. LG에너지솔루션은 현재 70GWh인 폴란드 공장의 생산 능력을 2025년까지 85GWh로 늘리는 동시에, 다른 유럽 국가에도 15GWh 규모의 배터리 공장을 신설할 예정이다. 헝가리에 생산시설을 보유한 SK온은 포드-코치와 합작법인을 설립해 터키에 최대 45GWh 규모의 배터리 공장을 구축할 예정이고, 삼

그림 4-3 : 미국 배터리 수급 전망

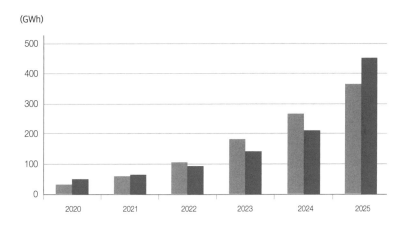

(GWh)

SNE리서치 자료를 바탕으로 선대인경제연구소 작성

성SDI도 헝가리 2공장을 설립해 유럽 내 생산 능력을 2배 이상 끌어올릴 계획이다.

투자 수익률의 측면에서는 국내 배터리셀 3사에 대한 투자는 권하기 어렵다. 국내 배터리셀 3사는 중국 업체들과 치열한 경쟁도 벌여야 하고 유럽 국가들은 자국의 배터리셀 업체들을 적극적으로 키우기 때문에 유럽 시장이 성장한다 해도 그로 인한 수혜는 약하다. 이미 실적 성장 폭에 비해 꽤 고평가되어 있기도 하다. 그런 면에서는 실적 성장 폭이 훨씬 가파른 2차전지 소재와 장비 업체에 더 주목할 필요가 있다. 주로 미국에서 수혜를 보게 될 배터리 3사와 달리, 소재와 장비 업체는 미국뿐만 아니라 자체 생산설비 구축에 적극적인 유럽 쪽의 사업 파트너도 될 수 있다. 전기차 확대로 배터리 사용량이 빠르게 증가하면 4대 핵심 소재인 양극재, 음극재, 전해질, 분리막의 수요도 급증할 수밖에 없다. 이 중 양극재는 배터리 원가에서 차지하는 비중이 34% 수준으로 가장 높고, 원재료 가격이 오를 경우 이 부담을 배터리 생산 및 완성차 업체에 대부분 전가할 수 있다는 장점이 있다.

에코프로비엠, 엘앤에프, 포스코케미칼, 코스모신소재 같은 주요 양극재 업체들은 북미 지역에 동반 진출을 준비하고 있다. 이를 통해 양극재 업체들은 생산 능력 및 실적의 퀀텀 점프quantum jump(단기간에 비약적으로 성장하는 것)를 기대할 수 있을 것이다. 대표적인 기업인 에코프로비엠을 살펴보면 2021년 6.5만톤이었던 양극재 생산 능력이 2026년에는 55만 톤으로 늘어날 전망이다.

소재업체에 비해 약한 움직임을 보였던 국내 2차전지 장비업체도 향후

4~5년간 가파른 수주 및 실적 성장 구간에 진입할 것으로 보인다. 구체적으로 어떤 업체들이 성장할지는 미국과 유럽 시장에 진출하는 경우를 기준으로 판단할 수 있다. 미국의 경우 국내 배터리 제조사의 단독 또는 합작법인이 주를 이루고 있어, 이들 업체와 돈독한 관계를 유지해오던 기존 회사들이 주로 수혜를 입는 경향이 있다. 반면 유럽은 배터리 제조사를 각국별로 자체적으로 육성하는 전략을 취하고 있는데, 그 과정에서 국내 소재 및 장비 업체가 파트너가 돼 수혜를 입을 가능성이 매우 크다. 오랜 기간 생산 노하우를 쌓아온 국내 배터리셀 업체와 달리 유럽 제조사들은 경험이 부족하기에 충분한 생산량을 올리기까지 국내 업체들의 도움을 받을 수밖에 없다.

소재 관련주에 비해 소외됐던 2차전지 장비 관련주도 주목해야 한다. 전 세계 배터리 장비 시장의 규모는 2021년부터 연평균 44% 성장해 2025년에는 51조 원에 이를 전망이다. 이 과정에서 기술력과 다양한 레퍼런스를 확보하고 있는 국내 2차전지 장비업체들이 수혜를 입을 가능성이 높다. 유럽 배터리셀 업체들은 중국 장비를 사용했다가 생산에 차질을 빚은 경험 때문에 한국에 대한 선호가 높아졌다. 이처럼 해외 수주가 늘면 국내 장비업체의 매출처가 다변화하면서 수익성도 개선된다. 해외 배터리셀 업체의 경우 국내에 비해 무리한 CRCost Reduction(단가 인하)을 요구하지 않기 때문에 국내 2차전지 장비업체의 수익성도 개선될 수 있다. 특히 조립 공정이나 화성 공정 등에서 일괄 턴키수주가 가능한 하나기술이나 엠플러스와 같은 기업이 생산 능력 확보를 서둘러야 하는 유럽 고객사의 대규모 수주를 받을 가능성이 높다.

이와 더불어 2~3년 후부터는 대량으로 쏟아져나오는 폐배터리를 재활용하는 사업도 성장할 것이다. 장기적으로 주목해야 할 부분이다.

풍력발전주에 주목하라

에너지 분야에서 '풍력발전'도 엄청난 기회를 제공할 것이다. 러시아-우크라이나 전쟁은 에너지와 식품류 가격을 중심으로 인플레이션을 가중시키지만, 유럽의 신재생에너지 전환을 가속시키는 계기가 되고 있다. 실제로 EU 집행위원회는 러시아-우크라이나 전쟁이 발발한 이후부터 러시아에 대한 에너지 의존도를 낮추는 방안을 추진했다. 그 결과 2022년 5월에 러시아산 화석연료를 빠른 시일 안에 유럽에서 퇴출시키고, EU의 탄소중립 목표를 달성하기 위한 리파워EU REPowerEU 계획을 발표했다. 여기서 주목할 부분은 러시아산 에너지를 대체하기 위해 2030년까지 풍력발전 480GW, 태양광발전 600GW를 확보하는 계획이다. 이런 흐름에 따라 전 세계의 신규 풍력발전 시설 확대 규모는 2022년 50.3GW에서 연 평균 9.6% 성장해 2030년에는 2배인 연 105GW까지 증가할 것으로 전망된다.

미국의 바이든 정부 역시 기후변화에 적극적으로 대응하고 있다. 재생에너지 산업 육성에 각종 인센티브를 부여해 태양광발전과 풍력발전 산업의 활성화를 추진하고 있다. 이 밖에 중국과 대만, 일본, 브라질, 인도 등 세계 각국이 해상풍력 사업에 적극 나서고 있다. 국내에서는 윤석열 정부가 원전에 비중을 두고 있어 태양광과 풍력 산업의 발전 속도가 둔화되지 않을까 하는 우려가 있다. 하지만 이는 기우일 가능성이 높다. 한국도 2030년까지 신재생에너지 비중을 20~25%까지 채워야 하는데, 태양광과 풍력의 역할이 필수적이고 새 정부도 이를 인정한다. 또한 삼성전자와 현대차를 비롯 국내 주요 기업들이 RE100Renewable Energy 100(기업이 사용하는 전력 100%를 재생에너지로 충당하겠다는 캠페인)에 가입하고 있거나 할 예정이기 때문에 신재생에너지 산업의 성장은 그야말로 '정해진 미래'다. 실제로 이미 각종 풍력단지 개발 사업에 대한 착공과 발주가 진행되고 있다.

이 가운데 태양광발전의 주요 제품인 태양광패널은 이미 중국 기업들이 저가 공세로 시장을 장악했기 때문에 한국 기업들이 경쟁력을 확보하기 쉽지 않고 투자 매력도 높지 않다. 반면 풍력발전, 특히 해상풍력은 국내 여러 기업들이 글로벌 시장에서 경쟁력을 갖추고 있다.

대표적으로 씨에스윈드는 풍력타워 제조 분야에서 세계 1위 기업이다. 글로벌 규모의 사업이 가능할 수 있도록 국내는 물론 중국, 대만, 베트남 같은 아시아권 나아가 동유럽 지역을 대상으로 하는 생산 기반을 구축하고 있다.

국내 조선업체도 향후 해상풍력 사업에서 큰 수혜를 볼 수 있다. 해상풍력 사업은 육상풍력과 달리 대규모 부지 확보에 큰 어려움이 없고, 소음과 전파 방해 등과 관련된 민원에서 비교적 자유로워 최근 세계 각국이 적극적으로 나서고 있다. 한국에서도 문재인 정부 시기부터 울산과 전남 신안 지역을 중심으로 적극적으로 추진되고 있다. 물론 해상풍력 사업도 육지에서 가까우면 소음이나 해안에 접근하는 선박의 항로 방해 같은 문제점이 있어서, 최근에는 육지에서 먼 수역에서 추진되는 경우가 증가하고 있다.

이 분야와 관련해 국내 조선업계에 기회가 있다. 수심이 얕은 해상에 풍력발전기를 설치할 때에는 수면 위에서 해저까지 이어지는 긴 구조물을 바닥에 단단히 고정하고 그 위에 타워를 올리는 고정식 하부 구조물을 사용하지만, 수심이 50미터 이상 깊어지면 구조물을 해저까지 설치하는 데에 한계가 있다. 이때 부유식 하부 구조물을 써서 바다 위에 떠 있는 하부 구조물 위에 타워를 설치하고, 하부 구조물은 다시 여러 개의 줄을 사용해 해저에 고정한다. 이는 국내 조선업이 뛰어난 기술력을 가지고 있는 해양플랜트 사업과 비슷한 방식으로, 앞으로 국내 조선 관련 업체들이 경쟁력을 가질 수 있는 영역이다. 현재 부유식 하부구조물 사업의 대표 주자로는 삼강엠앤티가 있다. 삼강엠앤티는 두께가 20mm 이상인 두껍고 큰 산업용 파이프인 후육강관을 국내 대형 조선사에 납품해왔는데, 이 기술을 바탕으로 해상풍력 사업에 적극적으로 뛰어들었다. 또한 조선기자재 업체인 세진중공업도 해상 부유식 풍력 사업의 상부와 하부 구조물 및 배관 사업을 추진하고 있어, 본업 및 풍력 사업 성장으로 향후 3~4년간 가파른 상승세가 예상된다. 철강업이 본업인 세아제강지주도 자회사인 세아윈드를 통해 영국 해상풍력 사업에서 사용되는 모노파일 방식의 하부 구조물을 공급하기로 해 새로운 성장 모멘텀을 맞을 것으로 보인다.

반도체 공급 부족 문제는 어떻게 될까

한국 기업에 매우 중요한 반도체 공급 부족 문제는 어떻게 될까. 반도체 공급난이 지속될 것이라는 전망이 우세하다. 가장 크게 영향을 받는 자동차 산업의 경우, 반도체 사용량이 내연기관차에 비해 훨씬 많은 전기차 비율이 빠르게 상승하면서 차량용 반도체의 수요 역시 계속 증가하고 있다. 기존의 내연기관 및 하이브리드 자동차도 전자제어 부품이나 장치가 늘어나면서 반도체 사용량이 증가하는 추세다. 차량용 반도체 생산량이 수요 증가를 따라가지 못하는 구조적인 문제가 있는 것이다. 2023년 정도에는 문제가 상당 부분 해소될 것이라는 의견도 있지만 2024~2025년까지 공급 부족 문제가 지속될 거라는 전망도 존재한다.

반도체 공급 부족이 해결되는 데에는 시간이 걸리겠지만, 이 문제가 차츰 해소됐을 때 가장 숨통이 트이는 곳은 자동차 제조업이다. 반도체 공급 부족으로 생산을 줄이거나 중단하는 일도 없어지고, 차량 주문부터 인도일까지 1년 넘게 걸리던 기간도 많이 단축될 것이다. 전기차 생산에 가속이 붙고 배터리 등 관련 산업도 더욱 탄력을 받게 되며, 전기차 충전 인프라 수요도 빨리 증가할 것이다. 그 밖에 주로 구형 공정으로 생산된 반도체를 사용하는 각종 장비 산업이 원활해지고 원가 하락 효과도 기대할 수 있을 것이다.

다만 중국이 겪고 있는 반도체 공급 부족 문제는 다르게 살펴봐야 한다. 중국의 경우 스마트폰의 두뇌 역할을 하는 AP칩 공급 부족에 시달리면서 스마트폰 출하량이 큰 폭으로 감소했는데, 이는 반도체 공급 부족보다는 미중 무역분쟁으로 인한 수출 규제가 주요 원인이다. 중국의 화웨이가 자체 AP칩 설계를 통해 이를 극복하려고 노력했게도, 세계 최대의 반도체 위탁생산 업체인 대만의 TSMC가 미국의 요구에 따라 중국 AP칩을 제조하지 않게 되면서 난관에 부딪쳤다. 따라서 중국 스마트폰 AP칩 공급 부족 문제는 미중 갈등이 해소되지 않으면 상당 기간 길어질 수 있다. 중국의 중저가 위주 스마트폰 생산량이 위축되는 효과가 커지면, 중국 스마트폰 업체에 부품이나 모듈 등을 제공하던 국내 업체들의 매출 감소세는 지속될 가능성이 높다. 중국 매출 비중이 큰 기업에 대한 투자는 신중해야 할 것으로 보인다.

중국 정부는 벽에 부딪친 '반도체 굴기'를 어떻게든 지속시키기 위해 노력할 것이다. 그러나 현재로서는 미국이 강경한 반도체 수출 규제를 완화할 기미가 보이지 않기 때문에, 기술 자립도를 올리지 않으면 시간이 갈수록 중국의 반도체 관련 산업이 어려움을 겪을 가능성이 높다. 한국의 반도체 부품 및 장비 업체에 상당히 의존할 수밖에 없는 구조다. 이런 점에서 중국의 선택을 받고 있는 넥스틴이나 주성엔지니어링 같은 업체들은 국내 수요뿐만 아니라 중국 수요까지 증가해 사이클에 따른 실적 기복이 크지 않고, 한동안 구조적 성장이 가능할 것으로 예상된다. 다만 이들 업체 역시 반도체 부품 부족 문제에 시달리면서 납기 지연 문제가 발생할 수 있다는 점은 유념해야 한다. 또한 미국이 한국에 반도체 동맹을 강력히 요청하고 있기에 불똥이 이들 중국에 납품하는 장비업체에게도 튀지 않을지 주시해야 한다.

운송 대란 문제는 어떻게 전개될까. 우선 국제선 여객기 운항이 정상화 수순으로 가고 있고, 벨리 카고(대형 여객기에서 손님의 짐을 싣고 남는 공간에 싣는 화물) 용량이 확대되면서 항공 물류도 회복되고 있다. 2022년 말 또는 2023년 초까지 물류 대란의 상당 부분이 해소될 것으로 기대된다. 하지만 유가 상승과 온실가스 배출 규제 등의 이유로 물류비가 코로나 이전 수준으로 떨어지기는 어려울 것으로 보인다.

해상운송도 2022년 초부터 느리지만 조금씩 해소되고 있다. 그동안 해운사들은 코로나로 인해 운임이 큰 폭으로 오르면서 도리어 긴 적자의 터널을 뚫고 단숨에 사상 최고의 실적을 거두었다. 옛 현대상선인 HMM 같은 해운사들이 대표적인 예다. 이들 해운사의 실적은 코로나 사태가 풀리면서 감소하거나 주춤할 수 있다. 하지만 물류 문제가 해소되면 대부분의 산업은 수혜를 입을 것이다. 소비재 등 B2C 산업의 경우 중국이나 동남아시아에서 생산한 제품들의 흐름이 정상화되므로 물류비 감소 및 재고 관리 측면에서 혜택을 볼 것이다.

상당수의 장비 산업도 큰 혜택을 본다. 주문 생산을 주로 하는 장비 산업의 경우 과거에는 제품 선적이 이루어지는 시점에 수주 물량이 매출로 인식됐지만, 최근에는 제품이 고객사에 도착해 설치 및 테스트를 마친 후 확인서가 발급돼야 매출로 인식이 된다. 물류 대란으로 선적 및 운반이 지연되고 코로나로 인한 국경 봉쇄 조치로 장비를 설치하고 테스트할 인력이 현지로 가지 못하면서 매출 인식 시점이 크게 지연된 것이다. 물류 대란이 해소되면 장비제조 업체로서는 선적 이후 고객사가 확인서를 발급하기까지 기간이 대폭 단축되어 매출 인식이 더 빨리 이루어질 수 있다. 또한 그간 이연됐던 매출이 어느 시점에 몰려서 인식되면서 단기적으로 실적이 급증할 수도 있다. 특히 2차전지 장비 산업처럼 빠른 속도로 성장하는 분야의 기업들은 수주를 받아놓고도 생산에서 매출로 인식되는 기간이 지연되면서, 그렇지 않을 경우에 비해 매출 증가 속도가 둔화된 측면이 있었다. 매출 이연으로 실적이 크게 좋지 않아 저평가된 기업에서는 이런 변화를 눈여겨볼 필요가 있다.

변이 바이러스의 등장이 걱정되지만 '리오프닝 reopening(코로나19 사태로 위축됐던 경제활동의 재개)'은 이제 기정사실이 됐다. 그러나 많은 분야에서 코로나로 촉발된 산업의 변화가 거셌고, 리오프닝이 된다 하더라도 코로나 이전으로 돌아가는 데에 시간이 얼마나 걸릴지 혹은 다른 형태로 변화할지에 대한 전망을 잘 살펴봐야 한다. 특히 투자 측면에서 세심한 주의가 필요하다.

예를 들어 여행과 항공 관련 기업의 경우, 리오프닝이 본격화되기 이전에 기대감을 선先반영해 주가가 큰 폭으로 뛰기도 했다. 대한항공은 코로나 사태로 여객 수요가 급감하면서 타격을 입었지만 발 빠르게 항공화물 운송에 주력해 코로나 시기에도 대체로 흑자 구조를 유지했다. 여기에 아시아나항공과의 합병 기대감까지 있어 2021년 이후부터 대한항공의 주가는 코로나 이전보다 더 높은 수준에서 움직였다. 앞으로 여행과 항공 관련 기업들의 가치는 더 올라갈 수 있을까. 몇 가지를 염두에 둘 필요가 있다.

첫째, 수요 증가에 따라 항공편은 빠르게 늘어날 전망이지만 코로나 사태 이전 수준으로 돌아가기 위해서는 시간이 필요하다. 국제선을 늘이는 데에는 국가 간 항공감독 당국 사이에 협의가 필요하다. 공항의 방역 및 검역이 여전히 엄격해서 항공편 수용 능력이 바로 증가하지는 못할 것이다. 해외여행 수요가 아무리 폭발해도 항공편 수가 반 토막인 상태로는 빠른 실적 증가에 한계가 있다.

둘째, 고유가 상황이 언제 진정될지 불투명하다. 항공 산업에서 가장 큰 비용을 차지하는 것이 유가다. 항공권 가격에는 유류할증료(항공사나 해운사들이 유가 상승에 따른 손실을 보전하기 위해 운임에 부과하는 금액)가 포함되지만, 상한선이 있기 때문에 유가가 고공 행진하는 상황에서는 부담이 커진다. 유가할증료가 오르는 만큼 항공권 가격도 비싸지므로 소비자에게도 가격 부담이 크다. 유가가 오르면 항공사 주가는 하락하는 경향을 감안하면 섣불리 접근해서는 안 된다.

항공사뿐만 아니라 여행업계에도 리오프닝 기대감이 선반영되어 있다. 여행사 중에는 2022년 1분기 실적이 여전히 적자인데도 코로나 사태 이전인 2019년보다 더 높은 주가 흐름을 보이는 곳도 있다. 여행업계가 단기간에 이전 수준으로 실적을 회복하기는 어렵다. 우선 해외여행 수요도 항공편 공급 부족으로 제한을 받을 것이다. 인력 부족 문제도 있다. 관광 수요 증발이 장기화되면서 상당한 경력을 필요로 하는 관광 가이드들이 직업을 바꾸거나, 현지 관광 가이드들이 귀국해 다른 직업을 가지게 된 경우도 많아 인력난이 우려된다. 미국의 금리 인상 흐름 속에서 원달러 환율이 높은 수준을 유지할 것으로 보이는데, 이는 해외여행 수요에는 부정적이다.

리오프닝으로 국내에 들어오는 해외 관광객의 수가 다시 늘어날 것이라는 기대감이 있으나, 핵심이 되는 중국 관광객의 경우 빠른 회복을 낙관하기는 어렵다. 중국의 경우 '제로 코로나' 정책을 고수하면서 여전히 강력한 봉쇄 및 격리 정책을 집행하고 있다. 동남아시아 여행객들이 증가할 수도 있지만 중국 관광객의 빈자리를 메우기에는 역부족이다. 이럴 때는 리오프닝의 직접적 수혜보다 간접적 수혜를 받는 기업을 찬찬히 들여다보는 것이 방법일 수 있다.

리오프닝 수혜를 받을 수 있는 기업도 인플레이션에 따른 금리 인상, 그에 따른 경기 침체 가능성으로 영향을 받을 가능성이 높다.

예를 들어 리오프닝 수혜 분야로 패션 관련 기업을 거론하는 경우가 있다. 외출과 모임이 늘어나면 패션에 대한 관심도 다시 늘어나고, 보복적 소비의 효과도 기대되기 때문이다. 해외여행 수요가 늘어나면 면세점 매출이 많았던 패션 기업들이 수혜를 볼 가능성이 높아지는 것도 사실이다. 그러나 기본적으로 경기 둔화 및 침체는 패션주 같은 재량 소비를 크게 위축시킨다. 일부 패션 관련 기업의 IR 담당자들에 따르면 2022년 하반기부터 소비 위축, 특히 미국의 경기 침체에 따른 소비 위축을 우려하고 있다. 따라서 경기에 민감한 소비주에 투자할 때에는 리오프닝의 수혜뿐만 아니라 경기 침체 리스크도 함께 감안해야 한다.

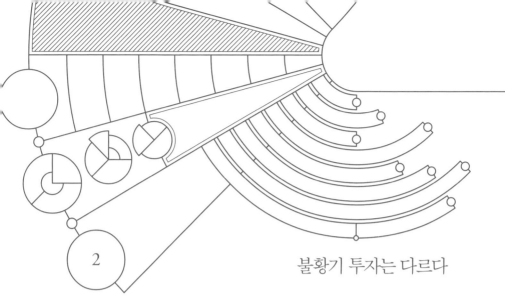

불황기 투자는 다르다

돼지는 되지 않도록

위기 뒤에 찾아올 기회를 포착하는 방법 중 하나로 주식 투자를 한다면, 구체적으로 어떻게 접근하는 게 좋을까. 이미 코로나 사태 이후의 강한 상승장세에 뛰어든 개인 투자자들 가운데 상당수가 2021년 중반 이후 지속된 하락세로 지쳐 있다. 국내 증권업계가 삼성전자 등 주요 기업의 목표가를 마구잡이로 높여갈 당시, 고점 부근에서 매수한 사람들은 손실 폭이 −30~−40%에 이르는 경우도 많다. 개별 중소형주뿐만 아니라 코로나 상승장세에서 각광받았던 카카오, 네이버, 셀트리온, 위메이드 등의 하락 폭도 엄청나다. '원금만 찾으면 주식 투자는 다시는 쳐다보지도 않는다'고 하는 이들도 많다.

사실 이것이 대한민국 대다수 개인 투자자들의 전형적인 패턴이다. 평소에는 주식 투자에 관심이 없다가 코로나 상승장세처럼 투자 열기가 들끓으면 뛰어든다. 상승세가 지속될 때는 수익을 내는 사람들이 꽤 있다. 그러면 무리하게 더 많은 자금을 동원해 투자를 늘린다. 그러다 주가가 어느 순간 꺾이기 시작하면 그동안 거둔 수익을 모두 반납하고 손실이 난다. 특히 레버리지를 많이 사용한 사람일수록 큰 수익이 큰 손실로 반전되는 속도가 매우 빠르다.

심지어 상승장세에서도 수익을 내지 못하는 사람들이 절반을 넘는다. 자본시장연구원이 2021년 6월에 발간한 「코로나19 국면의 개인 투자자: 투자 행태와 투자 성과」 보고서에 따르면, 이른바 '동학개미운동'이 불붙기 시작한 2020년 3월부터 2021년 2월까지의 강세장 당시에 증권계좌를 개설한 신규 투자자들의 누적 수익률은 5.9%에 불과했다. 초저금리였던 은행 예·적금에 비하면 수익률이 낮다고 할 수도 있지만 거래 비용을 감안하면 오히려 1.2% 손실이다.

신규 투자자의 경우 60%가 손실을 기록했다. 엄청난 강세장에서도 많은 개인 투자자들이 손실을 본 것이다. 이렇게 실망스러운 성적표를 받아든 개인 투자자들은 '역시 한국 시장은 안 돼'라며 미국, ETF, 코인시장으로 이리저리 옮겨 가지만 오히려 국내 주식시장에 머무는 것보다 더 큰 손실을 보는 경우가 많다.

강력한 상승장에서도 이런 상황인데 하락장에서 개인 투자자들의 수익률이 어떨지는 더욱 걱정된다. 안타까운 일이다. 개인이 올바른 접근법을 익혀 평생에 걸쳐 주식에 투자하면 분명 충분한 부를 쌓을 수 있다. 그런데도 많은 사람들이 요행을 바라듯 열기가 가득할 때 들어와서 대부분 손실을 보고 떠난다.

올바른 주식 투자 접근법을 지금부터라도 제대로 익혀야 한다. 구체적인 내용은 『부의 재편』이라는 책의 후반부에 담겨 있으니 참고해도 좋겠다. 대신 이 책에서는 시중에 널리 퍼진 주식 투자에 대한 잘못된 편견을 바로잡고 올바른 접근법의 기본을 정리해보고자 한다.

미국 주식시장에 이런 격언이 있다. "황소는 돈을 벌고, 곰도 돈을 벌지만, 돼지는 도살당한다Bulls make money, bears make money, pigs get slaughtered." 여기서 '황소'는 불 마켓bull market, 상승장을 뜻하고 '곰'은 베어 마켓bear market, 하락장을 뜻한다. 황소가 뿔을 치켜올리는 모습, 곰이 앞발을 높이 들어 위에서 내리찍는 모습에서 각각 상승장과 하락장을 상징하는 용어가 되었다. '돼지'는 동서양을 막론하고 탐욕의 상징처럼 취급받았다. 이 속담은 '강세장에서도 돈을 벌고, 약세장에서도 돈을 벌지만, 탐욕을 부리면 망한다'는 뜻이다.

강세장이든 약세장이든 각각의 특성을 이해하고 좋은 종목을 찾아 적절한 방법으로 투자하면 되지만, 욕심을 앞세워 잘못된 투자를 하면 강세장이든 약세장이든 돈을 잃기 십상이다. 약세장에서도 올바른 접근법으로 수익을 내거나 손실을 크게 줄일 수 있다. 약세장과 조정장에서 수익을 내고 잘 버티면 다시 강세장 또는 반등장이 왔을 때 훨씬 큰 이익을 얻을 수 있다. 2021년 6월부터 코스피지수는 내리막길을 걷고 있다. 향후 1년, 길어지면 2년간 도중에 반등세가 있더라도 약세장 또는 횡보장이 펼쳐질 가능성이 높다. 앞에서 소개한 그림 4-1에서 본 것처럼 국내 주식시장은 상승장보다는 하락장 또는 횡보장세인 구간이 더 길다. 그렇다면 약세장이 펼쳐질 우려에 너무 사로잡히지 말고, 약세장을 극복하고 중장기적 관점에서 수익을 내는 방법을 익혀야 한다.

약세장에서는 어떻게 수익을 낼까. 사실 주식 투자에 있어서 강세장이든 약세장이든 수익을 내는 기본적인 접근법은 같다. '좋은 종목을 싸게 사서 오를 때까지 기다린다.' 단순한 투자법이지만 이를 실현하려면 좋은 종목이 무엇이고, 싸게 산다는 것은 무엇이고, 언제까지 기다리는 것이 적절한가에 대해서는 분명히 알고 있어야 한다. 단순해 보이지만 이를 제대로 터득하고 익히기는 쉽지 않다.

약세장에는 어마어마한 기회가 있다. 좋은 종목을 낮은 가격에 살 수 있는 절호의 기회이기 때문이다. 코로나 상승장에서 뒤늦게 진입한 투자자들이 모두 그런 생각을 하지 않았는가. 다시 코로나 폭락 시기가 온다면 전 재산을 넣겠다고 말이다. 코로나 폭락 시기만큼은 아니어도 그에 준할 정도로 주가가 큰 폭으로 빠진 시기가 왔다. 그러나 적극 매수를 하려는 사람들이 많지는 않아 보인다. 그 이유는 무엇일까.

첫 번째, 이미 코로나 상승장에서 자금을 총동원해 어디에든 투자한 상태라 여유 자금이 없기 때문이다. 심지어 이때 사용한 레버리지 때문에 울며 겨자 먹기로 주식을 팔아야 하는 사람들도 숱하다. 두 번째, 좋은 종목의 주가가 하락했다 하더라도 투자해야 할 기업인지, 주가가 충분히 낮아진 상태인지를 모르기 때문이다. 현금과 투자 실력이라는 두 조건을 갖추지 못한 것이다.

투자 실력은 좋은 종목들을 발굴하고 잘 이해하는 것과 수익을 잘 낼 수 있는 올바른 접근법을 익히는 것으로 나눌 수 있다. '좋은 종목'만 알면 수익을 낼 수 있는 게 아니다. 요리를 잘하기 위해서는 좋은 재료도 중요하지만, 좋은 재료로 맛있는 음식을 만들 수 있는 실력이 있어야 한다. 재료가 가진 맛의 잠재력을 최대한으로 끌어내는 것이 요리사의 실력이듯, 좋은 종목이 가진 수익의 잠재력을 최대한 끌어내는 것이 투자자의 실력이다. 좋은 종목을 사고도 약세장에서 주가가 급락할 때 패닉셀panic sell을 하는 사람과, 오히려 주가가 급락했을 때를 이용해 저가 매수하는 사람의 수익률은 다를 수밖에 없다. 같은 종목을 가지고도 어떤 사람은 손실을 내고, 어떤 사람은 큰 수익을 올리는 것도 바로 이 차이에서 온다.

박스장과 약세장의 수익 원리

하락장에서 수익을 내는 방법으로 흔히 주가지수 하락에 베팅하는 인버스ETF 투자를 많이 거론한다. 특히 2배로 수익을 낼 수 있는 이른바 곱버스(KOSPI200지수의 움직임을 2배만큼 반대 방향으로 추종하도록 설계된 파생상품, 곱하기와 지수 반대 추종 상품인 인버스inverse의 합성어)에 개인 투자자들이 몰린다. 단순하게 생각하면 인버스는 주가지수가 내려가면 수익을 낼 수 있을 것 같지만 단기투자 상품이기 때문에 단기적인 주가 흐름에 민감하다. 특히 일정 기간 동안의 주가는 내리막이어도 매일매일 등락 패턴이 어떠한가에 따라서 오히려 손실이 날 수도 있다.

주가지수의 흐름을 단기적으로 정확하게 예측할 수 있어야 성공할 수 있는 상품인데, 하락장이라고 무턱대고 들어가면 실패할 수 있다. 주식 투자를 해보면 오를 가능성이 높다고 생각한 날인데 하락할 때도 많고, 그 반대인 경우도 많다. 시장이 예상한 대로 움직여준다면 누구나 손쉽게 부자가 됐을 것이다. 그래서 상승이든 하락이든 그 흐름을 예측하고 투자하는 것은 매우 어렵다. 더구나 곱버스는 시장의 하락 흐름을 맞춰야 하는 한편, 변동폭의 2배로 주가가 움직이므로 예측이 빗나갔을 때는 리스크가 매우 크다. 리스크 가능성에 비해 실익이 크게 없는 방법이다.

그렇다면 베어 마켓에서는 어떻게 수익을 낼 수 있을까. 주가지수의 흐름을 잘 살펴보면 이해할 수 있다. 조정장이라고 계속 떨어지기만 하지는 않는다. 그림 4-4에서 보는 것처럼 코스피지수는 3,300포인트를 넘어 정점에 이르렀던 2021년 6월 말 이후 2022년 6월까지 대체로 하향 추이를 보였다. 그런데 지수 그래프를 유심히 살펴보면 이 조정장 기간 동안에 지수가 항상 떨어지기만 하지는 않았다. 떨어지는 시기도 있었지만, 오르거나 반등하는 시기도 꽤 있었다. 보통 급락이 한 번 오고 나면 일정 정도 반등하는 패턴도 나타난다. 실제로 그림 4-4와 그림 4-5에서 보는 것처럼 코스피지수와 코스닥지수는 1년 동안에 대략 여섯 차례의 하락과 반등 시기가 나타났음을 알 수 있다. 이론적으로는 주가가 하락하는 바닥권에서 매수하고 반등 시기에 수익을 실현하는 일을 약세장에서도 반복한다면 수익을 낼 수도 있다. 그런데 정확히 바닥과 반등 구간의 고점을 맞추는 일을 계속 반복하는 것은 불가능하다.

구체적으로 알아보자. 약세장에서 수익을 내려면 3가지 조건이 필요하다. 첫째, 현금을 일정한 비율로 확보하고 있어야 한다. 일반적으로 강세장이든 약세장이든 20% 정도는 현금을 확보하는 것이 좋다. 좋은 종목이 어떤 이유로 과도하게 떨어졌거나 새로 발굴한 유망한 종목을 매수하기 위한 자금이다. 시장 상황이 나빠졌을 때를 염두에 둔 안전판이기도 하다. 조정기가 자주 있고, 조정의 폭이 깊어질 것이라고 판단한다면 현금 비중을 30~40% 수준까지 늘려도 된다. 좋은 주식을 잘 선별해서 담았다는 전제 하에 현금 비중을 40% 이상까지 늘리는 것은 바람직하지 않다고 본다. 물론 2008년 금융위기나 코로나 폭락 시기와 같은 폭락장세가 펼쳐질 것이 예상된다면 현금 보유를 더 많이 해야 할 수도 있겠지만, 그런 흐름을 예측한다는 것은 쉽지 않다. 대폭락이 아니라면 평소에는 20%, 웬만한 약세장에서도 최대 40% 수준의 현금만 확보해놓으면 하락세를 겁낼 필요가 없다.

둘째, 시장에서 떠나지 말아야 한다. 앞서 소개한 「코로나19 국면의 개인 투자자: 투자 행태와 투자 성과」 보고서에 눈길을 끄는 내용이 있다. 코로나 시기에 새로 진입한 투자자가 아니라 그 이전부터 계좌를 가지고 있던 기존 투자자들의 평균 수익률은 18.8%에 이르렀다. 거래 비용을 제외해도 15.0%의 누적 수익률을 기록했는데, 신규 투자자들이 평균적으로 손실을 기록한 것과 뚜렷하게 대비된다. 즉 그 이전의 지지부진한 장세, 특히 코로나 폭락장까지 겪은 기존 투자자들의 수익률은 훨씬 좋았던 것이다.

기존 투자자들이 보유 종목에 대해 더 잘 알고 뚝심 있게 갖고 있었기 때문일 수도 있다. 기본적으로 기존의 주식 보유자들은 이미 주식에 상당한 비중으로 투자하고 있었기 때문에, 주가가 반등하는 시점에 그 혜택을

그림 4-4 : 코스피지수(2021년 6월~2022년 6월)

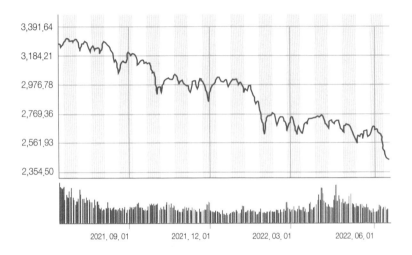

대한민국 위기와 기회의 시간

그림 4-5 : 코스닥지수(2021년 6월~2022년 6월)

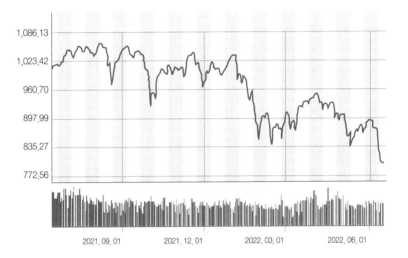

네이버 금융에서 인용

기회는 어디에 있는가

온전히 누릴 수 있다. 사실 수익의 상당 부분은 주가가 강세일 때 새로 매수한 경우보다 바닥권일 때 보유하고 있거나 매수한 주식이 반등하면서 생겨난다.

이는 많은 사례 분석을 통해 검증된 사실이다. 우리은행 자산관리전략부 투자전략팀 윤세욱 애널리스트가 쓴 「최고의 투자 전략」이라는 보고서는 이런 내용을 잘 정리하고 있다. 그 핵심 내용을 살펴보자. 우선 미연준의 금리 인상 여파로 2018년 11월에 주가가 급락했을 시점부터 주가가 일정하게 반등한 2019년 2월 말까지 미국 S&P500지수에 여러 다른 방식으로 투자했을 경우의 성과를 비교해보자. 그림 4-6은 이 기간 동안 ①아무것도 하지 않고 시장에 머무른 경우 ②저점 직후에 현금화한 경우 ③반등 직후에 현금화한 경우 ④저점에 현금화한 후 반등 직후부터 다시 투자하는 경우의 수익을 나타낸 것이다. 이 가운데 그냥 시장에 머무른 것이 가장 수익이 좋았음을 알 수 있다.

조정장이나 약세장에서도 가급적 시장에 머물러야 하는 중요한 이유는 가장 높은 수익률을 나타낸 상위 1%의 거래일이 전체 기간 대부분의 수익률을 결정하기 때문이다. 이론적으로 따져보면 1940년부터 2017년 1월 31일까지 미국 S&P500지수에 투자한 경우 1만 8,189%의 어마어마한 누적 수익률을 얻게 된다. 결국 미국의 주가지수에만 장기간 투자해도 장기간에 걸쳐서 매우 큰 수익을 얻을 가능성이 높다.

그런데 이때 상위 1%의 거래일을 놓치게 되면 그 엄청난 수익률은 오히려 −80.4%가 되고 만다. 이런 사정은 한국도 마찬가지다. 1980년부터 2016년 말까지 코스피 인덱스펀드에 투자했다면 총 누적 수익률은

그림 4-6 : 4가지 투자전략 비교

단위: 원

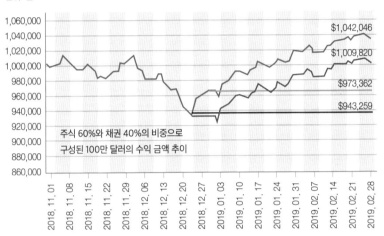

주식 60%와 채권 40%의 비중으로
구성된 100만 달러의 수익 금액 추이

$1,042,046
$1,009,820
$973,362
$943,259

▬▬▬ 투자한 그대로 유지하기
▬▬▬ 저점 직후 현금화
▬▬▬ 반등 직후 현금화
▬▬▬ 저점에 현금화 후 반등 직후 재투자

「최고의 투자전략 STAY IN THE MARKET」 보고서에서 인용

1,926%가 된다. 그런데 이 기간에 상위 1%의 거래일을 놓치면 수익률은 −91.7%로 반전된다. 상위 1%의 거래일을 놓치면 아무리 장기간에 걸쳐 투자해도 오히려 큰 손실이 난다는 뜻이다. 그런데 아무리 타이밍의 귀재라도 가장 수익률이 높은 거래일만 골라서 시장에 들어올 수 있을까. 불가능하다. 그래서 시장에 머물러야 한다는 것이다.

약세장에서도 시장에 머물러야 하는 핵심적인 이유는 최악의 거래일과 최고의 상위 1% 거래일이 맞붙어 나타나는 특성 때문이다. 그림 4-7에서 보는 것처럼 S&P500지수에서 최고의 수익률을 올린 20번의 거래일과 최악의 수익률을 올린 20번의 거래일은 거의 연달아 나타난다. 이는 약세장에서 추가적인 하락을 피하기 위해 매도하면 그 직후에 온 큰 폭의 반등을 놓칠 가능성이 매우 높다는 것이다.

실제로 코로나 사태로 주가 폭락의 정점을 찍었던 2020년 3월 19일 코스피와 코스닥 지수는 각각 8.39%와 11.71% 하락했으나, 그다음 날인 3월 20일에는 각각 7.44%와 9.20% 반등했다. 다음 거래일인 3월 23일을 제외하고 3월 24일부터 주가가 계속 올라 주가 폭락의 정점이던 시기로부터 한 달 만인 4월 20일까지 코스피와 코스닥 지수는 각각 30.2%, 48.9%나 대반등했다. 그런데 이런 큰 폭의 반등기를 놓치면 수익을 내기가 어렵다. 특히 약세장에서 손실이 난 상태에서 매도해 손실을 입은 사람들은 주가가 반등한다고 해도, 시장에 머물고 있을 때만큼의 주식 비중을 단기간에 회복하기 어렵다. 실제로는 하루 이틀의 수익 기회를 놓치는 게 아니라 주요한 수익 구간의 상당 부분을 놓칠 가능성이 높다. 그래서 약세장에서도 웬만하면 시장에 머물러야 한다.

그림 4-7 : S&P500지수 최고의 거래일과
         최악의 거래일 분포 현황

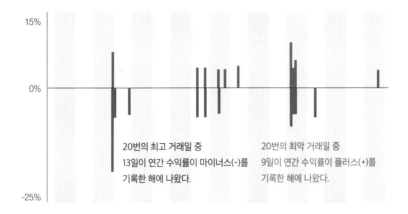

20번의 최고 거래일 중
13일이 연간 수익률이 마이너스(-)를
기록한 해에 나왔다.

20번의 최악 거래일 중
9일이 연간 수익률이 플러스(+)를
기록한 해에 나왔다.

■■■ 20번의 최고(일일 수익률) 거래일
■■■ 20번의 최악(일일 수익률) 거래일

「최고의 투자전략 STAY IN THE MARKET」보고서에서 인용

약세장에서는 현금을 일정 수준 확보해두라고 했는데, 이는 그만큼 시장에서 빠져나와 있으라는 뜻이 아니다. 현금은 시장이 하락할 때 바닥권에서 주식을 더 적극적으로 매수하기 위한 자금을 확보하라는 것으로, 시장을 떠나라는 게 아니다. 현금을 최대로 확보할 때도 최소 60% 이상은 주식을 보유하는 게 좋다. 만약 주식 비중이 너무 적은 상태에서 예상한 것보다 주가 반등기가 빨리 올 경우 수익을 충분히 누리지 못하기 때문이다.

셋째, 잘 알고 투자해야 한다. 이 원칙이 가장 중요할 수 있다. 잘 알고 투자해야 자신감을 갖고 비중을 실어서 투자할 수 있다. 회사의 현재 가치나 향후 성장성에 비해 현재 주가가 적정한지 아닌지 자신만의 판단을 내릴 수 있어야 성공한다. 그 판단이 있어야 해당 기업의 주가가 하락했을 때 과감하게 매수할 수 있다. 많은 이들이 본인이 투자하던 종목의 주가가 하락할 때 과감하게 매수하지 못하는 이유는 잘 모르기 때문이다.

이를 두고 '투자 멘털이 강하지 않아서'라고 말하는 사람들도 있다. 조그마한 손실에도 좌불안석인 사람도 있지만, 역시 대다수는 해당 종목을 잘 모르기 때문에 이런 행동을 하게 된다. 예를 들어 삼성전자 주가가 2만 원 수준으로 하락했다고 하자. 2021년 한때 9만 원에 육박했던 삼성전자가 6만 원까지 하락한 것도 상당히 싼 편인데, 2만 원까지 떨어지면 매수하지 않고는 못 배길 것이다. 넉넉잡아 1~2년만 기다리면 다시 반도체 사이클이 돌아와 최소 6만 원은 물론이고 이전의 고점 수준을 돌파할 수도 있을 것이기 때문이다. 삼성전자 주가를 2만 원대에 매수해서 1~2년 안에 주가가 몇 배가 될 수 있다면, 아무리 투자 멘털이 약한 사람이라도 삼성전자를 매수할 것이다. 그만큼 우리는 삼성전자에 대해서 잘 알고 있기 때문이다. 이처럼 내가 투자하는 기업에 대해 잘 알아야 한다. 약세장에서는 '너무 낮아졌는데'라는 생각이 들 정도로 개별 종목의 주가가 급락하는 경우가 흔하다. 그런 판단이 가능하려면 해당 종목에 대해 제대로 알고 있어야 한다.

이제 이 3가지 조건을 결합해 약세장에서 어떻게 해야 하는지를 살펴보자. 주가가 올라갈 때에는 개별 종목별로 어느 정도 수익을 실현해 20~40% 정도의 현금을 보유하고 있다가, 시장이 하락하면서 개별 종목의 주가가 지나치게 큰 폭으로 떨어졌을 때 보유한 현금으로 점진적으로 분할 매수하는 것이다. 자신이 잘 알고 있는 종목이라면, 하락한 주가 수준에서 넉넉잡아 6개월에서 1년 정도 지났을 때 해당 종목이 최소한 수익이 날 뿐만 아니라 30~50% 정도 더 상승할 수 있겠다는 식으로 판단할 수 있다. 그러면 하락장을 이용해서 해당 종목을 예전보다 더 싸게 매수하는 것이다. 예를 들어 1만 원일 때도 좋은 가격이라고 매수했던 기업의 주가가 시장 흐름 때문에 8,000원, 7,000원, 6,000원으로 떨어졌다면 더 적극적으로 매수해야 한다.

이때도 상황을 보며 나누어 매수해야 한다. 정확히 언제 어느 지점에서 바닥을 치고 올라올지 알기 어렵고, 충분히 하락했다고 생각했는데도 추가로 떨어지는 경우도 잦다. 그렇기에 가격이 떨어졌다고 한꺼번에 담지 말고 분할 매수로 접근하자. 주가가 추가로 하락하더라도 위축되지 말고 현금 여력이 있다면 주가가 하락하는 만큼 더 과감하게 담으면 된다. 하락하는 종목을 분할 매수한 후 주가가 바닥을 찍고 반등할 때는 어떻게 해야 할까. 여전히 주가가 낮은 구간이고 여력이 있다면 더 살 수도 있다.

당연히 주가가 많이 올랐다고 판단하면 멈춰야 한다.

여전히 하락장이 이어지는 가운데 더 담고 싶은 종목이 있는데 현금 여력이 없다면, 이제는 주식 갈아타기를 생각해볼 수 있다. 보유 포트폴리오 중 처음에는 좋다고 생각했는데 꾸준히 모니터링해본 결과 시간이 갈수록 매력이 떨어지는 종목이 있을 것이다. 예를 들어 1~2분기 안에 대규모 수주 가능성이 높다거나, 주요 고객사의 대규모 시설 투자로 수혜를 얻을 것이라고 생각해서, 또는 해당 분야나 전방 시장이 향후 긍정적이라고 판단해서 샀는데 예상이 빗나가는 경우가 있다. 지속적으로 실적이 당초 기대에 미치지 못할 것으로 판단되는 종목들도 정리 대상 후보이다.

반대로 보유하고 싶었지만 가격이 많이 올라 보유하지 못했던 종목의 주가가 시장 하락세에 따라 떨어졌다면, 갈아타기를 시도해볼 수 있다. 조정장이 오면 좋은 종목이든 아니든 다함께 떨어지는 현상이 종종 나타난다. 특히 주가가 급락하는 상황에서는 외국인과 기관이 그동안 주가가 많이 오른 종목들을 기계적으로 내놓는 경우가 있다. 이 때문에 좋은 종목이어도 주가가 많이 올랐다는 이유로 낙폭이 가파른 경우가 생긴다.

이 두 종류의 종목을 서로 바꾸는 것이다. 덜 매력적인 종목을 매도하고 곧바로 원하는 종목을 매수하는 갈아타기다. 자신의 포트폴리오에서 덜어내고 싶은 종목은 오히려 주가가 덜 떨어지는데, 담고 싶은 종목의 주가는 급락하는 경우도 있다. 이럴 때야말로 종목 갈아타기를 할 기회다.

주식 갈아타기는 먼저 주식을 팔고 나서 상황을 며칠 지켜보다가 매수에 나서는 게 아니라, 맞교환 대상이 되는 두 종목이 갈아타기 적절한 범위 안에 들어왔다고 판단했을 때 바로 시행하는 것이 좋다. 이를 위해서는 두 종목 모두 잘 알고 있어야 한다. 이런 갈아타기 실력을 늘리려면 조정장이나 약세장일 때에는 종목의 상황을 평소보다 더 열심히 모니터링해야 한다. 수주 상황, 주요 고객사와의 해외 시장 또는 신시장 동반 진출, 유상증자, 외부 투자금 유치, 전방 고객사 및 전방 시장의 성장세 같은 요소들을 추적해보자. 상승장에서는 사놓고 어느 정도 지켜보는 방법도 괜찮지만, 하락장은 변동성이 크기 때문에 수익을 내거나 최소한 손해를 보지 않으려면 더 기민하게 움직여야 한다.

주식 갈아타기가 매번 성공적인 결과로 이어지지는 않고 그럴 필요도 없다. 투자는 매수매도를 한 번만 하는 것이 아니며, 여러 번에 걸쳐 실행했을 때 성공률이 높으면 된다. 70%의 확률로 올바른 판단과 실행을 누적해갈 수 있다면 주식 갈아타기는 크게 도움이 된다. 카지노 업체들이 평균 0.5%의 승률 우위를 가지고도 게임을 거듭하면서 많은 돈을 긁어모은다는 점을 상기해보면 쉽게 이해할 수 있을 것이다. 처음에는 소액으로 시도해보고, 매우 뚜렷한 판단이 들 경우에 한해 제한적으로 실행해보길 바란다.

주식 갈아타기가 필요 없는 사람까지 무조건 하라는 것은 아니다. 자신의 포트폴리오가 충분히 좋은 종목들로 탄탄하게 구축돼 있다고 생각한다면 갈아타기를 할 필요가 없다. 오히려 이런 상태에서는 섣불리 주식 갈아타기를 하면 안 된다.

이런 방식으로 개별 종목의 주가 상승 시 일정하게 수익을 실현해 현금을 확보하고, 주가 하락 시 바닥 구간에서 저점 매수를 거듭하다 보면 하락장에서도 이익을 낼 수 있다. 설사 이익을 못 내더라도 큰 손실을 보는 사람들이 속출하는 상황에서도 손실 폭을 최소로 방어할 수 있다.

　이와 같은 투자 전략이 어떻게 수익으로 돌아오는지 이해를 돕기 위해 매우 단순화된 가상의 사례를 생각해보자. 한 종목의 주식이 80만 원, 현금이 20만 원 있는 상태에서 보유하고 있던 종목의 주가가 −50% 수준으로 하락했다고 가정하자. 여기에서 가지고 있던 현금 20만 원을 투입해서 −50% 수준의 주가에서 주식을 추가로 매수했다. 시간이 지나 주가가 원래 수준을 회복했다면 기존의 80%에 해당하는 주식은 본전이 될 것이고, 주가 바닥일 때 산 20만 원은 100% 상승해 40만 원이 됐을 것이다. 주가가 변화 없이 꾸준히 있을 때보다 오히려 크게 하락했다가 회복한 결과, 주식의 평가 가치가 급락 이전보다 약 20% 더 증가한 것이다. 이것이 하락장에서 수익을 내는 기본 원리이다. 실제로 2차전지 양극재 업체 가운데 하나인 코스모신소재 주가가 2022년 3월에 LG에너지솔루션의 '민폐상장' 여파로 3만 원대 초반까지 급락했다. 당시 좋은 기회라고 판단해 선대인경제연구소 회원들에게 매수를 권했다. 이후 코스모신소재는 한 달여 만에 재반등했고, 급락기 구간에서 매수했다면 한때 2배 가까운 수익률이 발생했다.

　이 사례처럼 단기간에 주가가 가파르게 반등하는 경우가 흔치는 않지만, 시간과 정도의 차이일 뿐 좋은 종목이 급락할 때 매수하면 큰 수익으로 돌아오는 경우는 자주 볼 수 있다.

　주가가 크게 조정받았을 때 매수하면 수익이 잘 일어나는 이유가 있다. 주식 투자에서 손실률과 수익률은 비대칭이기 때문이다. 예를 들어 주가가 100에서 50으로 떨어졌을 때 손실률은 −50%이지만, 50에서 100으로 상승하면 수익률은 100%다. 이에 따라 당초 주식 100과 현금 100을 갖고 있던 사람이 주가가 50% 하락한 시점에서 나머지 100을 투자해 원래 주가 수준으로 돌아오면 큰 폭의 수익이 난다. 원래 200이던 주식 가치는 주가가 빠진 뒤 도로 회복하면 300으로 늘어나게 된다. 짧은 조정장이든 큰 폭의 하락장 뒤에 오는 대세 반등장이든, 잘 대응하면 그만큼 수익이 나는 기본 원리다.

특히나 주식 약세장을 두려워하지 말아야 하는 이유는 하락률이 클수록 하락 지점에서 반등했을 때의 상승률이 커지기 때문이다. 표 4-1에서 보는 것처럼 하락률이 -10%였다가 반등하면 상승률은 11%이지만, 하락률이 -30%일 때 상승률은 43%, -60%이면 상승률은 150%가 된다. 이런 식으로 하락률은 최대 -100%로 제한되는 반면 상승률은 이론적으로는 몇천 배, 몇만 배도 가능하다. 초창기의 테슬라, 애플, 아마존에 투자해 계속 유지했을 뿐인데도 큰 부자가 된 사람들의 사례를 보면 이를 잘 알 수 있다.

자신이 잘 알고 있는 좋은 종목의 주가가 하락하면, 역으로 좋은 수익의 기회가 된다. 낙폭이 클수록 추후 주가가 반등하면 수익률은 커진다. 이 같은 원리를 이해해 주가 하락을 두려워하지 않고, 이를 활용할 수 있는 실력과 자금을 갖춰 그 기회를 활용해보자.

실제로 코로나로 주가가 폭락했을 때 나는 개인적으로 주식 비중이 매우 높은 상태였고, 최대한 동원할 수 있는 자금으로 폭락 직전 고점 대비 60~70% 하락한 종목을 다수 매수했다. 주가 회복 속도가 아무리 늦어도 1년 안에는 이전 수준으로 회복할 것이라는 판단이었는데, 실제로는

표 4-1 : 주가가 하락할 경우 손실률과
          반등했을 경우의 수익률 비교

손실률	수익률
-10	11
-20	25
-30	43
-40	67
-50	100
-60	150
-70	233
-80	400
-90	900
-100	0

선대인경제연구소 작성

훨씬 빨리 반등했다. 약세장에서 주가가 하락한 다음 예전 상태로 곧바로 회복되지 않는 경우도 많다. 코로나 주가 폭락 이후처럼 지수 자체가 V자 반등을 하는 경우도 드물다. 당장 반등하지 않는다고 하더라도 최악의 경우 1년 정도 지나면 현재 주가보다는 더 오를 가능성이 크고, 그런 기대를 할 수 있는 종목을 매수해야 한다.

2021년 연말 기준으로 한 증권사에 계좌를 개설한 개인 투자자들의 국내 주식 투자의 평균 수익률이 0.43%를 기록했을 때, 선대인경제연구소 회원들의 평균 수익률은 20%가 넘는 것으로 조사됐다. 2022년 금리 인상 충격이 본격적으로 주가에 반영된 이후에도 이와 같은 접근법을 잘 사용한 회원들의 성과는 일반적인 개인 투자자들보다 매우 좋은 편이다. 이처럼 관점을 달리해서 보면 주식 투자에서는 하방 변동성도 큰 수익의 원천일 수 있다. 크게 조정받은 주가에서 좋은 종목을 적극적으로 매수하면 분명히 나중에 큰 수익을 올릴 수 있을 것이다.

생존 전략 1 : 금리 인상을 이겨낼 수 있는 구조적 성장주

이런 전략을 머리에 넣어두고 있더라도, 당장 눈앞에 펼쳐지는 하락세를 보면 투자를 지속하는 게 주저된다. 이때 필요한 지침들을 정리해보자.

금리 인상 여파로 주가가 하락할 때는 종목 선정에 매우 주의를 기울여야 한다. 사놓기만 해도 웬만하면 오르는 상승장이 아니기 때문이다. 그러면 '좋은 종목'이란 무엇일까. 좋은 종목을 선별하는 구체적인 방법론에 대해서는 긴 설명이 필요하다. 여기에서는 금리 인상기의 약세장에서 투자할 종목에 초점을 두고 살펴보자.

금리가 오를 때 주가가 크게 저평가되어 있는 이른바 '가치주' 계열의 주식을 권하는 이들도 많지만, 개인적으로는 구조적 성장주에 집중하기를 권한다. 구조적 성장주는 말 그대로 구조적으로 실적이 빠르게 성장할 가능성이 높은 종목을 말한다. 구조적 성장주는 두 조건을 만족해야 한다. 2차전지 산업처럼 일시적인 흐름이 아니라 지속적으로 성장할 수밖에 없는 산업 구조 속에 있을 것, 막연한 기대가 아니라 실적이나 수주 등이 예측 가능한 시점 안에 크게 성장할 것. 즉 빠른 실적 성장이 상당한 기간에 걸쳐 지속적으로 발생할 수 있는 기업을 말한다. 앞에서 2차전지 산업이나 신재생에너지 산업에 주목한 것도 바로 구조적 성장이 가능하기 때문이다.

여기에 오해가 하나 있다. 흔히 금리가 올라가면 성장주 주가는 하락한다고 한다. 시장 분위기가 좋을 때 성장주들이 과도하게 올랐다가 분위기가 반전되면 거품이 빠진다는 것이다. 거품이 많이 끼는 성장주는 대부분 기대감만 잔뜩 부풀어 있을 뿐 실적이 뒷받침되지 않는 종목들이 많다. 2021년 하반기에 상승했던 메타버스나 NFT 테마주들이 이 경우에 속한다. 메타버스 테마를 이끌어간 미국의 메타(옛 페이스북)의 주가가 다른 빅테크 종목들에 비해서도 훨씬 더 큰 폭으로 빠진 사례는 바로 그러한 헛기대가 어떤 결과를 낳는지를 잘 보여준다.

메타의 주가는 2021년 9월 7일 한때 382.2달러까지 올랐지만 이후에는 300∼350달러 사이의 박스권에서 횡보하는 모습을 보였다. 10월 말에는 회사 이름을 페이스북에서 메타로 바꾸면서, 창업주인 마크 저커버그Mark Zuckerberg가 직접 나서 향후 사업의 1순위는 메타버스가 될 것이라고 선언했지만 주가에는 반짝 영향을 주는 데에 그쳤다. 도리어 2022년 2월 3일 하루 만에 주가가 26% 폭락하면서 시가총액이 2,300억 달러(약 277조 원)나 증발해버렸다. 2021년 연간 실적이 어닝쇼크를 기록한 데다가 1분기 실적 역시 저조할 것이라는 전망이 역대급 폭락을 이끌었다. 메타버스 사업 부문인 리얼리티랩스는 계속 적자가 불어나고 있어, 기존의 주력 사업을 뒷전으로 하고 메타버스에 우선순위를 두는 전략이 과연 유효한가에 대한 의문이 커졌다. 이런 영향으로 메타 주가는 2022년 6월 20일에는 고점 대비 57%나 하락했다.

메타의 경우만 해도 그나마 실체가 있는 편에 속한다. 2021년 하반기를 뜨겁게 달구었던 국내의 소위 '메타버스 테마주'들은 뜬구름 잡는 듯한 스토리만 내놓았을 뿐 실체 자체를 찾기 어려웠다. 인공지능 영상 인식을 주력으로 하는 알체라의 경우 네이버 스노우와 조인트 벤처(공동사업체)로 설립한 플레이스에이가 메타버스 관련 기술을 제공한다는 이유로 메타버스 테마주로 엮이면서 2021년 7월 주가가 치솟았다. 하지만 다음 날 회사 측이 '알체라의 사업 모델 중 메타버스와 관련된 직접적 사업 모델은 없다'고 공지하면서 25% 폭락했다.

알체라는 상장 이후 재무재표가 공시된 2018년 이후 계속해서 손실을 기록했고, 2021년에는 매출 100억 원에 영업손실 −111억 원과 순손실 −139억 원을 기록했다. 물론 성장 초기의 기업은 상당 기간 적자를 기록하는 경우가 많다. 하지만 알체라는 메타버스 기술이나 트렌드를 선도하는 기업도 아니면서 메타버스 테마주 열풍에 올라탔다. 2021년 7월 시가총액이 무려 7,000억 원까지 올라갔지만 미국의 금리 인상에 따라 주가가 고점 대비 70% 이상 하락했다. 메타버스와 함께 바람이 분 대표적인 NFT 테마주의 대장격이었던 위메이드의 경우도 비슷하다. 위메이드는 게임 실적이 어느 정도 뒷받침되기에 전혀 실체가 없는 주식은 아니었지만, NFT 열풍이 주가를 밀어 올린 더 큰 동력이었다. 문제는 일부 주식 작전 세력이 아니라 국내 대다수 언론이 이 열풍을 부추겼고, 대부분 증권사들이 관련주를 경쟁적으로 추천했다는 사실이다. 당시 분위기에 편승해 수수료 수입을 남길 궁리를 하다 보니 생기는 현상이다. 개인 투자자들이 언론이나 기관의 말만 믿고 무턱대고 투자해서는 안 되는 이유를 보여주는 대표적인 사례라 할 수 있다.

반면 구조적 성장주는 시장의 기대감에 부응하는 실적을 실제로 내고, 예측 가능한 시점 안에 가파른 성장세를 지속할 수 있는 종목들이다. 앞에서 언급한 코스모신소재가 여기에 속한다. 코스모신소재는 양극재 후발 주자로 2022년 현재 생산 능력이 2만 톤에 그치지만, 빠르면 2~3년 안에 20만 톤 수준으로 늘어날 수 있다. 코스모신소재가 생산하는 양극재 1만 톤당 2,500억 원 정도의 매출을 올릴 수 있다. 20만 톤이면 5조 원의 매출이 가능하고, 현재 수준의 영업이익률 8%만 유지한다고 해도 4,000억 원의 영업이익을 올릴 수 있다.

영업이익의 20배에 이르는 가치로 평가한다면 시가총액은 8조 원, 30배면 시가총액은 12조 원에 이를 수 있다. 이는 2025~2026년 정도면 실제로 달성할 수 있는 실적 수준으로 전망된다.

　코스모신소재도 코로나 시기 이후 주가가 큰 폭으로 오른 상태여서 '다 오른 종목이지 않느냐'고 생각할지도 모르겠다. 구조적 성장주는 경기 흐름에 따라 실적이 좋았다 나빴다 하는 경기순환주와는 다르다. 실적이 지속적으로 가파르게 성장하는 기업이 구조적 성장주이다. 참고로 선대인경제연구소는 2018~2019년부터 에코프로비엠, 엘엔에프, 천보, 피엔티, 씨아이에스, 동화기업 등 소개 시점에 비해 5~10배 이상 상승한 2차전지 종목들을 다수 소개한 바 있다. 여기서 언급하는 코스모신소재도 선대인경제연구소는 2021년 4월 무렵 주가 2만 원 초반에 소개했다. 실력 있는 투자 전문 기관들이 많겠지만, 2차전지와 전기차 산업 분야의 중소형주에 관한 선대인경제연구소의 분석 역량은 매우 높다고 자부한다.

　다른 분야의 사례를 하나 더 살펴보자. 전자담배 역시 구조적 성장이 기대되는 분야다. 시장 조사 기관에 따라 차이가 있지만 글로벌 전자담배 시장은 2030년까지 해마다 평균 17%, 많게는 30%까지 성장할 것으로 전망하고 있다. 전 세계적으로 흡연 인구가 줄어드는 추세여서 담배 판매량이 줄고 있지만 전자담배 시장은 빠르게 성장하고 있다. 이는 전체 자동차 판매량은 줄고 있지만 전기차의 침투율은 오르는 상황과 비슷하다. 전자담배는 현재 침투율이 5% 남짓이지만 앞으로 빠르게 높아질 것이다. 전자담배 회사와 보건 당국 사이에 건강 관련 논쟁이 있지만 태우는 방식의 담배에 비해 '그나마 덜' 해롭다는 쪽으로 연구결과가 나오고 있다. 발암물질이 적은 것뿐만 아니라 주위에 불편을 끼치는 문제도 덜하다.

　전자담배 시장의 성장세가 빨라지면서 필립모리스나 BAT 같은 글로벌 메이저 담배 회사의 행보도 점점 빨라지고 있다. 세계 1위 담배 회사이자 최초의 궐련형 전자담배인 아이코스를 개발한 필립모리스는 회사의 슬로건을 "담배 연기 없는 미래를 만듭니다"로 바꿨다. CEO 야첵 올자크Jacek Olczak는 영국 《데일리 메일》과의 인터뷰에서 담배도 내연기관 차처럼 취급해야 하며, 2030년부터 영국에서 담배 판매를 중단할 예정이라고 밝혔다. 그는 필립모리스를 대표하는 말보로 역시 영국 시장에서 사라질 것이라고 단언했다. "소비자에게 최선의 선택은 담배를 끊는 것입니다. 하지만 그렇게 하지 못하다면, 차선은 더 나은 대안으로 바꾸는 것입니다."

메이저 회사들이 전자담배 시장으로 갈아타는 것은 기존 담배에 비해 수익성이 더 좋기 때문이다. 시장의 규모가 줄어도 이익률을 높이는 방향으로 생존을 모색할 수 있다. 그렇다면 어디에서 투자의 기회를 찾을 수 있을까. 당장은 필립모리스, BAT나 한국의 KT&G와 같이 전자담배 시장의 주요한 플레이어들이 눈에 띄겠지만, 이들은 새로운 시장으로 확장하는 것이 아니라 자신들이 확보하고 있던 기존 담배 시장을 전자담배 시장으로 대체하고 있다. 전자담배의 이익률이 기존 담배보다 좋다고 해도, 담배 시장 자체가 위축되고 있기 때문에 기존 담배 기업의 성장성은 제한적이다. 대신 성장하는 전자담배 사업에서 수혜를 받는 기업의 성장성은 매우 커질 수 있다. 전기차 시장의 성장에 따라 2차전지 소재와 장비 업체가 큰 수혜를 받는 것처럼 말이다.

전자담배는 어떤 방식이든 그 이름처럼 반드시 '전자기기'를 필요로 한다. 일단 면도기를 많은 사용자들에게 보급한 다음 면도날을 계속해서 파는 것이 면도기 회사의 수익 모델인 것처럼, 전자담배 회사도 많은 사용자들에게 기기가 보급돼야 계속해서 담배를 팔 수 있다. 담배 회사는 IT제조사에게 이러한 기기를 공급받는데, 대표적으로 중국의 스무어와 한국의 이엠텍이 있다.

이엠텍은 주가가 1만 2,000원 수준일 때부터 선대인경제연구소가 실적전환주의 하나로 회원들에게 소개하기도 했다. 이엠텍은 2022년 들어 주가가 4만 원을 넘었으나, 고객사인 KT&G와 특허권 이전 청구 소송을 겪으면서 주가가 급락했다. KT&G가 자신들에게 납품하는 업체들을 다원화하는 과정에서 독자적으로 글로벌 담배 회사들을 고객사로 유치하는 이엠텍을 견제하려는 갑질에 가까운 일이었다.

KT&G가 제기한 6개 특허에 대한 소송에서 이엠텍이 패소할 가능성은 낮지만, 그 결과가 어떻게 나오든 관련 특허를 500개 넘게 확보하고 있는 이엠텍에 충격을 주기는 어려워 보인다. 이렇듯 기업 관련 뉴스들은 정확하게 내용을 알아봐야 한다.

소송 관련 뉴스만으로 이엠텍 주가는 급락했지만, 이 회사의 구조적 성장 잠재력을 잘 알고 있는 이들에게는 오히려 이런 시장의 오해가 향후 좋은 수익을 올릴 수 있는 기회일 수 있다.

약세장에서 이러한 구조적 성장주에 투자해야 하는 이유가 있다. 첫째, 시장 약세 흐름에 따라 이들 종목의 주가가 조정을 받더라도, 시간이 지나면 실적 성장의 힘으로 주가가 언제든 회복할 뿐만 아니라 상승할 수 있기 때문이다. 둘째, 이렇게 실적이 빠르게 성장하는 종목들은 금리 인상에 따른 주가 할인의 영향을 크게 받지 않는다.

대표적인 기업가치 평가 이론인 '현금흐름할인법DCF(Discounted Cash Flow)'에서는 기업의 가치를 어떻게 계산할까. 미래에 해당 기업이 매년 벌어들일 현금흐름을 현재 가치로 할인해 합산한다. 구체적인 설명은 생략하겠지만, 여기에서 중요한 것은 할인율이다. 할인율은 금리 수준에 의해 좌우된다. 금리가 올라가면 할인율이 커져 결국 기업의 가치는 줄어드는 것으로 평가된다. 특히 당장의 실적이 크지 않지만 미래 성장성이 클 것으로 예상되는 기업(주로 성장주)의 가치 평가가 크게 달라지게 된다. 금리가 오르면 성장주 주가가 크게 하락한다는 것이 바로 이런 논리 때문이다. 성장주로 포장된 실체 없는 테마주들의 주가 낙폭이 큰 것도 바로 이런 이유 때문이다.

매년 실적 성장률이 10%인 회사로서는 시중 금리가 2%에서 4%로 올라가면 누적으로 발생하는 할인율이 매우 커져 기업의 가치가 큰 타격을 받는다. 그런데 매년 50~100%가량 성장할 것으로 예상되는 기업들은 금리가 2%에서 4%로 올라간다고 해도 그만큼 큰 타격을 받지 않는다. 금리 인상에 따른 기업가치 할인폭에 비해 성장의 속도가 훨씬 더 가파르기 때문이다. 그래서 오히려 이런 금리 인상기일수록 실적이 가파르게 성장할 잠재력이 있는 구조적 성장주가 오히려 안전할 뿐만 아니라 수익을 올릴 가능성도 높다고 보는 것이다.

생존 전략 2 : 대형주보다 중소형주

개인 투자자 중 많은 이들, 특히 투자 경험이 적은 초보자들은 증권사 리포트나 언론에서 추천하는 종목에 투자하는 경우가 많다. 증권사 애널리스트들이나 언론사의 경제부 기자들이 자신보다 기업과 주식 투자에 대해 더 많이 알고 있을 거라고 생각하기 때문이다. 문제는 그 등대가 인도하는 대로 따라가면 성공이라는 항구보다는 실패의 늪에 빠지기 쉽다는 점이다.

연말연시가 되면 증권사는 새해 경제 전망과 함께 추천 종목들을 제시한다. 언론에서도 새해 유망주 관련 추천 기사를 쏟아낸다. 증권사나 언론이 언급하는 종목들을 편의상 '기관 추천 종목'이라고 표현하겠다. 기관이 추천하는 종목이 개인 투자자에게는 매력도가 떨어지는 이유는 무엇일까.

먼저 기관 관점에서 투자할 종목과 개인 투자자가 수익을 올리기 위한 종목이 다르다. 증권사가 추천하는 종목을 살펴보면 주로 증권사가 투자하기 좋은 종목들, 즉 대형주 위주다. 이름만 들어도 알 수 있는 대기업 위주로, 물론 여기에도 일정한 수익을 낼 수 있는 종목들이 상당수 있다.

반도체 산업, 특히 메모리 반도체 제조업은 대표적인 경기순환주다. 메모리 수요가 늘고 가격이 오르면 설비 투자가 늘고 실적도 좋아지지만, 수요가 줄고 가격이 떨어지면 실적도 나빠지는 사이클을 반복한다. 상승 사이클을 그릴 때에 삼성전자나 SK하이닉스 같은 대장주들은 당연히 그 사이클을 타고 가격이 오르게 마련이다. 그러나 이러한 기업에 소재, 장비, 부품, 설비를 공급하는 업체의 실적이 더 큰 상승 곡선을 그리고 주가도 더 크게 오르는 경우가 많다.

그렇다면 왜 증권사는 대형주만 주로 다룰까? 일단 증권사가 모든 종목을 다 분석하고 추적하지 않는다. 국내 주식시장에 상장한 2,000여 개 기업들 가운데 증권사가 분석하는 기업은 30% 남짓이다. 애널리스트 한 사람이 관리할 수 있는 종목도 한계가 있다. 그렇다면 어떤 종목들을 우선적으로 분석 추적할까. 증권사들은 개인보다는 기관 투자자 관점에서 투자할 수 있는 대형주를 우선적으로 다룬다. 일부 중소형주도 다루기는 하지만 종목의 수가 많지 않다.

그러다 보니 증권사 애널리스트들은 중소형주를 잘 모르고, 알아도 그 중에서도 상대적으로 덩치가 큰 종목들 중심으로 다룬다. 정말 성장성이 좋고, 주가가 크게 오를 수 있는 좋은 소형주도 기관들은 초기에 잘 다루지 않는다. 주가가 한참 오르고 나서 어느 정도 해당 종목의 시가총액이 커졌을 때 비로소 다루는 경우가 많다. 즉 주가가 웬만큼 올랐을 때부터 다루는 경우가 많다 보니 기관들이 그 종목을 리포트에서 다루면, 얼마 지나지 않아 오히려 주가가 빠지는 경우가 종종 나타난다.

이는 기관들이 굴리는 자금이 중소형주에 투자하기에는 너무 큰 것과도 상관이 있다. 작게는 수백억에서 수천억, 혹은 조 단위로 자금을 굴리는 기관들이 시가총액 1,000억 원 남짓하고 하루 거래 대금이 2~3억 원에 불과한 종목에 투자할 수 있을까. 기관들은 기본적인 투자 단위가 수십억에서 수백억 원 수준이다. 증권사와 연결된 자산운용사도 굴리는 자금의 규모 때문에 대형주 위주로 투자할 수밖에 없다. 당연히 증권사 애널리스트들도 주요 고객인 자산운용사들이 투자하는 대형주를 중심으로 다룰 수밖에 없다.

물론 노후 자금을 위해 투자하는 고령 세대처럼 리스크를 줄이면서 안정적인 수익을 올리려는 사람들은 대형주를 잘 골라 투자하는 것이 좋은 선택일 수 있다. 대형주라고 해서 모두 안전하고 중소형주라고 해서 리스크가 많은 것은 아니지만, 안정성 면에서 대형주가 대체로 낫기는 하다. 그러나 용돈 벌이나 생활비 마련 정도가 아니라 주식 투자로 경제적 수준을 다른 차원으로 끌어올리고 싶다면 대형주 투자로는 한계가 있다.

주가가 많이 오를 잠재력은 대형주보다는 잘 고른 중소형주가 더 크다. 예를 들어 반도체 분야에 투자하고 싶을 때 가장 먼저 떠오르는 종목은 삼성전자나 SK하이닉스와 같은 대형 종합반도체 업체일 것이다. 시가총액이 수십조에서 수백조 원에 이르는 대형주도 물론 실적이 좋아지면 주가는 오른다. 하지만 얼마나 오를 수 있을까. 이런 종목들이 실적이 좋아진다고 1년 만에 2배가 오를 수 있을까. 드물게 그럴 수도 있지만 확률이 낮다. 반면 중소형주는 실적이 가파르게 상승하면 주가가 2~3배 오르는 경우도 많다. 다만 주가가 약세를 보일 때는 대형주에 비해 중소형주의 하락 폭이 큰 경우가 많으니 유의해야 한다. 하지만 실적이 가파르게 성장하는 좋은 종목의 주가가 충분히 조정 받은 상태라면 추가로 하락할 위험은 작은 반면 향후 큰 폭으로 상승할 가능성은 높다. 앞에서 설명한 주가 하락과 상승 때 손실률과 수익률의 비대칭을 상기해보라. 이런 시점에 2~3년을 내다보고 좋은 중소형주를 선택하면 높은 수익을 올릴 수 있다.

대형주는 어느 시기든 많은 스포트라이트를 받고 있고 이미 많은 자금이 들어가 있는 반면, 중소형주는 실적이 별로 안 좋을 때에는 소외되는 경우가 많다. 실적이 좋아지거나 대규모 수주를 받으면 그때서야 관심이 모이고 투자금이 유입되는 경우가 많다. 주식 투자로 큰 수익을 올리는 기본 원칙은 좋은 종목이 저평가됐을 때 사서 제대로 평가를 받아 오를 때까지 기다리는 것이다. 그런데 증권사들은 중소형주가 저평가됐을 때에는 별 관심이 없다가 주가가 오르고 나서야 뒷북 리포트를 낸다.

개인 투자자들은 기관의 눈으로 투자해서는 안 된다. 수천억 원의 자금을 굴리는 기관은 은행 이자보다 1~2%만 높은 수익을 내도, 액수로는 수십억 원을 벌어들인다. 하지만 개인 투자자들은 그 정도로 큰 자산을 모으기 힘들다. 다윗과 골리앗의 싸움에서 다윗이 어떻게 승리했을까. 골리앗은 키가 2미터가 넘는 거구에 철갑으로 온몸을 두른 전사였다. 그는 칼을 들고 맞붙어 싸우는 백병전에는 최강의 전사였을 것이다. 다윗은 그렇게 싸우지 않았다. 가벼운 양치기 복장으로 전장에 나서서 먼 거리에서 돌팔매로 일격에 골리앗의 이마를 맞혀 이겼다.

다윗 투자자들은 골리앗과 같은 방식으로 투자하면 결코 거인을 이길 수 없다. 증권사 애널리스트는 큰 조직에 속해 있다. 조직의 눈치도 봐야 하고 주요 고객인 자산운용사의 관점에서 생각할 수밖에 없다. 피터 린치 Peter Lynch도 이런 점을 지적했다. 대형주를 추천했다가 떨어지면 '아니, 그런 주식도 떨어지는데 어쩌겠습니까?' 하고 변명할 수 있지만 중소형주를 추천했다가 떨어지면 퇴로가 없다. 세계 최고의 금융 엘리트들이 모인 월스트리트의 애널리스트들도 직장인의 딜레마에서 자유로울 수 없다.

특히 국내 증권사 애널리스트들은 자신이 관리하는 기업의 이해관계와 물려 있는 경우가 많아서 부정적인 리포트를 쓰기 어렵다. 이 때문에 나타나는 고질적인 문제가 증권사 리포트에 매도 의견을 거의 찾아볼 수 없는 것이다. 2021년에도 국내 증권사들은 거의 매수 또는 중립 의견만 냈을 뿐 매도 의견을 낸 종목이 거의 없었다. 대부분 증권사가 매도 의견을 전혀 내지 않았고 BNK투자증권(1.6%), 미래에셋증권·DB금융투자·다올투자증권(0.7%), 상상인증권(0.6%)만이 매도 의견을 냈지만, 이조차 미미한 수준이다. 반면 외국계 증권사나 투자은행 중에는 10%대의 매도 의견을 낸 곳이 여럿 있었다. 실제로는 매도해야 할 기업에 대해서도 계속 보유하거나 더 매수하라는 식의 리포트를 내니, 개인 투자자들이 물리는 경우가 많은 것이다.

국내 증권사들이 코로나 유동성 장세에서 신규 상장한 기업에 대해 공모가를 부풀린 리포트를 쏟아낸 사례를 생각해봐도 증권사 의견을 곧이곧대로 믿어서는 안 된다. 코로나 유동성 장세에서 대규모 증시 자금을 빨아들이며 상장한 주요 종목들의 주가 하락률은, 주가 하락 폭이 일반적인 다른 종목들에 비해 훨씬 더 크다. 2022년 6월 30일 기준으로 시가총액 10조 원 이상으로 상장한 주요 종목들의 상장 후 주가 고점 대비 변화를 살펴보자. SK바이오팜(26만 9,500원→7만 3,500원), 하이브(42만 1,500원→14만 8,500원), 카카오뱅크(9만 4,400원→3만 1,100원), 크래프톤(58만 원→23만 8,000원) 등이다.

대규모 증시 자금을 빨아들이고 다른 종목의 주가에 부정적 영향을 미치며 상장한 이 종목들의 하락 폭은 −60~−75% 수준에 이르는 경우가 대부분이다. 시총이 10조 원이 넘는 대형주들은 지수보다 낙폭이 현저하게 크기 어렵다. 그런데 코스피나 코스닥 지수 하락폭보다 2~3배가량 낙폭이 큰 것이다.

신규 상장을 준비하는 기업들은 당연히 자신의 가치를 최대한 많이 인정받는 조건으로 상장하고 싶어 한다. 여기에 증권사들이 신규 상장하는 기업의 주관사 역할을 하면서 상장 전에 확보한 지분 가치를 한껏 올리기 위해, 공모주 청약 대행 증권사로서 수수료를 챙기기 위해 기업의 주가를 엄청나게 부풀리는 것이다. 이렇게 상장된 뒤에는 대부분 원래 기업가치에 비해 부풀려진 상태이기 때문에, 상장 초기의 투기적인 가수요가 들끓을 시점을 지날수록 주가가 내려가게 된다. 이 과정에서 증권업계의 리포트와 언론의 부추김 보도를 접하고 개인 투자자들은 큰 손실을 보게 된다.

예를 들어 카카오뱅크에 대해 국내 증권사들이 어떤 리포트를 발간했는지 살펴보자. 가장 장밋빛 전망을 제시한 리포트는 SK증권이 발간한 「인터넷은행의 롤모델, 은행 시총 1위를 노린다」이다. 이 리포트는 카카오뱅크가 ①카카오 플랫폼의 공유 ②언택트 금융 모델의 메리트 ③초기의 빠른 증자와 인프라 투자 등의 이유로 전 세계 인터넷은행의 성공 사례가 됐다며 상장 후 시가총액을 31조 원으로 제시했다. 2022년 6월 30일 기준의 시가총액 14조 8,124억 원에 비해 2배나 높은 시총을 제시한 것이다. 당시에 「카카오뱅크는 은행이다!」라는 제목의 리포트를 내며 상장 초기부터 목표 주가를 2만 4,000원으로 제시한 BNK투자증권 김인 연구원의 리포트도 있었다. 이 리포트는 다음과 같은 의견을 제시했다.

"현재의 시가총액은 기대감을 상회하여 선반영된 것으로 판단합니다. 향후 시장 예상치를 상회하는 이익을 지속적으로 창출해야만 추가적인 주가 상승이 가능할 것입니다. 그러나 플랫폼을 활용한 비이자 이익 확대, 높은 대출 성장 지속, 검증된 신용평가 시스템을 활용한 리스크 관리 등을 보여주어야 하고, 실현하기도 쉽지 않은 과제가 많습니다. 이러한 과정에서 주가 급락에 대한 우려가 큰 것도 현실입니다."

이 같은 의견을 제시하는 리포트는 드물었고, 대부분의 증권사들은 과도한 주가를 합리화하는 리포트를 냈다. 물론 적정한 수준으로 주가가 조정되기 전까지는 접근 자체를 피하는 개인 투자자들의 분별력도 필요하다. 시장이 흥분된 유동성 장세에서 기업의 적정 가치도 생각지 않고 우르르 몰려다니는 식의 투자를 하면 당연히 손실을 볼 가능성이 높다. 하지만 해당 기업에 대한 냉철한 투자 의견을 제시해 올바르게 투자에 접근하도록 돕는 것이 증권사 리포트의 역할이다. 국내 증시에서 개인 투자자들이 수익을 경험하지 못하고 시장을 반복해서 떠나게 되는 데에는 증권사들의 이런 잘못된 행태가 크게 작용한다.

　한 걸음 더 나아가 해당 기업에 대한 왜곡된 정보를 제공해 투기적 행태를 부추기는 리포트도 적지 않다. 앞에서 말한 메타버스나 NFT에 대해 '환상'을 품게 하는 리포트가 쏟아진 것이 대표적이다. 개별 사례로는 박셀바이오에 대한 리포트를 들 수 있다. 박셀바이오는 우리 몸에 있는 면역세포의 일종인 NK세포를 이용한 치료제를 연구 개발하는 회사다. 그런데 이 회사가 개발 중인 간암치료제 VAX-NK의 1차 임상시험에서 11명 중 4명에게 '완전관해'가 발견됐다는 모 증권사의 리포트가 나온 뒤 주가가 18배나 뛰었다. 해당 리포트의 실제 내용을 보면 의심스러운 부분이 적지 않다. 임상시험이 정확한 결과를 내려면 치료군과 대조군을 정확히 구분해야 하며, 실제 VAX-NK 단독 효과인지도 검증돼야 한다. 실제로는 다른 항암치료를 하면서 VAX-NK를 투여한 것이어서 치료 효과가 VAX-NK에 의한 것인지 명확하지 않다. 결국 임상결과가 국내외 어디에서도 인정받지 못한다는 사실이 알려지면서, 박셀바이오 주가는 급락으로 돌아서 고점 대비 80% 이상 하락했다.

증권사들은 기관 투자자의 관점에서 리포트를 쓰다 보니 매크로 경제 흐름에 따라 전략을 바꾸는 방식의 투자를 하라고 종종 조언한다. 예를 들어 금리가 오르면 성장주에서 가치주로 갈아타라, 금리가 하락하면 채권 투자 비중을 늘려라, 인플레이션에 따라 원자재 관련 ETF를 사라는 등의 조언이다. 이 투자 전략이 대규모 자금을 운용하는 자산운용사들에게는 맞을 수 있다. 자산운용사들은 전문적인 리서치 조직과 운용 인력을 갖추고 있어서 가능하다.

거시경제 흐름에 대한 배경을 깔고 있기에 이론적으로는 맞아 보인다. 하지만 개인은 기관 투자자 같은 골리앗이 아닌, 개인 투자자에게 맞는 다윗의 방식으로 싸워야 한다. 일부 슈퍼 개미를 제외하면 개인 투자자는 기관처럼 큰돈을 굴리는 사람들이 아니다. 거시경제 변수에 대해 시시각각 전문적인 리서치를 하고 전략적으로 배분해야 할 필요도 없고 그럴 능력도 없다. 개인 투자자들은 워런 버핏Warren Buffet이 강조하는 자신의 능력 범위scope of competence안에서 잘 이해하고 분석할 수 있는 기업을 찾아서 투자하면 된다. 향후 실적이 지속적으로 우상향할 수 있는 기업을 상대적으로 저평가된 상태에서 몇 개만 주목해가며 투자해도 된다. 저평가된 기업들 중 실적이 꾸준히 잘 성장하는 좋은 종목들을 골랐다면 웬만한 주가 폭락만 발생하지 않는 이상, 몇 년 후에는 주가가 큰 폭으로 올라 있을 것이다. 그러면 기관 투자자처럼 어려운 거시경제 흐름에 대해 신경 쓰지 않아도 된다. 가능하다면 약세장이나 조정장에서는 앞에서 소개한 것처럼 하기를 권한다. 이런 방식으로 10년, 20년 꾸준히 투자하면 상당한 부를 축적할 수 있을 것이다. 적어도 거시경제 흐름이나 시황에 휘둘리면서 투자하는 것보다는 훨씬 수익률이 좋을 것이다. 무엇보다 잘 아는 종목에 투자하기 때문에 시장 변동성이 발생해도 상대적으로 마음 편하게 투자할 수 있다. 편한 마음으로 투자해야 장기적으로 수익을 낼 수 있다.

언론의 왜곡 보도가 사람들의 판단을 오도하는 경우도 많다. 특히 삼성 등 재벌그룹에 대한 보도는 보기에도 민망할 지경이다. 박근혜−최순실 게이트로 구속됐던 삼성전자 이재용 부회장의 가석방이 결정된 전후로 언론들이 보인 보도 태도가 대표적이다.

"광복절 이재용 가석방되나…답답한 7만 전자 400만 주주 설렌다", 《매일경제》, 2021년 7월 24일
"이재용 가석방에 '베팅'…외인·기관들, 삼성전자 쓸어 담았다", 《한경 코리아마켓》, 2021년 8월 9일
"삼성전자, 이재용 가석방 속 '10만 전자' 등극?…외인 매수 급증", 《MBN 뉴스》, 2021년 8월 10일

삼성전자 주가가 이재용 부회장 가석방 이후에 어떻게 움직였는지는 이제는 모두가 알고 있다. 가석방 당일 삼성전자의 주가는 오히려 3.38% 하락했다. 이후에도 삼성전자 주가는 큰 흐름에서 대체로 하향했고, 이재용 부회장 가석방 이후 10개월 동안 단 하루도 그 직전 수준으로 주가가 올라간 적이 없다. 이재용 부회장이 감옥에 있는지 여부와 삼성전자의 주가는 별다른 관련이 없기 때문이다. 삼성전자의 실적과 향후 업황이 주가에는 훨씬 더 중요하다. 그러나 언론들은 이재용 부회장의 경제활동을 자유롭게 못한 탓이니, 아예 사면해야 한다는 기사를 쏟아낸다. 과연 이런 언론의 보도를 믿고 투자하는 게 옳은 선택일까.

생존 전략 3 : 일정 수준의 집중 투자

"모든 달걀을 한 바구니에 담지 말라." 분산 투자의 중요성을 짧은 문장 하나로 정리해주는 이 격언을 모르는 사람은 거의 없을 것이다.

모든 달걀을 한 바구니에 담으면 바구니를 떨어뜨렸을 때 달걀이 몽땅 깨져버린다. 투자금을 한 종목에 모두 쏟아부었는데 기대와 달리 사업이 안되거나 예상치 못한 사건으로 주가가 많이 떨어지면 큰 손실을 낼 것이다. 그러나 달걀을 여러 바구니에 나눠 담으면 바구니 하나가 깨지더라도 모두 잃는 일은 막을 수 있다.

분산 투자의 효과는 위험이 분산되는 것이다. 1개 종목에 투자했다가 그 종목이 50% 손실이 나면 투자금이 반 토막이 난다. 하지만 2개 종목에 반반씩 투자해서 하나는 -50%, 다른 것은 20% 수익이 나면 전체 손실률은 -15%로 줄어든다. 종목 수가 더 늘어나면 어떤 종목은 오르고, 어떤 종목은 내리면서 손실 위험을 분산하는 효과가 생긴다.

뒤집어서 말하면 수익을 분산하는 효과도 똑같이 발생한다. 1개 종목에 투자했다가 그 종목이 2배 오른다면 수익률은 100%지만 2개 종목에 반반씩 투자해서 하나는 2배가 오르고 하나는 -20%로 손실이 났다면 수익률은 40%로 줄어든다. 투자 종목 수가 5개, 10개, 20개로 늘어날수록 이 중에서 1~2종목이 2배 올랐다고 해도 전체 수익률에서 차지하는 비중은 더욱 줄어들 것이다.

당연히 1개 종목에 모든 투자금을 올인하는 것은 위험성이 크기 때문에 권할 방법은 아니다. 그러나 분산 투자라는 말 자체에만 사로잡혀 투자금이 크지 않은 개인들이 20개, 30개 이상의 종목을 담고 있으면 손실 위험은 줄어들지 모르겠으나 수익도 지지부진하게 된다.

더 큰 문제는 개인이 20~30개의 종목을 잘 알고 투자하기 어렵다는 점이다. 포트폴리오에 수십 개의 종목을 담고 있는 사람들 중에 기업 하나하나를 잘 이해하고 담는 사람이 얼마나 될까. 대부분 증권사나 유튜브, 언론 등의 추천 종목을 보고, 또는 지인에게 소개를 받아서 이래저래 담은 경우가 대부분일 것이다. 겉핥기로만 아는 상태에서 종목을 담은 것이다. 리스크 분산은 가능할지 모르나 의미 있는 수익을 얻기는 어렵다.

사실 이런 식의 분산 투자는 리스크도 잘 분산되지 않는 경우가 많다. 겉보기에만 분산 투자이지 산만한 투자, 팔랑귀 투자, 겉핥기 투자이기 때문이다. 시황이나 기업 상황에 변동이 생기면 대응할 수 없다. 기업에 대해 잘 모르니 주가가 급락하면 추가로 매수해야 할 구간에서도 불안감에 매도해버리고 만다. 설사 중장기적으로 성장할 좋은 종목을 골랐다고 해도 이런 투자자들은 손실을 보게 마련이다.

많은 사례를 접해본 경험으로 보건대 분산 투자를 했으나 실제로는 상당히 불안하거나 위험한 투자를 하는 경우가 많다. 자신의 포트폴리오에 담을 때는 그럭저럭 알고 담았다고 해보자. 기업의 상황은 시시각각은 아니어도 일정한 기간이 지나면 변화하기 때문에, 계속 모니터링해야 그 기업을 제대로 이해하고 투자할 수 있다. 투자한 기업은 시간이 갈수록 A1, A2, A3…로 변해가는데 투자자의 이해는 처음 투자를 시작했던 A1 상태에만 머물러 있다면 어떨까. 자신이 투자하는 기업의 변화를 계속 모니터링할 수 있어야 해당 기업을 잘 아는 상태로 투자할 수 있다.

자신이 꼼꼼히 분석해 좋다고 판단한 기업 3개에 집중해서 투자하는 것이 겉핥기로 알게 된 종목 수십 개를 담는 것보다 리스크가 더 적다. 이런 이유로 워런 버핏은 "종목에 대한 지식 없이 이것저것 사들일수록 분산 투자는 훨씬 더 위험해진다"라고 했다. 대신 워런 버핏은 집중 투자의 중요성을 여러 차례 역설했다. 1996년 버크셔 해서웨이의 연례 주주총회에서는 분산 투자에 관해 "분산(투자)은 무지에 대한 보호책입니다. 자신이 무엇을 하고 있는지 아는 사람에게는 거의 어울리지 않습니다"라고 말했다.

실제로 2021년 9월 기준으로 워런 버핏이 CEO인 회사 버크셔 해서웨이의 투자 포트폴리오를 보면 애플이 42.78%로 전체 투자 비중의 절반에 가깝다. 뱅크오브아메리카, 아메리칸 익스프레스, 코카콜라와 크래프트 하인즈까지 포함한 상위 5개 종목의 비중이 77.29%로 전체의 4분의 3 이상이다. 세계 최대의 투자가도 상위 5개 종목의 비중이 4분의 3이 넘어가는 집중 투자를 하는데, 개인이 수십 개 종목에 분산 투자를 한다는 것은 난센스다.

그렇다고 집중 투자를 한두 종목에 모든 자금을 투자하는 몰빵 투자로 오해해서는 안 된다. 종목 수가 많지 않더라도 자신이 잘 선별한 종목에 비중을 실어 투자해 수익을 올리는 것이 집중 투자이지, 몰빵 투자를 하라는 게 아니다. 아무리 확신이 있다고 하더라도 한두 종목에 투자하는 몰빵 투자는 큰 손실로 이어질 가능성이 크다. 이는 몰빵 투자와 집중 투자를 반복한 시뮬레이션을 나타낸 그림 4-8, 그림 4-9를 봐도 잘 알 수 있다.

개인 투자자들에게 남는 질문은 이것이다. '그럼 나는 몇 개 종목 정도로 포트폴리오를 관리해야 할까?' 중요한 기준은 '내가 잘 이해하고 꾸준히 모니터링할 수 있는 종목 수는 몇 개일까?'이다. 어떤 사람은 본업이 너무 바쁘고 피곤해서 주식 투자에 할애할 시간이 많지 않을 수도 있다. 어떤 사람은 아직 경험이 적고 이해도가 높지 않다 보니 1개 종목을 이해하는 데에도 시간이 오래 걸릴 수도 있다. 그 반대 경우에 해당하는 사람들도 있을 것이다.

정도의 차이는 있지만 많은 개인 투자자들을 접해본 경험으로는 대체로 5~7개 정도가 적당한 것으로 보인다. 이 정도라면 리스크 분산 효과도 웬만큼 생기고, 개인 투자자가 꾸준히 모니터링하는 것도 가능하기 때문이다.

또한 각 종목별로 자신이 생각하는 종목별 승률과 수익률 예상치에 따

그림 4-8 : 무조건 몰빵 재투자 했을 경우
수익률 시뮬레이션 결과 예시

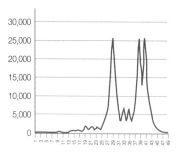 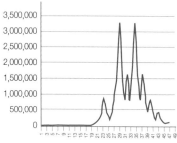

https://blog.naver.com/vividgrape 블로그에서 인용

그림 4-9 : 켈리 공식에 따라 투자할 경우
　　　　　수익률 시뮬레이션 결과 예시

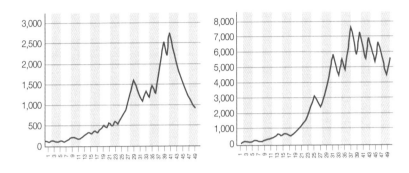

https://blog.naver.com/vividgrape 블로그에서 인용

기회는 어디에 있는가

라 투자 비중을 달리할 수 있다. 포트폴리오 안에서 적절하게 투자 비중을 할당하는 방식에 관해서는 '켈리 공식Kelly Criterion'을 참조하면 좋다. 검색을 해보면 켈리 공식에 대한 좋은 설명을 쉽게 찾을 수 있으니 이 책에서는 생략한다.

생존 전략 4 : 거시경제 흐름에 휘둘리지 않기

많은 개인 투자자가 거시경제 흐름과 주식시장의 시황을 잘 읽어야 투자에 성공할 수 있다고 생각한다. 관련 방송이나 유튜브 채널에는 거시경제 흐름에 따른 대응 전략을 논하거나 시황을 시시각각 중계하며 이런저런 대응을 주문하는 방송이 많다. 실제로 많은 개인 투자자들이 금리와 환율 등에 신경을 곤두세우고 투자한다. 정말 시황이나 거시경제 흐름을 잘 읽어야 투자에 성공할 수 있을까.

개인적으로 경제 흐름을 분석하고 전망하는 일을 하기 때문에 금리나 환율, 인플레이션 등의 거시경제 지표에 늘 관심을 둔다. 그러나 주식 투자를 할 때에는 시황이나 매크로 흐름은 참고만 할 뿐, 여기에 휘둘리는 투자는 의식적으로 피한다. 오히려 수익을 내고 리스크를 줄이는 데에 방해 요소가 되기도 한다.

매크로 지표나 시황이 오히려 투자에 방해가 된다는 것은 결코 개인 취향의 문제가 아니다. 벤저민 그레이엄Benjamin Graham, 워런 버핏, 찰리 멍거Charles Munger, 피터 린치 등 투자의 거장들도 매크로 경제 흐름을 투자자가 예측하기란 불가능에 가까우며, 오히려 개별 기업의 가치에 천착해야 성공함을 강조했다. 피터 린치는 저서 『전설로 떠나는 월가의 영웅』에서 워런 버핏의 말까지 인용하며 이렇게 단언했다. "시장은 투자와 아무 상관없다. 이 하나만 당신이 제대로 이해한다면 이 책은 제값을 다한 셈이다."

워런 버핏은 이렇게 말한다. "내가 아는 한, 주식시장은 존재하지 않는다. 누군가 바보 같은 제안을 하고 있는지 참고삼아 살펴보는 장소에 불과하다." 가치 투자의 아버지로 유명한 벤저민 그레이엄도 투기와 투자의 차이를 다음과 같이 역설했다. "투자자와 투기꾼 사이의 가장 사실적인 차이는 주식시장의 움직임을 바라보는 태도에서 찾을 수 있다. 투기꾼의 주요한 관심사는 시장의 변동성을 예측하고 이득을 보려는 데에 있다. 투자자의 주요한 관심사는 적절한 주식을 적절한 가격에 매수하고 보유하는 데에 있다."

왜 투자의 대가들은 '주식시장은 존재하지 않는다'는 독한 표현까지 쓰면서 시황에 연연하지 말라고 하는 것일까. 만약 주식시장의 변동성, 매크로 흐름의 변화를 정확하게 예측할 수 있는 사람이 있다면 투자로 정말 어마어마한 돈을 벌었을 것이다. 더구나 전문적인 투자 기관도 아닌 개인 투자자가 과연 매크로 흐름이나 시황의 변동성을 예측할 수 있을까. 매크로 경제 흐름은 통제하거나 관리할 수도 없지만, 예측하기도 어렵다.

그렇기 때문에 거시경제 흐름을 예측하고, 이것이 다시 주가에 어떤 영향을 미칠지를 전망해 투자한다는 것은 불가능에 가깝다. 투자를 해보면 금리가 올랐는데도 주가가 오르는 날도 있고, 금리가 하락했는데도 주가가 떨어지는 날도 있다. 세계 경제에서 가장 큰 이슈가 되고 있는 미 연준의 금리 인상 흐름도 쉽게 가늠하기 어려워 매번 시장이 요동친다. 금리가 인상될 것이라는 기조 자체는 대체로 시장에 알려져 있지만, 금리 인상의 구체적인 시기와 폭은 어떻게 될지, 그에 따라 경기는 어떻게 진행될지, 그 같은 흐름을 주식시장이 어떻게 반영할지를 전망한다는 것은 불가능에 가깝다. 그래서 많은 투자 전략가들도 전망이 번번이 어긋나 곤욕을 치르는 것이다.

상대적으로 개인 투자자들은 개별 기업의 실적과 성장성을 좀 더 정확하게 바라볼 수 있다. 회사의 주력 사업과 기술, 진입 장벽과 기술적 해자, 수주 잔고, 회사가 속한 분야 혹은 전방 시장의 성장 전망, 재무적인 안정성…. 이러한 요소들은 회사의 현황과 앞날을 분석하는 데에 좋은 도구가 된다. 종목의 단기적인 주가 변동은 알기 어렵지만, 계속 분석하고 모니터링하다 보면 그 회사가 큰 흐름에서 몇 년 후 어디쯤 있을지 짐작할 수 있다. 그런 종목을 5~6개만 알아도 충분히 투자에 성공할 수 있다. 오히려 예측과 판단에 뛰어나다고 자만하는 사람일수록 시장 변동성에 따라 단기간에 이 종목 저 종목을 왔다 갔다 하고, 들어왔다 나갔다를 반복한다. 이런 사람의 수익률이 좋은 경우를 거의 본 적이 없다. 20세기의 가장 뛰어난 거시경제학자 가운데 한 명이자 성공한 투자자이기도 했던 존 메이너드 케인스John Maynard Keynes의 사례가 이를 보여준다. 케인스는 자신이 잘 안다고 생각하는 거시경제 흐름 변화에 따라 투자했을 때는 별 재미를 못 보거나, 심지어 예측이 빗나가 여러 번 큰 손실을 봤다. 대신 개별 기업의 가치에 천착한 뒤에 투자자로서 성공했다.

개인 투자자가 시황과 거시경제 흐름에 휘둘리며 투자하는 것은 잘못된 정보 환경의 영향이 크다. 주식 투자 방송에서 이런 내용을 제공하기 때문이다. 그런 식으로 구독자가 증가하면 방송 주체들이야 돈을 벌지만, 개인 투자자들은 그런 방송을 참고할수록 손실을 볼 가능성이 높다. 앞에서 설명한 것처럼 기관들은 거시경제 흐름이나 시황에 신경을 쓸 필요가 있다. 하지만 기관 투자자의 관점에서 내놓는 분석 그리고 시청률이나 조회 수를 위해 다루는 내용에 개인 투자자가 귀 기울일 이유는 없다. 자신이 그런 내용에 휘둘리지 않고 충분히 소화할 수 없다면, 차라리 보지 않는 게 도움이 된다.

대신 산업 트렌드나 미래 성장 산업, 기술 동향 등을 소개하는 콘텐츠는 눈여겨볼 필요가 있다. 향후 빠르게 성장할 산업 분야에 우리가 바라는 좋은 종목들이 포진해 있을 확률이 높기 때문이다. 2차전지나 신재생에너지, 전자담배 산업 등에 대한 흐름도 그렇게 해야 알 수 있고, 당장은 아니어도 향후 크게 성장할 수 있는 산업이나 국내 주력 산업인 반도체의 흐름 등에 대해 공부할 수 있다. 이러한 콘텐츠를 알고 있으면 좋은 기업을 발굴하는 데에 큰 도움이 된다.

생존 전략 5 : 실패하는 나쁜 습관 버리기

주식 투자에 관해서 설명하다 보면 상당수는 '그냥 수익 많이 낼 종목 좀 알려주세요'라는 반응을 보인다. 그 종목을 안다고 해서 그 사람이 제대로 된 수익을 올릴지는 알 수 없다. 좋은 종목으로도 손실을 보는 사람들이 부지기수이기 때문이다. 투자에 대한 올바른 접근법과 종목에 대한 이해 없이는 큰 수익을 내기 어렵다. 또한 일회성으로는 수익을 낸다고 해도 평생에 걸쳐서 의미 있는 수익을 누적하기 어렵다. 오히려 잘못된 투자 습관을 고치지 않으면 손해만 쌓일 가능성이 높다.

자본시장연구원이 2022년 2월에 발표한 「국내 개인 투자자의 행태적 편의와 거래 행태」라는 보고서는 국내 개인 투자자의 잘못된 투자 습관을 일목요연하게 담았다. 2020년 3월부터 10월까지, 즉 동학개미운동이 한창 뜨거웠을 때 개인 투자자들의 거래회전율(상장 주식의 총주식 수에서 특정 주식의 거래량이 차지하는 비율)은 무려 1,600%로 단타 매매가 성행했지만 투자 수익률은 주가지수 상승률에도 미치지 못했다. 이 보고서는 국내 개인 투자자의 잘못된 거래 행태를 과잉 확신, 처분 효과, 복권형 주식 선호, 단기군집 거래, 이렇게 4가지로 정리하고 있다. 이 4가지 잘못된 습관을 하나씩 살펴보자.

첫째, 과잉 확신이다. 시장 분위기에 편승해서 혹은 우연히 테마에 얽혀 주가가 올랐는데, 이를 자신이 투자를 잘해서라고 착각하는 것이다. 보고서에 따르면 직전 시점의 시장 수익률이 높을수록 개인 투자자의 거래량이 증가하는 경향이 나타났다. 주식시장이 활황일 때 추격하듯이 투자에 뛰어드는 개인이 늘었다는 뜻이다. 특히 거래회전율이 높은 투자자일수록 이런 경향이 더욱 강하게 나타난다. 다른 여러 연구 결과를 봐도 과잉 확신이 심한 투자자일수록 거래회전율이 높게 나타나는 경향이 있지만, 거래회전율이 높은 투자자일수록 수익률은 낮은 것으로 나타난다.

평소 주식 투자에 별 관심 없던 사람이 '요즘 주식시장이 엄청 좋다더라' '누구는 주식에 투자해서 돈 많이 벌었다더라' 이런 소리를 들으면 솔깃해져서 시장에 발을 들인다. 일단 들어오긴 했는데 아는 게 별로 없으니 이른바 '핫한 종목'을 사게 된다. 삼성전자, 현대자동차 등 누구나 다 아는 대형주를 사거나 언론의 조명을 받는 주식, 메타버스나 NFT 관련주 등 주위에서 이야기를 많이 하는 종목 위주로 산다. 상승장에서는 이런 주식을 뒤따라 사더라도 수익이 나는 경우가 많은데, 자신의 실력 때문에 좋은 결과를 얻었다고 생각하고 이러한 거래 행태에 점점 확신을 갖게 된다.

그러다가 시장이 조정장으로 돌변하면 과잉 확신에 빠졌던 투자자들은 정신을 못 차린다. 자기반성은 없이 남 탓만 하다가 '역시 주식시장은 개미지옥'이라면서 손을 뗀다. 시간이 지나 다시 주식시장이 뜨거워지고 주위에서 돈 벌었다는 얘기가 들리면 솔깃해서 과열된 시장에 발을 들인다. 이런 식으로 투자하면 주식시장에 유동성만 공급하는 호구 신세를 면치 못한다.

둘째, 처분 효과다. 많은 투자자들이 입버릇처럼 말하는 '왜 내가 사면 떨어지고 팔면 오르나?'에 대한 해답 중 하나가 바로 처분 효과다. 이 효과는 행동경제학의 주요한 이론 가운데 하나인 '전망 이론prospect theory'에서 나왔다. 전망 이론에 따르면 사람들은 이익에 대해서는 위험 회피 경향을, 손실에 대해서는 위험 선호 경향을 보인다. 주식을 샀는데 가격이 오르면 이러다가 다시 떨어지지 않을까 불안해하며 주식을 팔고, 주가가 떨어지면 손실을 확정 짓기 싫어서 버티다가 손실 폭이 커지는 경우가 많다. 이는 종목에 대한 충분한 분석과 이해를 통해 현재의 하락이 기업가치와 무관하게 일시적이라고 판단하는 경우와는 다르다. 순전히 심리적 편향에 따른 사람들의 잘못된 행태에 대해 말하는 것이다.

자본시장연구원의 보고서에 따르면, 매수 가격을 기준으로 주가가 상승한 주식을 매도할 확률이 주가가 하락한 주식을 매도할 확률보다 2배 이상 높게 나타난다. 주가가 떨어졌을 때 손절은 못 하고 주가가 오르면 서둘러 파는 경향이 나타난다는 것이다. 모든 종목에서 수익을 내는 것은 그 어떤 투자의 귀재도 불가능에 가깝다. 주식 투자로 돈을 벌려면 100% 승률이 필요한 게 아니라 수익은 크게, 손실은 적게 내는 투자를 반복하면 된다. 그런데 처분 효과의 함정에 빠지면 정반대로 투자한다. 회사의 사업이나 전방 시장의 상황이 나빠져서, 혹은 투자 아이디어가 훼손되어 주가가 하락하는데 계속 들고 있다가 결국 손실률이 −30%, −40%까지 커진 상태에서 못 버티고 처분한다. 반면 주가가 오르면 처음에는 기분이 좋다가도, 시간이 지날수록 이러다가 도로 떨어지는 것은 아닐까 하는 불안감 때문에 2∼3배 오를 수 있는 잠재력이 충분한 종목을 10%, 20% 수익만 내고 서둘러 처분한다. 장기적으로 수익을 누적할 수 있는 방식과는 정반대로, 벌 때 적게 벌고 잃을 때 많이 잃는 투자를 반복하는 것이다.

셋째, 복권형 주식 선호다. 보고서에 따르면 개인 투자자는 외국인 투자자나 국내 기관 투자자보다 복권형 주식에 손을 대는 비중이 높다. 특히 젊은 투자자들이 이런 경향을 많이 보인다. 복권형 주식을 선호하는 투자자는 분산 투자를 잘 하지 않고 거래 기간도 짧은 경향을 보이며, 무엇보다도 투자 성과가 좋지 않다. 확률이 지극히 낮은 게 복권이다. 복권

대한민국 위기와 기회의 시간

형 주식은 이와 비슷하게 주가가 낮으며 운 좋게 '당첨'되면 일확천금을 벌 수 있는 주식이다. 여기서 주가가 낮다는 것은 좋은 주식을 싸게 사는 것과는 다르다.

좋은 주식이 싸다는 의미는 무엇일까. 그 기업의 실제 가치가 미래 성장성에 비해 지나치게 저평가됐다는 뜻이다. 반면 복권형 주식의 가격이 싸다는 것은 주가 단위 자체가 싸다는 것이다. 예를 들어 1주에 1,000원짜리 주식이 1만 원으로 올라가면 10배가 된다. 사실 1주에 1만 원짜리 주식이 10만 원이 되어도 10배이기는 마찬가지지만, 사람들은 회사의 실제 가치와는 관계없이 1만 원짜리 주식이 10만 원 되는 것보다는 1,000원짜리 주식이 1만 원이 되는 게 더 쉽다고 생각하는 경향이 있다.

이런 관점에서 처음부터 요행을 바라듯이 주식을 사는 것이다. 주가 단위가 싼 주식은 문제가 많아서 주가가 쪼그라든 경우가 많다. 그만큼 회사가 잘못될 가능성이 더 높고, 경우에 따라서는 상장폐지 등 더 큰 리스크에 노출될 수도 있다. 이런 종목을 매수하는 사람들은 확률적으로는 도리어 손실 가능성이 큰 종목을 매수하는 것과 마찬가지다.

넷째, 단기군집 거래다. 군집거래란 많은 투자자들이 일정 기간 동안 매수든 매도든 같은 방향으로 투자하는 현상을 뜻하는데, 기관 투자자에게도 나타나지만 개인은 그 원인이 다르다. 기관 투자자들은 많은 정보와 분석을 통해서 비슷한 거래 경향이 나타난다면, 개인은 심리적인 요인이나 미디어에 주로 영향을 받기 때문이다. 보고서에 따르면 신규 투자자와 젊은 층, 시장의 관심이 큰 종목에서 군집거래 성향이 더욱 뚜렷하다.

이는 초식동물이나 힘이 약한 동물들이 맹수로부터 스스로를 보호하기 위해 최대한 군집을 이루어 움직이는 것에 비유할 수 있다. 군집을 이루어 같이 행동하면 일부 희생자는 있겠지만 맹수들도 함부로 접근하기 힘들기 때문에 보호 수단으로는 효과적이다. 인간은 군집 속에서 똑같이 행동함으로써 편안함을 느끼는 경향이 있는데 생존 본능이라 할 수 있다.

신규 투자자와 젊은 층에서 군집거래 양상이 더 강하게 나타난다는 것은 무엇을 의미할까. 불안감을 해소하려는 경향으로 해석할 수 있다. 군집거래는 당연히 시장의 관심이 큰 종목에서 강하게 나타난다. 유명한 연예인의 패션이 금방 화제를 일으키고 유행이 되는 것과 비슷하다. 당연히 수익률이 좋을 리 없다.

이러한 나쁜 주식 투자 습관에서 벗어나는 것만으로도 꾸준히 수익을 낼 수 있다. 과잉 확신에 빠지지 않으려면 주식 투자와 산업, 종목에 대해 충분히 공부하고 이해해야 한다. 이성의 힘이 충분해야 본능의 함정에 끌려들어 가지 않는다.

마지막으로 시간의 미덕을 믿어야 한다. 시간은 본질적으로 투자자의 편이다. 잘 알고 투자하면 복리의 마법을 충분히 누릴 수 있다. 2,000개가 넘는 종목 중에 하나를 골라 투자했을 때 하루에 이 종목이 오를 확률, 혹은 내릴 확률은 얼마나 될까? 수학적으로야 반반이겠지만 정확히 알기는 어렵다. 기간을 늘려서 1년이라면 어떨까? 알고리즘 투자의 전문가인 서울대학교 문병로 교수가 2000년부터 12년 동안 한국 주식시장의 데이터를 비교 분석한 결과, 임의의 주식을 샀을 때 10번 중 6번(62%)이 1년 내 30% 이상 상승을 경험한다고 한다. 기간이 1년으로만 늘어나도 승률이 상당히 높아지는 것이다.

투자 기간이 길어질수록 손실 위험은 낮아지고 승률은 더 높아지는 경향을 보인다. 많은 연구에서 5년, 10년까지 가면 손실 확률은 0%에 수렴하고 수익률은 상승하는 경향이 나타난다는 결과를 보여주고 있다. 인터넷으로 간단히 사용해볼 수 있는 복리계산기가 많이 있으므로 1억 원을 투자했을 때의 매해 수익과 일정한 기간 이후의 수익을 비교 계산해보면 복리의 마법을 쉽게 체험할 수 있다. 예를 들어, 1억 원을 투자해서 매해 30%의 수익을 복리로 올린다면 10년 후에는 약 13억 8,000만 원으로 불어난다.

30세라 가정하고 1,000만 원으로 시작해서 연 10% 수익을 내면 30년 후, 즉 60세가 됐을 때 17억 4,000만 원이 된다. 투자는 70, 80세가 되어도 계속할 수 있다. 90세가 넘은 워런 버핏도 여전히 투자 일선에 있는 것처럼, 정확한 판단력만 있다면 평생 가능한 것이 바로 주식 투자다. 아직도 어떤 이들은 주식 투자를 한탕주의로 생각하는 게 안타깝다. 시간의 미덕을 믿고 시간은 자신의 편이라고 생각한다면, 훨씬 많은 수익을 안겨줄 주식을 서둘러 팔아버리는 처분 효과의 함정에 빠지지 않을 수 있다.

수익 잘 나는 3+2 법칙

대체 투자 수익이 잘 나는 좋은 회사는 어떻게 찾을 수 있을까? 코스피와 코스닥에 상장된 기업을 합치면 2,000개가 넘는다. 이 중에서 투자 수익을 잘 낼 수 있는 기업을 찾으라고 하면 많은 이들이 막막해한다. 많은 투자자들이 리딩방이나 테마주에 현혹되는 이유도 어떤 종목에 투자해야 할지 감을 잡기 힘들기 때문일 것이다. 물론 그 어떤 투자자도 2,000개 기업을 모두 뒤져서 좋은 종목을 찾을 수는 없다. 기관 투자자라고 해서 모든 종목을 다 들여다볼 수 있는 것도 아니다. 증권사가 리포트를 내는 종목의 수도 전체 증권사를 다 합쳐봐야 일부에 불과하고 각 증권사별로 나누면 수십 종목에 불과하다. 그래서 범위를 좁힐 수 있는 전략이 필요하다.

선대인경제연구소가 정리한 '수익 잘 낼 수 있는 종목 찾기 전략'이 있다. 이를 '3+2 법칙'이라고 이름을 붙여보았다. 3가지 기본 전략에 확률을 높일 수 있는 2가지 팁을 더했다. 이 중 3가지 기본 전략부터 설명해보자.

첫째, 시가총액이 작은 회사에 주목한다. 삼성전자는 시가총액이 대략 400조 안팎이다. 삼성전자의 시가총액이 1년 안에 2배인 800조가 되는 것은 아무래도 어렵다. 2008년 금융위기나 코로나 폭락 직후의 반등기가 아니라면 규모가 큰 회사는 주가 변동의 폭이 느린 편이다. 반면 시가총액이 1,000억 원에서 몇천억 원 정도의 회사는 1년 안에도 2~3배로 올라가는 경우가 있다. 물론 시가총액이 작은 회사는 그만큼 하락 리스크도 크다. 이 리스크는 다음 전략을 참고하여 줄여가야 한다.

둘째, 가파른 실적 성장이 예상되는 회사에 주목한다. 주가 상승에는 여러 이유가 있다. 테마에 얽힐 수도 있고, 어떤 뉴스로 인해 갑자기 뛰기도 한다. 이런 이유로 실적이 좋아지지 않는데, 주가가 오르는 경우가 있다. 중요한 것은 실적이다. 어떤 기업은 실적이 개선되는데 주가가 따라주지 않는 경우도 있다. 하지만 시간의 문제일 뿐 대부분 주가는 실적에 수렴

한다. 주가가 빠르게 큰 폭으로 상승하는 기업을 찾고 싶다면, 실적이 빠르게 큰 폭으로 증가할 기업을 찾는 것이 좋은 전략이다. 이런 기업은 어디에 있을까? 산업 전체의 성장성이 크고, 그 지속성이 상당할 것으로 기대되는 산업에 속한 건실한 기업이라면 가파른 성장이 가능하다. 2차전지 관련주들이 대표적이다. 침체기에서 벗어나 성장기에 접어드는 경기순환주들도 일정한 구간에서는 그 같은 성장이 가능하다. 반도체 산업이 대표적이다. 반도체는 장기적으로는 우상향하지만, 뚜렷한 주기성을 보인다는 점에서는 경기순환주로 볼 수 있다. 메모리반도체 산업을 보면 알 수 있다. 메모리반도체는 수요가 늘면 공급이 늘고, 이에 다시 재고가 늘면서 실적이 줄어드는 산업이다. 그러나 시간이 지나면 다시 수요가 늘고 가격이 오르면서 2~3년 만에 실적이 몇 배씩 늘어나는 사례도 있다. 반도체의 세대교체가 일어날 때에도 역시 새로운 공정에 필요한 장비 수요가 늘어난다.

셋째, 실적 발표 때 실적 증가 폭이 큰 회사에 주목한다. 상장 기업은 의무적으로 분기별 사업보고서를 공시한다. 1, 2, 3분기는 각 분기가 끝난 날로부터 45일 안에 공시한다. 1분기라면 3월 말 기준으로 45일 후, 즉 5월 15일 무렵까지다. 4분기는 연간 사업보고서를 공시해야 하므로 90일로 기간이 더 길어진다. 사업보고서에는 재무제표가 포함되므로 회사의 자산, 부채, 자본, 매출, 영업이익, 순이익, 현금 흐름에 이르는 회사의 재무 구조가 자세하게 공개된다. 사업 내용, 분야별 매출 비중, 수주 상황 등의 자료들이 포함된다. 투자하고 있는 회사 혹은 관심 있는 회사의 분기별 또는 연간 사업보고서는 반드시 챙겨보자. 각 분기별 보고서를 비교해

보면 회사의 사업 흐름을 추적할 수 있다. 부채 비율이 높아지고 있다면 재무 리스크가 커지고 있다는 뜻이다. 세부 항목으로 들어가면 그 회사의 실적 흐름을 이끌고 있는 주요 원인도 파악할 수 있다. 수주 잔고의 추이, 분야별 매출 비중 등은 향후 실적을 예측할 수 있는 좋은 단서가 된다.

사업 내용이 좋고 향후 전망이 밝다고 해도 기업은 이익을 내야만 지속할 수 있고 이는 최종적으로는 객관적 숫자로 증명돼야 한다. 그 숫자를 보는 곳이 분기별 또는 연간 사업보고서이다. 보고서를 살펴보면서 현재 주가에 해당 회사의 실적의 흐름, 향후 성장에 대한 기대감이 어느 정도 반영됐는지를 살펴보자. 이미 실적과 기대감이 주가에 반영된 기업이 있고, 아직 실적 증가 흐름에 비해 상대적으로 저평가된 기업이 있다면, 당연히 후자에 투자해야 할 것이다.

예를 들어 2차전지 분야가 각광받으면서 2020년 하반기부터 2021년 내내 2차전지 관련 업체들의 상장 러시가 이어졌다. 많은 기대감을 받으면서 고평가 상태로 상장됐는데, 막상 상장 후에는 주가가 하락하는 종목이 많았다. 반면 2차전지 장비업체 중 하나인 엠플러스는 2차전지 붐이 일기 전인 2017년에 상장한 상태에서 기대한 만큼 실적이 빨리 증가하지 않아 상대적으로 지지부진한 주가 흐름을 보였다. 하지만 국내 배터리셀 업체 3사는 물론 유럽 및 북미 지역에서도 배터리 설비 투자가 한창 진행되고 있어 향후 수혜를 받을 가능성이 높다. 특히 엠플러스는 배터리 제조 공정에서 조립 공정 대부분을 커버할 수 있어 조립 공정 전체를 턴키수주 할 수 있다는 장점이 있다. 참고로 국내에서는 엠플러스와 하나기술이 턴키수주가 가능한 대표적 업체다.

지금까지 좋은 종목을 고르기 위한 3가지 주요한 전략을 살펴보았다. 이제 2가지 부수적인 전략도 알아보자. 첫째, 이익률이 좋을수록 투자하기 좋다. 2,000억 원 매출을 올리고 영업이익률이 10%인 회사와 1,000억 원 매출에 그치지만 영업이익률이 30%인 회사 중 어느 곳이 더 좋은 회사이고, 주가의 상승 가능성이 더 높을지는 굳이 말할 필요가 없을 것이다. 선대인경제연구소에서 기업들을 분석하고 보고서를 발행할 때도 이 부분에 큰 중점을 둔다. 여러 사례가 있지만 2020년에 소개했던 노바텍이나 넥스틴은 이후 높은 영업이익률을 달성하면서 주가가 가파르게 상승하기도 했다.

둘째, 기술적인 해자 혹은 진입 장벽이 높은 회사일수록 투자하기에 좋다. 앞에서 말한 노바텍의 경우 세계 최초로 차폐자석을 개발하고 관련 특허를 보유하고 있다. 반면 진입 장벽이 낮은 사업을 하는 기업은 당장은 수익이 잘 나더라도, 향후 신규 업체의 진입으로 경쟁이 치열해지면 매출은 물론 이익률이 낮아질 우려가 크다. 특히 국내 대기업과 중소기업 간의 고질적인 문제인 단가 인하 요구에 시달릴 위험이 있다. 반면 기술적인 해자 혹은 진입 장벽이 높은 회사는 오히려 '슈퍼 을'이 될 수 있기 때문에 전방 산업이 성장하면 그 수혜를 고스란히 가져올 가능성이 커진다.

양질의 주주자본주의를 위해

자신이 주목하는 산업과 기업을 정해서 잘 이해하고 있다면 경제 흐름이 요동칠 때도 불안해하지 않을 수 있다. 그러려면 현재 한국의 주식시장 생태계가 건강해져야 한다. 이 생태계가 건강해야 경기 둔화나 침체도 잘 버텨낼 수 있다. 반면 재벌 대주주의 이익을 위해 무리하게 상장하는 등의 일이 벌어지면, 좋은 기업이 착실히 잘 성장할 여지가 줄어든다. 대표적인 예가 LG엔솔 상장 사례다.

2022년 1월 27일 LG엔솔이 상장되었다. 첫날 50만 5,000원으로 주가를 마감하면서 시가총액 118조 원으로, 삼성전자에 이은 시가총액 2위로 화려하게 데뷔했다. 이를 두고 '최악의 민폐 상장'이라는 비난이 컸다. 원래 LG화학의 배터리 사업부였던 LG엔솔이 물적분할에 이은 상장을 하면서, 상장 시점의 물량 부담으로 LG화학의 주주들뿐만 아니라 다른 종목 투자자에게도 큰 손실을 끼쳤기 때문이다.

물적분할이란 인적분할과 대비되는 개념인데, 인적분할의 경우 한 회사가 둘로 나뉠 때 기존 주주들이 신설 법인의 주식을 지분율대로 나눠가지게 된다. 반면 물적분할은 신설 법인이 자회사가 되어 신설 법인 지분의 100%를 모회사가 가지는 구조다. 기존 주주들은 신설 법인에 간접 투자를 하게 된다. 물적분할을 한 LG엔솔의 경우 높은 성장성을 가진 2차전지 제조사업이 모회사인 LG화학에서 떨어져나가 별도로 상장하면서 LG화학의 투자 가치가 크게 훼손되었다. 실제로 LG화학의 주가는 2021년 1월 15일 장중 105만 원을 기록했지만 이후 하향 추세를 이어가 손실 폭이 50%를 넘기도 했다.

LG그룹은 LG엔솔을 물적분할 후 상장하는 이유에 대해 향후 공격적인 시설 투자를 위한 자금 확보 때문이라고 설명했다. 시장에서 자금을 조달하려면 CB(전환사채) 등을 발행하거나 유상증자 같은 방법을 사용할 수도 있다. 그런데 유상증자를 하면 주식의 수가 늘어나고, 기존 주주의 지분율은 줄어드는 효과가 생긴다. 기존 주주가 지분율을 유지하려면 그만큼 유상증자에 참여해야 한다. 반면 물적분할 후 자회사를 상장하면 모회사의 주주 지분율은 그대로 유지된다. 자회사의 전체 주식 중 일부만 상장하여 시장에 유통시키면 모회사의 지분율도 공고하게 유지할 수 있다. LG그룹 대주주 일가로서는 본인들의 지분율을 그대로 유지하면서 투자 자금을 끌어올 수 있는 방안이지만, 기존 회사의 주주들은 큰 피해를 보는 것이다.

주주 전반의 이익보다는 재벌 대주주 일가의 이익을 앞세우는 행태는 미국처럼 주주자본주의가 제대로 정착한 나라에서는 찾아보기 힘들다. 애플의 시가총액은 한국 주식시장 전체를 합친 것보다도 크지만 오로지 애플 하나만 상장됐다. 구글 역시 지주회사인 알파벳 하나만 상장됐다. 카카오가 잇따라 자회사를 상장하는 것처럼 우리나라였다면 알파벳은 물론 구글, 유튜브 같은 주요 서비스들이 쪼개져서 각자 상장됐을 법도 하다. 하지만 미국 기업들은 물적분할을 하더라도 모회사와 자회사를 함께 상장하는 경우가 거의 드물다. 물적분할 후 상장과 같은 수를 썼다가는 손해를 본 주주들에게 집단소송에 걸려 거액의 징벌적 손해배상을 해야 할 수도 있다.

LG엔솔의 민폐 상장은 LG화학 주주만의 손해로 끝나는 게 아니다. 상장을 앞두고 LG엔솔의 가치를 최대한 부풀리기 위한 증권사 리포트나 언론 기사들이 쏟아졌다. 주관사들은 일정 지분의 투자를 보장받고, 또한 청약 수수료 등의 수입이 커지기 때문에 상장을 앞둔 기업의 가치 부풀리기가 극성을 부린다. 향후 2차전지 산업의 성장성이 가파르다고 해도 LG엔솔과 같은 거대한 덩치의 회사가 PER를 100배 이상 평가받는 게 과연 현실적일까.

여기에다가 LG엔솔의 상장을 전후해서 기관들이 막대한 공모 자금을 마련해야 하기 때문에 기존에 보유하고 있던 주식들, 특히 2차전지 관련주들을 처분해야 했다. 이러다 보니 같은 2차전지 분야 안에서 포트폴리오 조정이 일어나고 2차전지 관련주의 주가가 하락하는 현상이 벌어졌다. LG엔솔이 등장하면서 블랙홀처럼 자금을 빨아들인 것이다.

이처럼 재벌 대주주 일가의 이익을 우선하는 관행이 사라지지 않는 한 코리아 디스카운트 역시 해소되지 않을 것이다. 한국의 기업 주가가 비슷한 수준의 외국 기업의 주가에 비해 낮게 형성된 데에는 비단 불안한 남북관계, 잘못된 기업 지배 구조나 회계의 불투명성 때문만이 아니라 주주 자본주의 생태계가 왜곡된 경우가 크기 때문이다. 이런 풍토에서는 장기 투자도 어렵다. 투기성 투자가 더 강해진다. 5년, 10년 후의 성장성을 보고 투자하는데, 그 성장을 주도하는 분야를 갑자기 떼어내 상장한다면 장기 투자가 어렵다.

윤석열 정부는 집권 이후 이 같은 근본적인 문제들은 외면하고 있다. 주식양도소득세를 강화하던 정책을 사실상 철회하고 증권거래세도 줄이는 인기영합적인 정책만 내놓았다. 개인 투자자 입장에서는 주식 거래 차익에 세금을 매기지 않겠다고 하니 반갑게 들릴 수 있지만, 여기에는 심각한 문제가 있다. 주식 거래를 통한 시세차익은 자본 소득의 일종이므로 원칙적으로는 과세하는 것이 옳다. 그래서 대다수 선진국에서는 주식 양도차익에 대해서는 과세하는 대신, 증권거래세는 부과하지 않거나 상당히 약하게 과세한다. 올바른 정책 방향으로 보자면 증권거래세를 인하 또는 폐지하는 대신 양도차익 과세를 강화하는 방향으로 가는 것이 옳다.

양도세를 폐지하면 누구에게 더 이익일까. 개인 투자자도 당장은 세금을 내지 않아 좋을지 몰라도, 투자 자본이 많을수록 더 많은 혜택을 본다. 그리고 기존 제도에서 양도소득세 과세 대상은 전체 투자자 중 상위층인 2.5%밖에 되지 않는다. 아예 양도세를 폐지하면 2.5%인 주식 부자만 이득을 본다. 즉 자산 불평등을 더욱 부채질하는 '부자 감세'가 되는 셈이다. 윤석열 정부는 법인세와 종합부동산세, 부동산양도소득세도 깎아주는 방향으로 정책을 잡고 있다. 이런 세금을 폐지하거나 줄이면 어딘가 다른 곳에서 세금을 더 걷어야 한다. 지금까지 그래 왔던 것처럼 자산시장에서 줄어드는 조세만큼 노동 소득이 부담해야 하는 몫이 더 늘어날 가능성이 크다. 우리 사회 전체의 격차를 더 키우는 것은 절대 다수에게 좋지 않은 일이다.

다시 한 번 강조하지만 단순히 주식을 사고팔아 돈을 버는 게 '주식 투자'가 아니다. 주식을 산다는 것은 본질적으로 매수한 주식의 수만큼 그 기업의 주주가 되는 것이다. 주주총회에서 주식 수만큼 표를 행사할 수 있고, 기업이 이익을 내면 배당을 받을 수 있다. 지금까지 국내 기업들은 말로만 주주자본주의를 내세웠을 뿐, 실제로 주주들은 손해를 보거나 말거나 대주주 일가의 이득을 우선시했다. 정당한 지분을 가지고 경영권을 행사하면 문제될 게 없다. 그러나 한국의 기업들, 특히 재벌 대주주 일가들은 적은 지분으로도 각종 편법을 동원해서 수십 개 계열사를 지배한다. 이러한 기형적인 구조에서 회사가 주주들의 권리와 가치를 우선시할 이유가 별로 없다. 이제는 개인 주주들이 자신의 권리에 목소리를 내고 있고 변화의 조짐이 보이고 있다. 주주의 의미와 지배 구조의 건전성이 중요한 이유를 이해하는 투자자가 많아질수록 기업의 지배 구조가 개선되고 주주 친화적인 경영이 자리 잡게 될 것이다. 그것이 양질의 주주자본주의를 만드는 길이기도 하다.